"十四五"时期国家重点出版物出版专项规划项目

★ 转型时代的中国财经战略论丛 ◢

本书由国家社科基金重点项目"国有企业打造重大原创技术
策源地的融资决策研究（22AGL018）"资助

信贷约束
对小微企业创新影响研究

The Effect of Credit Constraints on Innovation of
Small and Micro Enterprises

刘美玉　著

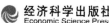

中国财经出版传媒集团
经济科学出版社
Economic Science Press

图书在版编目（CIP）数据

信贷约束对小微企业创新影响研究/刘美玉著．－－
北京：经济科学出版社，2022.12
（转型时代的中国财经战略论丛）
ISBN 978－7－5218－4452－8

Ⅰ.①信…　Ⅱ.①刘…　Ⅲ.①贷款管理－影响－中小
企业－企业创新－研究－中国　Ⅳ.①F832.42
②F279.243

中国国家版本馆 CIP 数据核字（2023）第 013996 号

责任编辑：于　源　侯雅琦
责任校对：齐　杰
责任印制：范　艳

信贷约束对小微企业创新影响研究

刘美玉　著

经济科学出版社出版、发行　新华书店经销
社址：北京市海淀区阜成路甲 28 号　邮编：100142
总编部电话：010－88191217　发行部电话：010－88191522
网址：www. esp. com. cn
电子邮箱：esp@ esp. com. cn
天猫网店：经济科学出版社旗舰店
网址：http：//jjkxcbs. tmall. com
北京季蜂印刷有限公司印装
710×1000　16 开　15.25 印张　243000 字
2022 年 12 月第 1 版　2022 年 12 月第 1 次印刷
ISBN 978－7－5218－4452－8　定价：65.00 元
（图书出现印装问题，本社负责调换。电话：010－88191510）
（版权所有　侵权必究　打击盗版　举报热线：010－88191661
QQ：2242791300　营销中心电话：010－88191537
电子邮箱：dbts@ esp. com. cn）

总　序

　　"转型时代的中国财经战略论丛"是山东财经大学与经济科学出版社在"十三五"系列学术著作的基础上,在"十四五"期间继续合作推出的系列学术著作,属于"'十四五'时期国家重点出版物出版专项规划项目"。

　　自 2016 年起,山东财经大学就开始资助该系列学术著作的出版,至今已走过 6 个春秋,期间共资助出版了 122 部学术著作。这些著作的选题绝大部分隶属于经济学和管理学范畴,同时也涉及法学、艺术学、文学、教育学和理学等领域,有力地推动了我校经济学、管理学和其他学科门类的发展,促进了我校科学研究事业的进一步繁荣发展。

　　山东财经大学是财政部、教育部和山东省人民政府共同建设的高校,2011 年由原山东经济学院和原山东财政学院合并筹建,2012 年正式揭牌成立。学校现有专任教师 1690 人,其中教授 261 人、副教授 625 人。专任教师中具有博士学位的 982 人,其中入选青年长江学者 3 人、国家"万人计划"等国家级人才 11 人、全国五一劳动奖章获得者 1 人、"泰山学者"工程等省级人才 28 人,入选教育部教学指导委员会委员 8 人、全国优秀教师 16 人、省级教学名师 20 人。近年来,学校紧紧围绕建设全国一流财经特色名校的战略目标,以稳规模、优结构、提质量、强特色为主线,不断深化改革创新,整体学科实力跻身全国财经高校前列,经管类学科竞争力居省属高校首位。学校现拥有一级学科博士点 4 个,一级学科硕士点 11 个,硕士专业学位类别 20 个,博士后科研流动站 1 个。在全国第四轮学科评估中,应用经济学、工商管理获 B+,管理科学与工程、公共管理获 B-,B+ 以上学科数位居省属高校前三甲,学科实力进入全国财经高校前十。2016 年以来,学校聚焦内涵式发展,全面实施了科研强校战略，取得了可喜成绩。获批国家级课题项目 241 项，教育部及其他省部级课题项目 390 项，承担各级各类横向课题 445 项；教师共发表高水平学术论文 3700 余篇，出版著作 323 部。同时，新增了山东省重点实验室、山东省重点新型智库、山东省社科理论重点研究基地、山东省协同创新中心、山东省工程技术研究中心、山东省两化融合促进中心等科研平台。学校的发展为教师从事科学研究提供了广阔的平台，创造了更加良好的学术生态。

"十四五"时期是我国由全面建成小康社会向基本实现社会主义现代化迈进的关键时期，也是我校合校以来第二个十年的跃升发展期。今年党的二十大的胜利召开为学校高质量发展指明了新的方向，建校 70 周年暨合并建校 10 周年校庆也为学校内涵式发展注入了新的活力。作为"十四五"时期国家重点出版物出版专项规划项目，"转型时代的中国财经战略论丛"将继续坚持以马克思列宁主义、毛泽东思想、邓小平理论、"三个代表"重要思想、科学发展观、习近平新时代中国特色社会主义思想为指导，结合《中共中央关于制定国民经济和社会发展第十四个五年规划和二〇三五年远景目标的建议》以及党的二十大精神，将国家"十四五"期间重大财经战略作为重点选题，积极开展基础研究和应用研究。

"十四五"时期的"转型时代的中国财经战略论丛"将进一步体现鲜明的时代特征、问题导向和创新意识，着力推出反映我校学术前沿水平、体现相关领域高水准的创新性成果，更好地服务我校一流学科和高水平大学建设，展现我校财经特色名校工程建设成效。通过向广大教师提供进一步的出版资助，鼓励我校广大教师潜心治学，扎实研究，在基础研究上密切跟踪国内外学术发展和学科建设的前沿与动态，着力推进学科体系、学术体系和话语体系建设与创新；在应用研究上立足党和国家事业发展需要，聚焦经济社会发展中的全局性、战略性和前瞻性的重大理论与实践问题，力求提出一些具有现实性、针对性和较强参考价值的思路和对策。

山东财经大学校长

2022 年 10 月 28 日

前　言

转型时代的中国财经战略论丛

在中国经济发展的过程中，小微企业"异军突起"迎来了发展的黄金时期，在扩大就业、推动创新、促进国民经济稳健发展等方面发挥着重要力量。小微企业在发展的过程中需要大量的资金支持，但已有相关研究表明我国金融市场为小微企业提供的资金支持远远不能满足小微企业的信贷需求，以"麦克米伦缺口"形式表现出来的信贷约束的持续存在会威胁到小微企业的生存与发展，甚至影响到整个产业结构的调整。我国小微企业对国内经济贡献和金融机构对小微企业的贷款支持力度有较大的差距，处于"强位弱势"的状态，其发展过程的信贷需求难以获得金融机构的资金支持，信贷约束问题比较严重。

小微企业是我国市场经济反应最灵敏、最活跃的细胞，也是最具有活力和创造力的市场主体。作为我国重要的创新微观主体，小微企业在创新方面的贡献更加突出，很多创新理念的提出始于小微企业，其已成为我国实施创新驱动发展战略不可或缺的重要推动力量之一。然而，融资难问题一直制约着我国小微企业的创新发展，因此本书在信贷融资理论、创新理论、信号传递理论、资源基础理论等的基础上，结合我国小微企业信贷融资现状，于2019年3~9月对2018年山东省小微企业信贷融资与创新情况进行调查，且以山东省小微企业微观调研数据为样本构建相应的指标体系和模型，从小微企业微观视角研究信贷约束对小微企业创新的影响及信贷约束的分位数影响；同时，从不同侧面和角度研究不同强度、不同渠道、不同类型信贷约束对小微企业创新的影响。另外，为保证结论的稳健性，采用缩尾检验、替换和增加变量进行稳健性检验，并进一步探讨所有制类型、行业及小微企业所在地区经济发展水平对上述影响的调节作用。具体研究内容及结论如下：

（1）实证检验信贷约束对小微企业创新的影响，主要包括信贷约束对小微企业的创新影响及信贷约束的分位数影响。①基于倾向得分匹配（Propensity Score Matching，PSM）构建平均处理效应模型（Average Treatment Effect Mode，简称 ATE 模型）研究信贷约束对小微企业创新的平均影响。研究结果表明信贷约束对小微企业创新存在抑制作用，具体表现为创新投入、专利申请个数及创新收入的减少，通过缩尾检验、替换和增加变量进行稳健性检验。进一步探讨企业所有制类型、行业及所在地区经济发展水平对信贷约束创新影响的调节作用，研究发现信贷约束对小微企业创新的抑制作用在民营小微企业、高新技术小微企业及经济发展水平较差地区小微企业表现得更为突出。②采用分位数处理效应模型（Quantile Treatment Effect Model，简称 QTE 模型）进一步估计信贷约束的分位数影响，即信贷约束对处于不同创新水平的小微企业的影响是否存在差异。研究结果表明，信贷约束对小微企业创新影响的绝对损失随着分位点的提高而大幅度提升，其显著性水平也在提高；信贷约束对小微企业创新影响的相对损失呈现"倒 U 型"关系，对于中位数创新水平的小微企业而言，信贷约束对小微企业创新影响的相对损失最大。

（2）构建小微企业信贷约束强度指标并基于广义倾向得分匹配（Generalized Propensity Score，GPS）构建连续处理效应模型（Continuous Treatment Effect Model，简称 CTE 模型），估计信贷约束强度对小微企业创新的影响。研究结果表明，小微企业受到的信贷约束强度依然比较高，且小微企业信贷约束强度越大，其对企业创新的抑制作用就越强，显著性水平也就越高。通过缩尾检验、替换和增加变量进行稳健性检验后，上述结论依然成立。进一步进行异质性检验，即探讨企业所有制类型、行业及所在地区经济发展水平在信贷约束强度与创新之间的调节作用，通过异质性检验发现信贷约束强度对小微企业创新的抑制作用在民营小微企业、高新技术小微企业及经济发展水平较差地区小微企业比在国有小微企业、非高新技术小微企业及经济发展水平较好地区小微企业表现得更为显著。

（3）按照信贷渠道将小微企业遭受的信贷约束分为正规信贷约束、非正规信贷约束及混合信贷约束，构建小微企业不同渠道信贷约束指标，基于广义倾向得分匹配构建多重处理效应模型（Multiple Treatment Effect Model，简称 MTE 模型），估计不同渠道信贷约束对小微企业创新的影响，并比较不同渠道信贷约束对小微企业创新影响的差异性。研究结果表明，混合信贷约束对小微企业创新的抑制作用最强，且显著性水平最高，其次为正规信贷约束。通过缩尾检验、替换和增加变量进行稳健性检验，进一步探讨企业所有制类型、行业及所在地区经济发展水平对不同渠道信贷约束企业创新影响的调节作用，结果发现不同渠道信贷约束对小微企业创新的抑制作用在民营小微企业、高新技术小微企业及经济发展水平较差地区小微企业表现得更为突出。

（4）根据信贷需求者所遭受的信贷约束是被动性接受还是主动性选择，将信贷约束分为供给型信贷约束和需求型信贷约束两类，构建小微企业不同类型信贷约束指标；基于广义倾向得分匹配构建多重处理效应模型，估计不同类型信贷约束对小微企业创新的影响，并比较不同类型信贷约束对小微企业创新影响的差异性。研究结果表明，需求型信贷约束对小微企业创新的抑制作用最强，且显著性水平最高。通过缩尾检验、替换和增加变量进行稳健性检验，进一步探讨企业所有制类型、行业及所处地区经济发展水平对不同类型信贷约束创新影响的调节作用，结果发现不同类型信贷约束对小微企业创新的抑制作用在民营小微企业、高新技术小微企业及经济发展水平较差地区小微企业表现得更为突出。

（5）从小微企业、政府、金融机构三个层面提出纾解我国小微企业信贷约束的对策性建议，提供可参考的对策选择和路径实施方案，以推进我国小微企业健康持续性发展。其主要结论及政策建议具有前瞻性的指导和借鉴意义，能够对山东省小微企业发展提供思路和方法，也能够为同类省份以及经济欠发达地区小微企业发展提供有益的参考和借鉴。

小微企业在我国实施创新驱动发展战略中发挥着重要作用，本书从不同侧面和角度研究信贷约束对小微企业创新的影响具有十分重要的理论意义和实践价值。在理论意义方面，本书拓展了企业融资相关理论的研究，以及信贷融资与创新相互关系的理论研究。在实践价值方面，研究信贷约束对小微企业创新的影响为我国小微企业信贷约束问题纾解提供了可供参考的对策选择和路径实施方案；有助于建立起正规金融机构和非正规金融机构两者之间有效的衔接机制，实现两者之间优势互补；有助于消除小微企业借贷的"信贷恐慌"，从而有效缓解小微企业的自身信贷需求抑制；为政府、金融机构等相关部门制定政策措施以激发小微企业创新活力、促进小微企业的创新提供理论依据，具有重要的政策启示意义。

目　录

第1章 绪 论

1.1 研究背景

1.1.1 现实背景

1. 小微企业创新的重要性

党的十九大指出"创新是引领发展的第一动力",技术进步和创新是国之重器,是决定综合国力和国际竞争力的关键因素,是推动我国经济实现高质量持续发展的重要支撑和动力源泉,也是提升经济实力和培育新竞争优势的重要引擎(唐未兵等,2014;吴画斌等,2019;余传鹏等,2020;解学梅和韩宇航,2022)。《2018年全国科技经费投入统计公报》显示,2018年我国科技创新能力和水平大幅增强,各项科技创新指标稳步提升,2018年我国研发经费(研究与试验发展经费)增长11.8%,总量达到19677.9亿元,连续3年保持两位数增速,自2013年超过日本以来一直稳居世界第二;研发经费投入强度(研发经费与GDP的比值)为2.19%,比上年提高0.04个百分点,连续5年超过2%,已超过2017年欧盟15国的平均水平(2.13%),正接近OECD平均水平(2.37%)①。2019年全国科技工作会议指出,我国科技研发人员总量高达418万人,居世界第一位;我国专利的申请数量和专利授权量已居全世界首位;科技进步贡献率从2017年的57.5%上升为58.5%;

---

① 国家统计局、科学技术部、财政部:《2018年全国科技经费投入统计公报》,http://www.stats.gov.cn/tjsj/zxfb/201908/t20190830_1694746.html。

国家综合创新能力排名为 17[1]。

2016 年，中共中央国务院发布《国家创新驱动发展战略纲要》，重点强调了创新主体在我国实施创新驱动发展战略过程中的重要性，系统提升各类主体的创新能力，强化创新主体中企业对创新的作用。企业作为最重要、最具创新活力的创新微观主体，其自身的创新行为对于自身和宏观经济的持续发展都具有重要意义（Ayyagari et al.，2011；Efthyvoulou & Vahter，2016；鞠晓生等，2013；甘犁等，2019；杨震宁等，2021）。因此，激发企业创新活力、促进企业创新对于提高国家核心竞争力、保持国家长期竞争优势是至关重要的。国内外大中型企业一直被认为是创新的主体，并被学者们作为主要的创新研究对象（Owens & Hekman，2012；Ullah & Williams，2019；王淑敏和王涛，2017；陈红等，2019；陈爱贞等，2021）。直到人们逐渐发现小微企业对创新的贡献更加突出，许多创新理念的提出始于小微企业；各行业小微企业开始不断涌现，其作为创新研究对象逐渐引起了国内外学者的重视（Gronum et al.，2012；Shibia & Barako，2017；易朝辉和张承龙，2018；张玉明和迟冬梅，2018；甘犁等，2019）。小微企业作为我国国民经济的主力军，是国家创新的源泉，是我国市场经济中最活跃、最基本的细胞，是最具有活力和创造力的市场主体，也是我国经济目前及未来创新发展的新动能，对于激发我国市场活力具有重要的促进作用（文丰安，2014；肖斌卿等，2016；黄宇虹等，2016；易朝辉和张承龙，2018；郭沛瑶和尹志超，2021）。我国小微企业已进入创新活跃期，根据央行统计，截至 2018 年底，我国小微企业（含个体工商户）已占全部市场主体的 90% 以上，企业法人数已超过 3000 万户，吸纳了全国 80% 以上的城镇就业，贡献了 60% 以上的 GDP；另外，我国 70% 以上的发明专利以及 80% 以上的新产品开发都是由我国小微企业完成的[2]。由此可见，在我国实施创新驱动发展战略的过程中，作为我国主要创新微观主体的小微企业发挥着重要的创新作用，小微企业创新问题逐渐引起了政府、实践界及学术界的关注。

---

[1] 中华人民共和国科学技术部网站，http://www.most.gov.cn/ztzl/qgkjgzhy/2019/2019zxdt/201901/t20190110_144712.html。

[2] 新浪科技：《小微企业平均寿命仅 2.4 年，融资是最大难题｜聚焦上海两会》，https://tech.sina.com.cn/roll/2020-01-15/doc-iihnzhha2663695.shtml。

2. 信贷融资在小微企业融资中的重要地位

无论是从理论还是实践角度看，小微企业的发展和创新都需要大量的资金支持，融资是小微企业发展过程中的一个重要环节（Czarnitzki & Hall，2011；Xia et al.，2019；Dzhambova，2021；肖斌卿等，2016；刘满凤和赵珑，2019；郑法川和张学良，2021）。伴随着企业生命周期的发展，小微企业由依靠内部自有资金，逐步转向依靠外部资金支持；然而，对于大多数小微企业而言，其自身信用低而不具备发行企业债券的条件，且在公开市场募集资金又面临着门槛高、佣金成本高等问题（黄宇虹和黄霖，2019；文红星，2021）。同时，在我国以间接融资为主导的融资体系下，信贷融资在小微企业融资中占有极其重要的地位（马光荣等，2014；肖斌卿等，2016；张一林等，2016；文学舟等，2019；冯业栋等，2021）。因此，小微企业更有可能从金融机构获得信贷支持，以银行为代表的金融机构在小微企业融资中发挥着重要作用，甚至是唯一对中小企业有着实质性影响的外部融资形式（Czarnitzki & Hottenrott，2011；Acharya & Xu，2016；Cole & Sokoly，2018；李华民等，2010；甘犁等，2019；黄速建和刘美玉，2020）。小微企业信贷融资难题是一个全球性的问题，以银行为代表的金融机构对小微企业的信贷支持是从根本上解决小微企业资金需求的重要途径，能够对小微企业信贷约束的缓解起到十分重要的作用（Brancat，2015；Faherty & Stephens，2016；肖虹和邹冉，2019；钱水土和吴卫华，2020；韩莉等，2021）。

3. 信贷融资对创新的重要作用

国内外学者从企业内外部不同角度对影响企业创新的因素进行了广泛的研究，其中最受关注的就是资金因素，长期且稳定的资金投入对于企业持续创新非常重要（Distinguin & Rugemintwari，2016；Hasan et al.，2017；甘梨等，2019；安然和杨雷鸣，2021）。然而，由于内外部各种因素导致企业的内源融资难以满足企业创新所需的持续且稳定资金，因此企业主要依赖外源融资进行创新（Czarnitzki & Hottenrott，2011；解维敏和方红星，2011；李万福等，2017；王满四和徐朝辉，2018）。同时，小微企业创新投资与普通其他投资相比，具有投资周期长、信息不对称程度高、产出不确定性高等特点，这使得小微企业的创新投资更依赖于稳定、长期且持续的外源融资。在小微企业外源融资中，以银行为代表的信贷融资的持续供给是小微企业研发重要的外部投入要素

（David et al.，2008；刘美玉和黄速建，2019；张一林等，2021；王茹婷等，2022）。这主要是因为：首先，小微企业主为保证自己的控制权不被转移，更倾向于债务融资而非股权融资；其次，以银行为代表的金融机构能够产生有效的信息揭示机制，从而有效地识别出有能力引导企业创新的企业家；最后，创新具有明显的"知识溢出效应"，而信贷融资能够保护企业的商业机密，不用像股权融资那样强制性披露有关信息，避免将企业的研发成果泄露给竞争对手（Hurst & Lusardi，1993；Hall，2002；董晓林等，2018；王晶等，2018）。由此可见，信贷融资能够降低小微企业信贷融资成本，在评价创新项目以及管理企业创新风险方面发挥着极其重要的作用，从而能够有效推动小微企业创新。

4. 小微企业面临着信贷约束

我国信贷市场为小微企业提供的资金支持远远不能满足小微企业的信贷需求，以"麦克米伦缺口"形式表现出来的信贷约束的持续存在会威胁到小微企业的生存与发展以及小微企业群体的转型升级，甚至影响到整个产业结构的调整（李良志等，2022；谭智佳等，2022）。目前，金融机构对小微企业提供的信贷支持与小微企业发挥的作用极其不对称。据银保监会统计，截至2018年底，全国全口径小微企业贷款余额33.49万亿元，占各项贷款余额的23.81%，这对于占全国企业数量比重超过90%的小微企业而言，贷款占比仍然比较低①。2018年1月，世界银行发布报告《中小微企业融资缺口：对新兴市场微型、小型和中型企业融资不足与机遇的评估》，报告中的数据显示：我国商业银行对大中型企业贷款覆盖率达到80%以上，中小企业贷款覆盖率仅为18.7%，而小微企业难以获得金融支持，放贷比重却仅占1%；银行业的小微企业贷款余额为30万亿元，仅占银行贷款总余额的24.67%；我国小微企业潜在融资需求为4.4万亿美元，融资供给仅2.5万亿美元，融资缺口比重高达43%②。另外，据中国家庭金融调查（China Household Finance Survey，CHFS）数据显示，我国每年有16.7%的小微企业死亡，25.8%的小微企业具有正规信贷需求，在这些企业中只有46%的企业获得贷

---

① 中华人民共和国中央人民政府网站，http：//www. gov. cn/xinwen/2019 – 03/15/content_ 5374041. htm。

② MSME Finance Gap. Assessment of the shortfalls and opportunities in financing micro，small and medium-sized enterprises in emerging markets. 2017.

款，11.6%的企业贷款被拒绝，其余42.4%的企业并未申请贷款。也就是说，金融机构放贷对象仍然是颇具规模的大中型企业，而那些小微企业虽然信贷需求非常旺盛，但仍然难以获得金融机构的信贷支持，面临着比较严峻的信贷约束问题。由此可见，我国小微企业对国内经济贡献与金融机构对小微企业的信贷支持力度有着较大的差距，小微企业处于"强位弱势"的状态，其发展过程中的信贷需求难以获得金融机构的信贷支持，相比大中型企业，小微企业面临着更为严重的信贷约束（Hall et al.，2009；冯晓菲和张琳，2020；孔丹凤和陈志成，2021）。

1.1.2 理论背景

就目前而言，大量国内外学者在小微企业信贷约束形成原因或影响因素等方面进行了翔实的理论分析和实证研究，并且取得了可喜的成就（Zhong et al.，2014；Mkandawire & Duan，2016；Cole & Sokoly，2018；刘忠璐，2018；王聪聪等，2018）。首先，由于我国小微企业财务信息不透明、资产规模小、缺乏有效抵押品以及内部治理机制和财务运行不规范，因此普遍不能提供像大企业一样的财务报表相关信息及融资担保；与大中型企业相比，小微企业难以获得外部信贷融资，这使得小微企业信贷约束问题日益凸显（Guariglia & Liu，2014；Mkandawire & Duan，2016；Cole & Sokoly，2018；邢道均和叶依广，2011；肖虹和邹冉，2019）。其次，银行等金融机构给予小微企业贷款所承担的风险与其获得的回报不匹配，导致银行等金融机构不愿意向小微企业提供信贷资金，致使小微企业难以获得信贷支持，面临着严重的信贷约束（Blanco et al.，2013；Kirschenmann，2016；刘鑫和林建，2015；吴敏和林乐芬，2015；郑骏川和李筱勇，2018）。最后，国家法律制度的不完善和不健全导致金融市场存在着严重的信息不对称，进而引起逆向选择、道德风险等问题，致使小微企业容易遭受信贷约束，从而使得小微企业信贷可获性难度进一步加大（Rice & Strahan，2010；Lu，2018；邢道均和叶依广，2011；何韧等，2012；张春海和王冉冉，2021）。与此同时，小微企业的发展面临着激烈的竞争环境、用工成本大幅上升、原材料成本明显上涨、订单量减少、资金链紧张等问题，进一步加剧了小微企业信贷约束问题（张铭心等，2022）。

信贷约束影响方面，国内外学者对其研究的比较少，大量学者主要将研究注意力集中于对一般企业信贷（融资）约束影响的分析上（Aghion et al.，2010；Gine & Mansuri，2011；罗长远和陈琳，2012；任曙明和吕镯，2014；肖斌卿等，2016；刘晓光和刘嘉桐，2020）。但是，以上学者有关企业信贷约束影响方面的研究仍有不足之处，主要体现在以下几个方面：①以往研究更多是关注信贷约束对小微企业创新的平均影响，很少关注信贷约束的分位数影响，即信贷约束对小微企业创新的影响随着创新分布位置变化而不同的问题。②如果金融机构完全满足企业资金需求，则意味着企业未遭受信贷约束，但金融机构有信贷供给却并不一定意味着企业没有信贷约束问题（Berger & Udell，2002；Rice & Strahan，2010；吴勇，2015；刘美玉和黄速建，2019），如企业有可能遭受部分信贷约束。因此，以往研究将得到金融机构信贷供给的企业分为无信贷约束企业和有信贷约束企业存在不妥之处，有可能高估或者低估企业遭受的信贷约束强度（Mohnen et al.，2004；Huang et al.，2016；冯兴元，2004；陈啸，2013；石华军等，2021）。③李成友和孙涛（2018）指出，在我国信贷市场上，资金的供给方主要由正规金融机构和非正规金融机构组成，有信贷需求的小微企业可以向正规金融机构借款，也可以向非正规金融机构借款或者向两者同时借款，因此面临的信贷约束情形可以分为正规信贷约束、非正规信贷约束及正规和非正规信贷约束（简称为"混合信贷约束"）。④有学者进一步指出，信贷约束可以分为需求型信贷约束和供给型信贷约束，二者分别强调遭受信贷约束方是处于主动选择或者被动接受（Williamson，1986；马九杰等，2012；李成友和李庆海，2016；梁杰和高强，2020；宋佳琪等，2022）。⑤以上研究多使用传统回归方法（Ordinary Least Squares，OLS）、Heckman 两阶段方法、Hansen 阈值估计方法等考察企业信贷约束的影响，但是这些方法在使用过程中会导致一定的估计偏误，例如，企业信贷约束有可能存在内生性问题，且已有大量研究和金融机构的实践表明，企业创新会对其融资能力产生较大影响。对于这种类型的数据，通常情况下可以采用倾向得分匹配法予以解决。

那么对于小微企业来说，信贷约束对小微企业创新的作用如何，信贷约束对小微企业创新的影响是否会随着创新分布位置的变化而不同，不同强度、不同渠道及不同类型的信贷约束对小微企业创新的影响如何且是否具有差异性，小微企业异质性是否会调节信贷约束与小微企业创新之间的关系，以及如何缓解小微企业信贷约束等一系列问题，无疑是必须思考和亟待解决的重要问题。本书试图回答以上有关小微企业信贷约束与企业创新之间的一系列问题。

1.2 研 究 意 义

小微企业作为我国实施创新驱动发展战略的主要创新微观主体，其遭受信贷约束的现象普遍存在并且制约了小微企业的发展；然而，国内外相关文献从信贷约束入手研究其对企业创新的研究并不多见，且不深入。本书以国内外极具活力的信贷约束研究为切入点，从小微企业出发，以 2018 年山东省小微企业数据为研究对象，采用大样本微观调研数据，通过理论分析和模型构建，从不同侧面和角度研究了信贷约束对小微企业创新的影响，并进一步探讨了所有制类型、行业及所在地区经济发展水平对信贷约束与小微企业创新影响的差异性；从小微企业、政府、金融机构三个维度提出纾解我国小微企业信贷约束的对策建议。本书对以上问题的深入研究具有重要的实践启示意义和理论指导意义。

1.2.1 现实意义

信贷约束问题是我国小微企业发展和壮大过程中亟须解决的主要问题，本书的主要内容和结论具有非常重要的针对性和应用价值，对于融资渠道有限、资金来源不稳定的小微企业来说具有一定的现实意义。具体如下：

（1）小微企业融资难是当前的热点话题和难点问题，本书通过全面、系统、深入地研究小微企业的信贷约束问题，对信贷约束以及不同强度、不同渠道、不同类型信贷约束对小微企业创新的影响进行研究，提出纾解我国小微企业信贷约束的对策性建议，为我国小微企业信贷约束问题的纾解提供可参考的对策选择和路径实施方案，其主要结论及政策建议能够对山东省小微企业发展提供思路和方法，也能够为同类省份及中西部经济欠发达地区的小微企业提供有益的参考和借鉴。

（2）小微企业可以向正规金融机构贷款，也可以向非正规金融机构贷款，或同时向两者借款，但是非正规金融机构与小微企业的信贷需求特点更加匹配，能够有效弥补正规金融机构的不足。因此，政府要建立起正规金融机构和非正规金融机构之间有效的垂直或水平衔接机制，充分发挥各自优势，有效缓解小微企业面临的信贷约束问题。

（3）小微企业仍然普遍遭受信贷约束，并由被动性接受（即供给型信贷约束）转移到主动性选择（即需求型信贷约束）上；与此同时，小微企业创新损失不仅没有得到有效改善，反而进一步恶化。因此，要想切实解决我国小微企业信贷约束问题，重点在于解决小微企业交易成本较高和信息不对称的问题，建立小微企业全国信用信息共享机制，消除小微企业内部"信贷恐慌"问题，进而能够有效缓解小微企业自身信贷需求抑制。

（4）小微企业作为我国实施创新驱动发展战略重要的微观创新主体，本书的研究结论能够为政府相关部门向小微企业提供资助或税收优惠，缓解小微企业信贷约束，激发小微企业的创新活力，以及促进小微企业创新提供理论依据，具有重要的政策启示；同时，有利于为政府着力打造良好的制度环境，改善小微企业的融资环境，以及通过政府支持缓解小微企业信贷约束，进而促进小微企业创新提供经验证据。

（5）本书能够为银行等金融机构推进小微企业金融服务创新、开拓利润增长提供参考依据。对于金融机构而言，要积极创新管理方式，加强对金融产品和服务方式的创新力度，建立健全小微企业信贷体系，构建多层次、和谐发展的融资结构，满足小微企业多层次及个性化的信贷需求。

1.2.2　理论意义

本书基于信贷融资理论、企业创新理论、信号传递理论、信贷市场失灵理论及资源基础理论等，研究了信贷约束对小微企业创新的影响，这对于重新认识小微企业信贷约束问题及进一步丰富以上相关领域的理论研究而言，是一个有益的补充。

（1）从微观企业视角丰富了企业融资相关的理论研究。尽管信贷约束这个概念在国内外文献中经常被提及，但以往研究大都是针对大中型企业而展开的研究，与大中型企业相比，小微企业信贷约束的形成具有特殊性，且小微企业所面临的信贷约束更严重。本书在借鉴国内外相关理论的基础上，结合我国小微企业的实际情况，构建了更具深度和解释力的理论模型以对此现象进行详细解释和分析，进一步深化了信贷约束理论的研究内容和范围，健全了信贷约束理论的研究体系。

（2）丰富了信贷约束对企业影响的研究，也为信贷约束对企业创新的影响提供了新的经验证据。本书构建了信贷约束、信贷约束强度、不同渠道及不同类型信贷约束指标，通过从不同侧面和角度构建相应计量模型对信贷约束问题进行研究，理论分析和实证检验了信贷约束及不同强度、不同渠道、不同类型信贷约束对小微企业创新影响的差异性，进一步探讨了企业异质性对信贷约束与小微企业创新影响的差异性，即所有制类型、行业及所在地区经济发展水平对信贷约束创新影响的调节作用。

（3）丰富了企业创新影响因素的研究。国内外学者较少关注企业自身信贷获取能力对小微企业创新的影响，本书在控制因样本选择偏误而导致内生性问题的前提下，从不同侧面和角度研究了信贷约束对小微企业创新的影响，丰富了国内外有关企业创新影响因素的研究。

1.3 研究内容和研究方法

1.3.1 研究内容

本书以小微企业的"强位弱势"为研究背景，系统地研究信贷约束对小微企业创新的影响。总体而言，本书的主要研究思路可以总结为：首先，绪论及文献综述，简要介绍本书的研究背景、研究内容和方法、关键问题和技术路线、研究创新及研究意义；其次，对与本书研究内容相关的理论基础和文献进行总结，在对以往文献进行述评的基础上，提出本书主要的研究内容；再次，有关信贷约束与小微企业创新相关的实证检验，包括问题提出、研究假设、研究设计、实证检验、结论及总结；最后，提出纾解小微企业信贷约束问题的对策建议。本书旨在更广泛、更深层次地为纾解小微企业信贷约束问题提供思路和实现路径，建立在前人研究的基础上进行严密的逻辑推导和论证，以规范分析再辅之以计量。每章内容简要概况如下：

第1章，绪论。由于小微企业因自身财务信息不透明、缺乏可抵押资产等引起的小微企业与金融机构或组织之间的信息不对称问题突出，使得小微企业容易遭受严重信贷约束，不同小微企业遭受的信贷约束强度、信贷约束渠道及信贷约束类型有可能存在显著的差异。在此背景下，首先提出本书的主要研究问题和研究意义，其次总结了本书主要的研究内容和研究方法，再次概括了本书的主要思路及主要技术路线，最后对研究的创新之处进行总结。

第2章，概念界定、理论基础和文献综述。本章首先对本书涉及的主要概念进行界定，包括小微企业、信贷约束及创新相关概念；其次阐述了信贷约束与创新相关的理论基础，包括信贷融资理论、创新理论、信息不对称理论、信贷市场失灵理论及资源基础理论；最后梳理了信贷约束与创新相关的国内外文献，找到研究空缺之处，引出本书研究内容。

第3章，信贷约束与小微企业创新。本章在借鉴已有相关研究的基础上，通过设计合理简洁的调查问卷、选择切实可行的衡量方法和甄别机制，获取小微企业信贷约束与创新相关的详尽准确信息。采用倾向得分匹配法构建平均处理效应模型和分位数处理效应模型，估计小微企业信贷约束对企业创新的影响及信贷约束对小微企业创新的分位数影响，较好地解决了由样本选择偏差引起的估计偏误问题。通过缩尾检验、替换和增加变量进行稳健性检验；同时，基于我国小微企业信贷约束的特征事实进行拓展研究，进一步探讨所有制类型、行业及企业所在地区经济发展水平对上述信贷约束创新影响的调节作用。

第4章，不同强度信贷约束与小微企业创新。构建信贷约束强度指标，采取广义倾向得分匹配法构建连续处理效应模型估计不同强度的信贷约束对小微企业创新的影响，避免传统回归方法由样本选择性引起的估计偏误以及倾向得分匹配方法仅适用于处理变量为二值离散变量的情况。通过缩尾检验、替换和增加变量进行稳健性检验，进一步探讨企业所有制类型、行业及企业所在地区经济发展水平对上述影响的调节作用。

第5章，不同渠道信贷约束与小微企业创新。构建不同渠道信贷约束指标，采取广义倾向得分匹配法构建多重处理效应模型，识别不同渠道信贷约束对小微企业创新的影响，并针对不同渠道信贷约束对小微企业创新的影响进行对比分析。避免传统回归方法由样本选择偏差引起的估计偏误以及倾向得分匹配方法仅适用于处理变量为二值离散变量的情况。通过缩尾检验、替换和增加变量进行稳健性检验，进一步探讨企业所有制类型、行业及企业所在地区经济发展水平对上述影响的调节作用。

第6章，不同类型信贷约束与小微企业创新。采取广义倾向得分匹配法构建多重处理效应模型，识别不同类型信贷约束对小微企业创新的影响，并对不同类型信贷约束对小微企业创新的影响进行对比分析。避免传统回归方法由样本选择偏差引起的估计偏误以及倾向得分匹配方法仅适用于处理变量为二值离散变量的情况。通过缩尾检验、替换和增加变量进行稳健性检验，进一步探讨企业所有制类型、行业及所在地区经济发展水平对上述影响的调节作用。

第7章，研究结论、建议及展望。首先，简要阐述了本书的主要研究内容及主要结论；其次，从企业、政府、金融机构三个层面提出缓解小微企业信贷约束的建议；最后，指出研究不足之处及未来研究展望。

1.3.2　研究方法

本书广泛借鉴管理学、金融学、社会学多种学科的研究方法，综合使用实地调查、文献综述、规范分析、实证检验及演绎推广等多种研究方法，将小微企业信贷约束问题进行了深入剖析。一方面是将文献综述和实地调查相结合，另一方面是将规范分析和实证研究相结合，采用演绎推广的方法将本书内容和结论转化为相应的对策性建议。

（1）文献综述和实地调查相结合。本书灵活运用电子数据库、互联网和图书馆等资源，对现有国内外有关信贷约束与创新相关的文献资料进行收集、整理、归纳和分析。文献综述的过程可以帮助厘清小微企业信贷约束理论、创新理论、资源基础理论及信息不对称理论等相关理论的最新进展，可以为相关的理论和实证研究提供理论基础，从而构建出本书的理论分析框架；另外，可以在研究方法上给予本书重要的启示和借鉴价值。在文献综述的基础上，本书通过对山东省小微企业有关信贷约束与企业创新的情况进行实地调查以获得第一手资料，为增加样本数据的典型性和代表性，本书采用实地调研与深度访谈相结合的方法。小微企业调研问卷大多是由企业主或者企业主要负责人填写的，调研采用三阶段随机抽样法，根据山东省传统的地域划分标准和经济发展水平进行系统抽样，在各个区域内均抽取一定小微企业，使得所抽样本不存在样本选择偏差问题。

（2）规范研究和实证研究相结合。本书以规范研究为导向，分析了信贷约束以及不同强度、不同渠道、不同类型信贷约束对小微企业创新影响的影响机制，据此提出相关的理论假设。以实证研究为手段，实证检验了信贷约束及不同强度、不同渠道、不同类型信贷约束对小微企业创新的影响，以及小微企业异质性对上述影响的调节作用。具体采用的研究方法和主要模型在研究内容中进行了比较详细的阐述，简要归纳如下：借鉴以往相关研究文献，结合 2018 年山东省小微企业调研数据，选取合理变量指标，在考虑选择性偏差所引致内生性问题的前提下，根据研究假设及研究内容构建相应计量模型。主要包括：基于倾向得分匹配构建平均处理效应模型和分位数处理效应模型，估计信贷约束对小微企业创新的影响及信贷约束的分位数影响；基于广义倾向得分匹配构建连续处理效应模型，理论分析和实证检验信贷约束强度对小微企业创新的影响；基于广义倾向得分匹配构建连续处理效应模型，理论分析和实证检验信贷约束强度对小微企业创新的影响；基于广义倾向得分匹配构建多重处理效应模型，理论分析和实证检验不同渠道信贷约束对小微企业创新的影响；基于广义倾向得分匹配构建多重处理效应模型，理论分析和实证检验不同类型信贷约束对小微企业创新的影响，从不同侧面和角度（不同强度、不同渠道及不同类型信贷约束）识别和估计信贷约束对小微企业创新的影响，通过缩尾检验、替换和增加变量进行稳健性检验，并进一步探讨了小微企业异质性对上述影响的调节作用。

（3）演绎推广。在理论指导和政策性建议相结合原则的指导下，本书采用演绎推广的方法将主要内容和相关实证检验结论转化为合理的对策性建议，以为后续破解小微企业信贷约束的相关政策建议和措施制定提供经验事实依据。

1.4 研究关键问题和技术路线

1.4.1 研究关键问题

本书对小微企业信贷约束的研究将不再局限于一般文献中的定性分析，以及主要识别和估计正规信贷约束的影响，而是采用大样本微观调研数据从不同侧面和角度对小微企业信贷约束影响进行研究；理论分析和实证检验信贷约束对小微企业创新的影响及其信贷约束的分位数影响，并进一步识别和估计小微企业不同强度、不同渠道和不同类型信贷约束对企业创新的影响，以及所有制类型、行业及企业所在地的地区经济发展水平对上述信贷约束与创新关系的调节作用；从企业、政府、金融机构三个层面提出纾解小微企业信贷约束的对策性建议。本书的关键问题主要包括以下几个方面，具体如下：

（1）获得小微企业信贷约束的具体信息。本书将选择切实可行的衡量方法和甄别机制，设计合理简洁的调研问卷和测算指标，通过实地调研获取小微企业信贷约束与创新相关的具体信息。

（2）构建和识别信贷约束对小微企业创新的影响及信贷约束的分位数影响。在考虑选择性偏误所引起内生性问题的基础上，基于倾向得分匹配构建平均处理效应模型和分位数处理效应模型来识别小微企业信贷约束对企业创新的影响及其信贷约束的分位数影响；通过缩尾检验、替换和增加变量进行稳健性检验，并检验所有制类型、行业及企业所在地区经济发展水平对上述信贷约束与创新关系影响的调节作用。

（3）构建和识别不同强度信贷约束对小微企业创新的影响。在考虑选择性偏误所引起的内生性问题及处理变量并非（0，1）离散变量的基础上，将传统的"有无信贷约束"二元离散变量进行连续性处理，形成 0~1 连续性变量；构建小微企业信贷约束强度指标，并基于广义倾向得分匹配构建连续处理效应模型以识别不同强度信贷约束对小微企业创新的影响；通过缩尾检验、替换和增加变量进行稳健性检验，并检验所有制类型、行业及企业所在地区经济发展水平对上述影响效应的调

13

节作用。

（4）构建和识别不同渠道信贷约束对小微企业创新的影响。按照信贷渠道将小微企业遭受的信贷约束分为正规信贷约束、非正规信贷约束及混合信贷约束，构建小微企业不同渠道信贷约束指标；基于广义倾向得分匹配构建多重处理效应模型（MTE 模型），估计不同渠道信贷约束对小微企业创新的影响，比较不同渠道信贷约束对小微企业创新影响的差异性；进行稳健性检验，并检验所有制类型、行业及企业所在地区经济发展水平对上述影响效应的调节作用。

（5）构建和识别不同类型信贷约束对小微企业创新的影响。根据信贷需求者遭受的信贷约束是主动性选择还是被动性接受，把小微企业的信贷约束情况分为需求型信贷约束和供给型信贷约束两类，构建不同类型信贷约束指标；基于广义倾向得分匹配构建多重处理效应模型（MTE 模型），估计不同类型信贷约束对小微企业创新的影响，比较不同类型信贷约束对小微企业创新影响的差异性；进行稳健性检验，并检验所有制类型、行业及企业所在地区经济发展水平对上述影响效应的调节作用。

14

1.4.2 技术路线

本书的技术路线包括研究脉络、研究内容和使用的研究方法三个部分。首先，本书通过各种渠道广泛搜集信贷约束与中小微企业创新的相关国内外经典文献，对现有文献研究进行总结、梳理及评价，找出研究的空白之处，据此提出本书的主要研究内容；结合相关的已有理论，定义小微企业、信贷约束及其创新的基本概念和内涵。其次，根据现有研究成果，大量搜集相关信息及数据，构建和识别信贷约束、信贷约束强度、不同渠道信贷约束及不同类型信贷约束这些核心变量指标。再次，基于信贷约束及不同强度、不同渠道、不同类型信贷约束对小微企业创新影响的研究，通过问题提出、研究假设、研究设计、实证检验及研究总结进行相关研究。最后，从企业层面、政府层面及金融机构层面提出可行的纾解小微企业信贷约束的综合性对策框架，以提高小微企业的存活率，促进小微企业健康成长和快速发展。具体技术路线如图 1-1 所示。

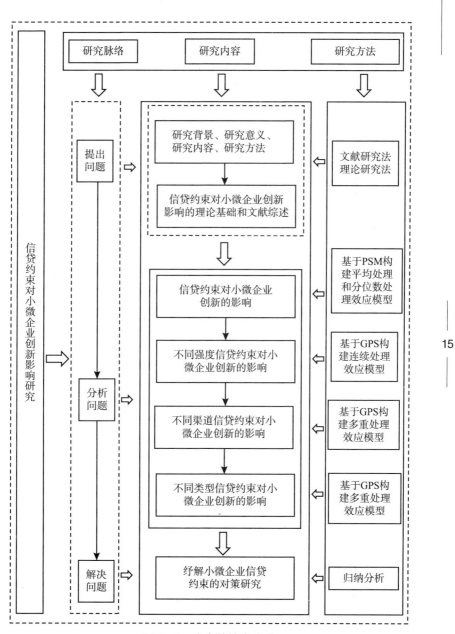

图 1-1　本书的技术路线

1.5　研究创新点

本书紧紧围绕小微企业信贷约束如何影响企业创新这一基本问题，从小微企业"强位弱势"的现实背景出发，通过简要回顾以往有关国内外相关理论研究的基础上，构建信贷约束对小微企业创新影响的理论框架，并以山东省小微企业的微观调研数据为样本实证检验了信贷约束对小微企业创新的影响，本书可能的创新点在以下几个方面。

（1）研究视角创新。第一，本书在控制样本选择偏误而导致的内生性的前提下，不仅研究了信贷约束（0，1）虚拟变量对小微企业创新的平均影响，还研究了信贷约束对小微企业创新的分位数影响，拓宽了信贷约束影响的文献，所得结论具有重要的政策含义和实践意义。第二，将传统的"有无信贷约束"二元离散变量进行连续性处理形成0～1连续性变量，构建小微企业信"贷约束强度"指标来衡量小微企业遭受的信贷约束强度情况，不仅能够有效解决企业部分信贷约束遗漏的问题，而且能够拓展企业信贷约束的概念。第三，资金供给方不仅包括正规金融机构，而且还包括非正规金融组织，本书根据小微企业信贷渠道的不同，把小微企业遭受的信贷约束分为正规信贷约束、非正规信贷约束及混合信贷约束，实证检验了不同渠道信贷约束对小微企业创新影响的差异性，进一步拓展了资金供给方的范围，有效弥补了以往研究内容的缺失，使得本书测算以及估计结果更加准确。第四，本书根据小微企业遭受的信贷约束是出于主动选择还是被动接受，把小微企业遭受的信贷约束分为需求型信贷约束、供给型信贷约束，实证检验了不同类型信贷约束对小微企业创新影响的差异性。由以上可知，本书从不同侧面和角度研究信贷约束对小微企业创新的研究不仅能够有效解决企业部分信贷约束遗漏的问题，而且能够拓展企业信贷约束的概念以及信贷约束对企业影响的研究。

（2）研究内容创新。以往有关信贷约束与企业创新的相关文献大都以大中型企业为对象进行研究，缺乏针对小微企业的研究，且相应的理论模型和分析方法尚未完备，研究的广度和深度有待进一步加强。本书以小微企业为研究对象进行企业创新微观层面的研究，研究了信贷约束及不同强度、不同渠道、不同类型信贷约束对小微企业创新的影响，以及企业所有制类型、行业及企业所在地区经济发展水平对信贷约束与小微企业创新影响的调节作用，拓宽了与企业创新相关的研究领域。另外，本书在理论分析、微观层面和实证层面研究的基础上，从小微企业、政府及金融机构三个层面提出了纾解小微企业信贷约束的对策性建议，构建了小微企业信贷约束治理体系，能够保障小微企业向健康、持续的方向发展。

（3）研究方法创新。借助多种形式的处理效应模型，估计信贷约束及不同强度、不同渠道、不同类型信贷约束对小微企业创新的影响，在估计时，考虑了样本选择性问题、样本容量大小问题、正规金融和非正规金融及不同类型信贷约束的相互影响问题等，使本书的分析更具严谨性，研究方法新颖。①以倾向得分匹配思想为基础，通过 PSM 方法控制特征变量，构建平均处理效应模型和分位数处理效应模型比较分析信贷约束对企业创新影响及信贷约束的分位数影响，能够有效解决因样本选择偏差而导致的内生性问题。②将传统的"有无信贷约束"二元离散变量进行连续性处理形成 0～1 连续性变量，构建小微企业"信贷约束强度"指标来衡量小微企业遭受的信贷约束情况，使用广义倾向得分匹配法构建连续处理效应模型估计小微企业信贷约束强度对其创新的影响，避免传统回归方法由于样本选择性引起的估计偏误以及倾向得分匹配方法仅适用于处理变量为二值离散变量的情况，进一步优化和改善了以往的理论估计方法和模型。③在研究不同渠道及不同类型信贷约束对小微企业创新影响时，处理变量有四个或者三个取值时，倾向得分匹配不再适用，本书使用广义倾向匹配得分方法构建多重处理效应模型，解决此问题。

17

第 2 章 概念界定、理论基础和文献综述

中小企业面临的信贷约束现象抑制了企业的创新，这种现象受到了理论界和实践界的广泛关注，国内外学者对此开展了比较丰富和深入的研究，并且已经形成比较成熟的研究体系。而作为重要创新微观主体的小微企业，处于金融机构或者客户群体长尾的末端，其面临的信贷约束更为严重。然而，目前国内外学者对信贷约束与企业创新相关的研究大都以中小企业为研究对象，国内外学者对小微企业信贷约束的研究并不多，专门针对小微企业的融资理论较少且缺乏深入研究，而小微企业的融资问题与中小企业的理论基础基本相似。因此，本章以第 1 章提出的主要研究内容、研究目标为基础，在一定程度上扩大研究对象范围，对中小微企业融资理论、创新理论进行梳理，追溯其理论本源，可以概括为以下几个主要方面。

2.1 概念界定

2.1.1 小微企业界定标准

小微企业是小型企业、微型企业、个体工商户和家庭作坊式企业等的统称。国内外学术界和实践界在不同时期对小微企业的划分标准有不同的界定，国际上没有一个统一的界定标准。国外对小微企业的界定在不同时期、区域及环境中不尽相同，但大都以员工收入、营业收入或企

业资产总额作为标准进行划分。我国为了更好地监督和管理企业，1986
年金融当局开始对小微企业的划分标准进行研究。1988 年，《大中小型
工业企业划分标准》发布，这是我国首个企业划分标准，以企业年度销
售收入和资产总额为依据将企业划分为特大型、大型、中型、小型四个
级别。2003 年中国加入 WTO 后，企业面临着日益激烈的市场竞争环
境，为改善我国中小企业的经营环境，财政部联合各部门颁发了《中小
企业标准暂定规定》，该规定在行业分类的前提下，只确定了工业、交
通业、住宿餐饮等部分行业的划分标准，根据企业年度销售收入、资产
总额和员工人数先确定中型企业，其他为小型企业。2011 年，工信部
等四部委联合颁布《中小企业划型标准规定》（2011），以资产总额、
年度营业收入及员工人数为标准把我国的中小企业划分为三个级别，即
中型、小型和微型，第一次将小型企业划分为"小型企业"和"微型
企业"。2017 年，工信部等四部委联合颁布《统计上大中小微型企业划
分办法（2017）》，结合各个行业的特点，以企业资产总额、年度营业
收入、企业员工人数为依据，将我国企业分为四类：大型、中型、小
型、微型企业，各个行业小微企业划分标准如表 2 - 1 所示。本书对小
微企业的界定以《统计上大中小微型企业划分办法（2017）》中对小微
企业的界定标准为依据，展开本书后续相关研究。

表 2 - 1　　　　统计上大中小微型企业划分标准（2017）

行业名称	指标名称	微型	小型	中型	大型
农、林、牧、渔业	营业收入（万元）	$Y < 50$	$50 \leq Y < 500$	$500 \leq Y < 20000$	$Y \geq 20000$
工业	从业人员（人）	$X < 20$	$20 \leq X < 300$	$300 \leq X < 1000$	$X \geq 1000$
	营业收入（万元）	$Y < 300$	$300 \leq Y < 2000$	$2000 \leq Y < 40000$	$Y \geq 40000$
建筑业	营业收入（万元）	$Y < 300$	$300 \leq Y < 6000$	$6000 \leq Y < 80000$	$Y \geq 80000$
	资产总额（万元）	$Z < 300$	$300 \leq Z < 5000$	$5000 \leq Z < 80000$	$Z \geq 80000$
批发业	从业人员（人）	$X < 5$	$5 \leq X < 20$	$20 \leq X < 200$	$X \geq 200$
	营业收入（万元）	$Y < 1000$	$1000 \leq Y < 5000$	$5000 \leq Y < 40000$	$Y \geq 40000$
零售业	从业人员（人）	$X < 10$	$10 \leq X < 50$	$50 \leq X < 300$	$X \geq 300$
	营业收入（万元）	$Y < 100$	$100 \leq Y < 500$	$500 \leq Y < 20000$	$Y \geq 20000$

行业名称	指标名称	微型	小型	中型	大型
交通运输业	从业人员（人）	X＜20	20≤X＜300	300≤X＜1000	X≥1000
	营业收入（万元）	Y＜200	200≤Y＜3000	3000≤Y＜30000	Y≥30000
仓储业	从业人员（人）	X＜20	20≤X＜100	100＜X＜200	X≥200
	营业收入（万元）	Y＜100	100≤Y＜1000	1000≤Y＜30000	Y≥30000
邮政业	从业人员（人）	X＜20	20≤X＜300	300≤X＜1000	X≥1000
	营业收入（万元）	Y＜100	100≤Y＜2000	2000≤Y＜30000	Y≥30000
住宿业	从业人员（人）	X＜10	10≤X＜100	100≤X＜300	X≥300
	营业收入（万元）	Y＜100	100≤Y＜2000	2000≤Y＜10000	Y≥10000
餐饮业	从业人员（人）	X＜10	10≤X＜100	100≤X＜300	X≥300
	营业收入（万元）	Y＜100	100≤Y＜2000	2000≤Y＜10000	Y≥10000
信息传输业	从业人员（人）	X＜10	10≤X＜100	100≤X＜2000	X≥2000
	营业收入（万元）	Y＜100	100≤Y＜1000	1000≤Y＜100000	Y≥100000
软件和信息技术服务业	从业人员（人）	X＜10	10≤X＜100	100≤X＜300	X≥300
	营业收入（万元）	Y＜50	50≤Y＜1000	1000≤Y＜10000	Y≥10000
房地产开发经营	营业收入（万元）	Y＜100	100≤Y＜1000	1000≤Y＜200000	Y≥200000
	资产总额（万元）	Z＜2000	2000≤Z＜5000	5000≤Z＜10000	Z≥10000
物业管理	从业人员（人）	X＜100	100≤X＜300	300≤X＜1000	X≥1000
	营业收入（万元）	Y＜500	500≤Y＜1000	1000≤Y＜5000	Y≥5000
租赁和商务服务业	从业人员（人）	X＜10	10≤X＜100	100≤X＜300	X≥300
	资产总额（万元）	Z＜100	100≤Z＜8000	8000≤Z＜120000	Z≥120000
其他未列明行业	从业人员（万元）	X＜10	10≤X＜100	100≤X＜300	X≥300

资料来源：国家统计局（www.stats.gov.cn/tjgz/tzgb/201801/t20180103_1569254.html）。

2.1.2 信贷约束含义、测量和甄别机制

1. 信贷约束的含义

在西方经济学界，学者们普遍认为"金融缺口"就是金融约束，并提出了著名的"金融缺口"理论（也称为"双缺口"理论），该理论

指出小微企业在现实经济中除了与大企业进行市场竞争外，还面临着筹集资金的困难，其信贷资金需求难以得到满足（Stiglitz & Weiss，1981；Stein，2002；Santiago et al.，2009；罗仲伟等，2012；姚铮等，2014；刘满凤和赵珑，2019）。有关企业融资约束问题的研究主要从内源融资和外源融资两方面考虑，信贷约束属于融资约束中的一种具体情形，专指在向银行为代表的外部金融机构贷款时所受到的融资约束。鉴于我国有着特殊的经济环境和历史环境，"信贷约束"概念比用"金融约束"或者"金融缺口"概念更能够准确地描述我国小微企业融资贵及融资难的问题（邓可斌和曾海舰，2014；吴勇，2015；刘凌，2017；吴娜等，2017；黄速建等，2019）。目前国内外学者对信贷约束这个概念的理解主要是基于信贷需求方的立场进行解释，指信贷需求方无法获得其所需要的全部资金而面临的信贷困境。穆利克和查克拉伯蒂（Mallick & Chakraborty，2002）把信贷约束定义为企业信贷需求金额和实际获得金额之间的差值，差值越大代表着企业遭受的信贷约束越高。伯格和斯卡利亚（Berger & Schaeck，2011）认为信息不对称所造成的逆向选择和道德风险使得金融机构采用信贷配给而不是提高信贷利率实现金融机构利益最大化，使得中小企业难以获得信贷支持，面临着信贷约束。张杰（2006）认为由于信息不对称的存在，使得具备很强宏观经济效益的小企业却处于信贷配给弱势地位。进一步研究发现，中小企业面临的信贷约束可以分为两种，第一种是中小企业的信贷申请被拒绝或者是信贷供给额小于信贷需求额，而第二种是信贷需求者担心自己的贷款申请被拒绝而选择不向金融机构提出信贷申请。

　　本书认为信贷约束是企业向以银行为代表的金融机构或组织提出信贷申请，而我国金融机构的不完善以及信息不对称问题的存在，使得金融机构和组织不能完全满足企业的信贷需求，从而导致企业面临着信贷约束；另外，企业虽然面对净现值为正的投资机会但由于担心申请被拒或者利率过高等而主动放弃向金融机构提出信贷申请，使得企业延迟甚至放弃投资计划，而错失发展机会。

2. 信贷约束、信贷配给与信贷歧视

　　信贷约束是从信贷需求方解释信贷需求者面临的信贷困境，而信贷配给是从供给方角度对信贷需求者面临的信贷约束进行解释，然而信贷需求者面临的信贷约束并非都是由供给者的信贷配给造成的，还包括信贷需求者因"信贷恐慌"而选择的自身信贷需求抑制（Shaw，1973；程郁等，2009；周中胜等，2015；尹鸿飞等，2021）。信贷配给是以银行为代表的金融机构为了抵御我国信贷市场不完善而采取的一种自我保护机制，选择减少或者不给小微企业提供信贷支持，使得小微企业面临信贷约束。另外，银行等金融机构长期对小微企业的信贷配给会影响信贷需求者的行为和预期，使得信贷需求者主动放弃申请贷款，出现需求型信贷约束（Cole & Sokoly，2018；张宁和张兵，2014；李成友和李庆海，2016；黄速建和刘美玉，2020）。

我国小微企业遭受信贷约束的另外一个原因可能是信贷歧视，信贷歧视包括规模歧视、所有制歧视等，信贷歧视是银行为了保持自身盈利水平而形成的对中小企业主观上的不信任。信贷歧视使得中小企业难以获得信贷支持，或者以较高的成本获得金融机构的信贷支持，但随着金融机构业务管理水平的提升、融资环境的改善以及中小企业信用水平的培育，信贷歧视会逐渐淡化直到最后消失，是一种阶段性的非均衡状态。

3. 信贷约束的衡量

如何精确地衡量信贷约束是当前国内外信贷融资研究中的一个热点、难点，在以往的研究中，对信贷约束的衡量有考察实际贷款利率到有效信贷需求、非正规金融替代、信贷规模约束等。例如，马九杰等（2004）利用"贷款比率"这个指标衡量中小企业的信贷获取能力；张瑞娟和李雅宁（2011）研究了企业正规信贷可获得性，并用"企业获得正规信贷额占其资金需求的比例"衡量。何韧等（2012）使用"是否获得银行贷款"虚拟变量衡量企业信贷可获得性水平。又有学者把主动放弃贷款申请的需求型信贷约束纳入信贷约束的研究范畴，衡量方法也增加了一些心理学和行为学的内容。鉴于本书主体的需要，此处重点介绍中小微企业信贷约束衡量方法，通过归纳总结发现国内外有关小微企业信贷约束的衡量方法主要有三种：①间接法，这种方法的基本思想是通过计量验证是否能够在统计上对随机游走的持久收入或者生命周期假说进行拒绝，进而间接推断信贷约束存在与否及其程度（Berger & Udell，1995；马九杰和董琦，2004），其可以分为两类：融资行为分析法（Petersen & Rajan，1995）和投资行为分析法（陈忠阳和刘吕科，2009），然而这种方法的合理性不断受到学者们的质疑，目前这种方法很少有人使用。②半直接法，该方法鉴于间接法的弊端，主张采用计量模型直接估计中小微企业信贷约束的程度或概率（李锐和朱喜，2007）。采用这种方法还可以考察企业信贷约束的动态变化，该方法大大丰富了学术界对企业信贷约束的理解。然而，使用计量模型进行估计时，可使用的信息有限且过程复杂，半直接法也尚未被学者广泛利用。③直接法，该方法是精心设计调研问卷，调研过程中诱导信贷需求者透露有关信贷需求和信贷供给相关的真实信息，通过被访谈企业关于信贷问卷答案的分析直接估计信贷约束程度（Angelini et al.，1998；Mallick & Chakraborty，2002；俞兆云和陈飞翔，2010；白永秀和马小勇，2014；刘美玉和黄速建，2019）。伴随着国内外学者对信贷约束研究的不断深入，采用问卷调研的直接法在样本的可识别程度及样本分类完备上的优势逐渐被发现，因此国内外学者大都采用直接法对信贷约束进行衡量。

4. 信贷约束的甄别机制

鉴于直接法已成为衡量小微企业信贷约束的主流方法，甄别机制的构建也基于该方法展开。在进行信贷约束的甄别前，首先要识别出小微企业是否具备信贷需求，然后才能讨论信贷约束的问题（Hodgman，1986；Horworth，2010；冯兴元，2004；姚铮，2013）。在甄别出小微企业具有信贷需求后，可以识别出小微企业是否遭受信贷约束，且这一方面的研究国内外学者都十分重视，研究成果也十分丰富（Berger et al.，2002；Beck，2008；Tong，2013；何灵和谌立平，2017）。但是有学者指出上述研究只考虑了小微企业有信贷需求，金融机构完全满足小微企业信贷需求或金融机构有信贷供给的情形，但金融机构有信贷供给，不一定意味着企业没有信贷约束的问题，比如企业可能遭受部分信贷约束，即信贷需求得到部分满足（Berger & Udell，2002；Rice & Strahan，2010；Huang et al.，2016；陈啸，2013；吴勇，2015）。因此，在以往的研究中将得到金融供给的小微企业分为无信贷约束小微企业和有信贷约束小微企业有不妥之处，有可能高估或者低估小微企业遭受的信贷约束强度。此外，李成友和孙涛（2018）、刘美玉和黄速建（2019）还指出在我国信贷市场上资金的供给方主要由正规金融机构和非正规金融机构组成，所以有信贷需求的小微企业，既可以向正规金融机构借款，也可以向非正规金融机构借款或者两者同时借款，因此面临的信贷约束情形可以分为正规信贷约束、非正规信贷约束以及正规和非正规信贷约束

（简称为"混合金融信贷约束"）。且有学者进一步指出，基于信贷需求者是主动选择还是被动接受，可以把信贷约束分为需求型信贷约束和供给型信贷约束两类（Williamson，1986；马九杰等，2012；李成友和李庆海，2016；黄速建和刘美玉，2020）。

2.1.3 创新概念的界定和测度

1912 年熊彼特在《经济发展理论》（The Theory of Economic Development）中首次提出"Innovation Theory"（创新理论）的概念，他认为并非资本和劳动力，创新才是资本发展的根本原因。熊彼特认为"创新"是伴随着生产过程产生的，是将生产条件、生产要素进行重新组合的生产函数或供应函数。在熊彼特看来，"创新"并非一个技术范畴，而是一个经济范畴，创新不仅是发明创造，还包括把新的科学技术成功引入企业实践中，能够在企业内部形成一种新的能力。国内外现代创新理论在熊彼特创新理论的基础上衍生和发展而来，与熊彼特不同的是，在以后的创新研究热潮中，学者开始强调创新中技术人员和市场的重要性，然而不同的学者对创新的概念有着不同的理解和认识（Mansfield，1968；Freeman et al.，1982；Schienstock & Hamalainen，2001；刘美玉和王季，2020；孔丹凤和陈志成，2021）。在熊彼特研究的基础上，学者根据不同的标准对创新进行了不同的分类，比如曼斯菲尔德（Mansfield，1968）、图什曼和安德森（Tushman & Anerson，1986）依据创新程度将创新分为突破式创新和渐进式创新；其中，突破式创新是以全新的技术、知识、要素和信息为基础而进行的一种破坏式创新（Liu et al.，2022；Zhan & Chen，2013；刘美玉和姜磊，2019；叶江峰和顾远东，2019），而渐进式创新是对现有技术、知识、要素和信息的组合和利用，是一种较为缓慢的改进式、完善式的创新（Adams et al.，2006；Javier et al.，2011；王建平和吴晓云，2017）。按照创新方式的不同，将企业的创新分为技术创新、组织创新和制度创新三类（Tether & Tajar，2008；刘景东和朱梦妍，2019）。

企业的创新体现了企业攫取、支配资源，将资源转换为创新成果，并将创新成果最终市场化的过程，需要企业多种能力的有效整合。国内外学者对创新的测量主要围绕着创新投入和创新产出展开。

（1）创新投入。企业创新主要使用企业各个环节中 R&D（研究与开发活动）的投入来衡量（Kim & Lee，2008；Block，2012；郝盼盼等，2019；成力为和邹双，2020；曹伟等，2022）。R&D 投入是企业能够创新成功的科学基础和物质基础，是目前用来直接度量企业创新的主要指标之一，但仅以 R&D 投入作为衡量企业创新的指标不能反映产出状况、创新的效益和市场价值，因此需要结合创新产出维度衡量企业的创新。

（2）创新产出。企业创新产出主要使用专利个数、创新收入、创新项目数等衡量（Ernst，2001；Cheung & Ping，2004；Tong et al.，2014；李春涛等，2020；郑志刚等，2022）。上述各个指标自身都有优缺点，就专利而言，用来衡量专利的指标可以分为专利申请数量和专利授权数量，申请专利需要烦琐的审批程序，专利授予数量是经外部相关机构审查和认可的，且专利授予数量存在时滞。但企业的专利申请数量代表着企业对技术创新成果的自我评估，即使企业未获得专利授权，但能达到申请水平的专利在企业生产经营过程中能够起到降低成本、增加产出的作用，因此专利申请数量更加主观、范围相对更加广泛，是更适合衡量企业创新产出的指标。相比较专利而言，企业新产品价值代表了企业利用新技术投入生产，企业创新产品收入可以很好地从产出角度衡量企业创新的市场价值，并最终市场化实现企业价值的过程。然而，创新收入只能衡量企业产品创新，却无法反映企业在科学技术方面的创新。创新项目数能够避免专利作为创新产出指标时的缺点，但忽略了那些企业尚未成功的创新项目，也无法精确反映企业创新的全过程，因此本书不使用创新项目数。基于现有研究基础及以上种种原因，本书在借鉴以往研究并结合数据可得性的基础上，选取了企业创新投入、专利申请数量、创新收入衡量小微企业创新。

2.2 理论基础

2.2.1 企业融资理论

传统的资本结构理论是针对一般企业提出的，小微企业特质不符合传统资本结构理论关于一般企业特质的假设（Arvanitis & Stucki，2013；田晓霞，2004；甘犁等，2019），小微企业融资理论是在传统的资本结构理论的基础上，结合小微企业自身的特殊性而发展起来的。传统的资本结构理论主要有四种经典理论：静态权衡理论、融资次序理论、代理理论以及生命周期理论，这四种理论都有企业追求价值最大化的基本假设，并且除了静态权衡理论外，其他三种理论都是在信息不对称及由信息不对称而带来的代理成本这一分析框架下进行的。下面重点探讨这些经典的传统资本结构理论对小微企业是否适用、影响因素是什么以及如何针对小微企业进行修正等问题。

1. 静态权衡理论（Static Trade-off Model，STO）

资本结构定理（MM 理论）是莫迪利亚尼和米勒（Modigliani & Miller）在 1958 年提出的，是一种基于信息对称的理想世界假设，企业的价值独立于企业的资本结构之外，最优的资本结构在企业内部并不存在。在 MM 理论（资本结构定理）的基础上，莫迪利亚尼和米勒（Modigliani & Miller，1963）开始将税收因素考虑进来，由于债务融资的"税盾效应"，企业为降低赋税会优先使用债务融资。迈尔斯和马吉鲁夫（Myers & Majluf，1984）在上述研究的基础上提出了静态权衡理论，企业融资必须在融资所获得的收益与付出的成本之间选择一个合适的平衡点，然而具体到小微企业，又存在一定的特殊性。对于小微企业而言，企业税与企业主个人所得税往往是紧密联系在一起的，小微企业公司税即为小微企业主个人税，它比银行的公司税或者富有亲友的个人税低，因此小微企业向银行或者富有亲友借款时，会对银行或富有亲友进行补偿，导致企业所需支付的累计利息大于企业债务融资获得的避税收益，使得小微企业缺乏使用债务融资的动机（Ang，1991）。另外，企业盈利水平越高越倾向于使用债务融资，以充分利用"税盾效应"（Ang，1992；樊勇和王蔚，2014；谢家平等，2018），相比大中型企业而言，小微企业盈利水平较低且负债成本高，因此小微企业较少使用债务融资。

2. 融资次序理论（Pecking – Order Hypothesis，POH）

融资次序理论是迈尔斯和马吉鲁夫（1984）提出的，融资次序理论并不认同企业内部存在着最优资本结构，企业只有将内部现金流用完后，才会依次选择债务融资、权益融资。后期有学者对融资次序理论进行了实证检验，巴斯金（Baskin，1989）通过对企业融资次序进行检验后发现，企业融资次序理论是合理且经常存在的。法玛和弗伦希（Fama & French，2005）认为权益融资并非企业融资的最后选择，相反大部分企业都会优先发行权益融资。黄少安和钟卫东（2012）认为管理层存在着股权融资偏好，这主要是因为股权融资成本低于债务融资成本，且股权持有者难以对企业管理层形成束缚。上述实证检验差异的原因之一可能是样本选择差异。然而，对于小微企业而言，其融资次序更多地受到小微企业主控制权偏好的影响，并不完全遵循融资次序理论，可能以"被截断形式"（truncated form）存在（Howorth，2001；Beck，2008；何灵和谌立平，2017）。

3. 代理理论（Agency Theoretic Framework，ATF）

企业要在代理成本和融资成本之间进行权衡取舍以确定企业最优的资本结构，不同规模的企业对于信号传递及代理成本的考虑基本相似，最大的不同是小微企业信息不对称问题更加严重，会影响到企业的融资能力和融资条件，小微企业出于信号传递考虑会影响到企业的融资需求。小微企业为了向外部投资者传递出企业经营良好的信号，会使用外部权益融资，由于公募发行成本较高，小微企业进行权益融资最好的选择是私募和风险基金（Campbell & Kracaw，1980；程兴华，2007）。

4. 生命周期理论（Life – Cycle Theory，LCT）

融资的生命周期理论是指处于生命周期不同发展阶段的企业，它们的融资特点和融资渠道具有显著的差异。伯格和乌代尔（Berger & Undell，1998）研究发现，对于初创期的企业，信息不对称程度高，倾向于选择内部融资或者天使融资；随着企业的发展，企业可以选择权益融资和债务融资；企业持续稳定发展之后可以选择债务融资。对于小微企业而言，需要在控制权稀释和积累财富之间做出选择，需要在快速增长和稳定增长之间权衡取舍，而企业的取舍或选择会进一步影响到小微企业融资渠道的选择（Berger & Undell，1998；田晓霞，2004）。

总的来说，小微企业融资具有以下两个特征：①企业主与企业紧密相关，使得小微企业主的知识水平、风险承受度、目标函数等均能影响到小微企业的融资决策。②小微企业信息不对称问题更加严重，信用风险更加突出，外部投资者为维护自身利益，不愿意向小微企业提供信贷支持或者提高小微企业融资成本，使得小微企业面临着信贷约束。

2.2.2 企业创新理论

1912 年，熊彼特在其《经济发展理论》（The Theory of Economic Development）中首次提出"Innovation Theory"（创新理论），认为"创新"是伴随着生产过程产生的，是将生产条件、生产要素进行重新组合的生产函数，并强调企业家是创新的主体，包括产品、技术、市场、资源配置、组织五种创新情况。在熊彼特研究的基础上，一些学者开始注意到创新过程中技术人员和市场的重要性，他们提出技术人员研发的新技术和新产品需要进一步转化到市场中去，以实现新技术和新产品的市场化、商业化。曼斯菲尔德（Mansfield，1968）明确指出从创新理念、创新技术、创新产品到市场化的所有阶段的实现，才能被真正称为创新。弗里曼等（Freeman et al.，1982）认为除了以上三个阶段外，创新还应该包括创新产品、技术市场化后续的一系列相关活动。纳尔逊和温特（Nelson & Winter，1982）指出创新过程需要进行一系列探索活动，且创新具有不确定性高、周期长、收益不稳定等特点。逊斯托克和哈迈莱宁（Schienstock & Hamalainen，2001）认为创新包括从技术或产品的开发到生产，最后到创新成果市场化的整个递进性流程活动，创新包括技术、组织及制度创新三个方面。阿凡尼炎和斯图基（Arvanitis & Stucki，2013）认为企业的技术创新需要投入大量的人力、物力及财力资源等，因此企业的创新会受到企业规模的影响。

2.2.3 信息不对称理论

信息不对称理论最早是阿罗（Arrow，1963）在对社保福利问题研究时发现的，他指出参与交易的主体中具有明显的信息优势，掌握着更多的信息。阿克洛夫（Akerlof，1970）提出了"柠檬市场"问题，即买卖双方商品交易的过程中，买方属于信息弱势群体，而卖方则掌握更多交易产品的质量和性能等相关信息。在信息不对称的情况下，市场机制这只"看不见的手"无法实现资源的有效配置。斯宾塞等（Spence et al.，1973）指出在劳动力市场中也存在着"柠檬市场"问题，导致优质的劳动者被驱逐于市场之外。同样，"柠檬市场"问题也存在于融资领域，外部投资者与信贷需求者之间因信息不对称而产生逆向选择、道德风险，使得信贷需求者难以获得信贷支持而面临着严重的信贷约束。

根据信息不对称时间发生的先后，将其分为事前不对称和事后信息不对称。前者是指信息不对称发生在买卖双方交易发生之前，卖方掌握了更多与交易相关的信息，而买方会用市场上的平均交易价格来估计当前交易价格，导致质量较高的产品或服务因其价值被低估而退出市场，产生"劣币驱逐良币"现象，即"逆向选择"问题。事后信息不对称是指在发生在买卖双方交易发生之后，信息优势方会做出一些损害对方的行为，即因机会主义而产生的"道德风险"问题。中小企业的研发信息活动具有高风险性和外部性，且企业的研发活动更多涉及的是人力资本、知识产权等无形资产，因此中小企业和外部金融机构之间的信息不对称程度更高（高艳慧等，2012；Carpenter et al.，2002；Silva & Carreira，2012；安等，2017；李昊楠和郭彦男，2021）。学者研究发现政府对企业研发活动的支持具有信号传递效应，能够向外部投资者传递企业经营良好的信号，使得中小企业容易获得外部金融机构的信贷支持（Feldman et al.，2006；Popov & Udell，2012；Colombo et al.，2013；郭晓丹等，2011；叶祥松和刘敬，2018）。

2.2.4 信贷市场失灵理论

与大中型企业相比，小微企业因为信息不对称问题更为严重、缺乏可抵押资产以及市场竞争力相对较弱，使其信贷成本比较高；与此同时，小微企业信贷需求额小、周期短、管理成本高，使其难以获得金融机构的信贷支持。因此，信贷可得性低是小微企业面临的普遍问题，也是全球性的世界难题（Gatti & Love，2008；Cowan et al.，2015；姚铮等，2013；迟国泰等，2016；黄速建和刘美玉，2020）。1929 年全球金融危机爆发后，英国政府开始注意到中小企业面临的"资金缺口"现象。为摆脱金融危机对经济的影响，1931 年 9 月，英国金融产业委员会（也称为麦克米伦委员会）向英国政府提交了《麦克米伦报告》，报告提出了著名的"Macmillan Gap"（麦克米伦缺口），"麦克米伦缺口"名称起源于英国的麦克米伦爵士，他被视为现代金融史上第一个正视中小企业融资难题的人。

随后，学者尝试从理论上对中小企业融资难的原因进行解释，其中最具代表性的是信贷配给理论。斯蒂格利茨和韦斯（Stiglitz & Weiss，1981）和韦特（Wette，1983）提出，由于信息不对称问题的存在，金融机构对中小企业的融资风险无法进行有效识别，金融机构会不断调节预期利率以达到预期收益最大化，或会对中小企业实施信贷配给，即使对中小企业实施信贷配给，也仍然会产生逆向选择问题，即信贷配比会将融资风险低的中小企业驱逐出信贷市场。在法律制度方面，有些国家的法律制度并不完善，对贷后资金的追踪会产生过高的监督、执行成本，使得中小企业一些有投资价值的项目难以获得金融机构的信贷支持（Guiso，1997；Beck et al.，2005；杨丰来等，2006；鲁丹和肖华荣，2008；罗正英等，2011；马光荣等，2014）。另外，企业的研发创新投资相比一些有形资产的投资风险更高，中小企业与金融机构之间的信息不对称程度更高，更难以从外部金融机构获得信贷支持，遭受的信贷约束更大（Meuleman & Maeseneire，2012；Colombo et al.，2013；吴敏和林乐芬，2015；陈彪等，2021）。

国内学者主要从中小企业经营风险大、缺乏抵押产品、信用水平低和产权性质视角探讨了中小企业信贷融资难的原因。田晓霞（2004）、张杰等（2006）、李毅和向党（2008）认为，相对于发达国家信贷市场，我国信贷市场信用体系不完整，中小企业进行信贷融资时信贷担保缺失，固定资产为抵押物的要求加剧了中小企业的信贷融资困境。同时，中国的信贷市场信贷歧视现象严重，金融机构过多地将信贷资金投向了国有企业，这可能是因为政府的干预或者国有企业具有信息成本优势和违约风险低（方军雄，2007；张敏等，2010；程六兵和刘峰，2013；赖烽辉等，2021）。

2.2.5　资源基础理论

彭罗斯（Penrose，1959）第一次提出资源基础理论，沃纳菲尔特（Wernerfelt，1984）《企业的资源基础理论》的发表，标志着资源基础理论的正式诞生，从此资源基础理论成为企业战略管理的主要理论基础。沃纳菲尔特（Wernerfelt，1984）指出企业是一系列有形资源和无形资源的独特组合并非产品的市场活动，将企业的战略制定基础由外部的"产业结构分析"到内部的"资源基础观念上"，企业资源异质性是企业在市场竞争中获得成功的物质基础。巴尼（Barney，1991）将企业的资源分为人力资本、物质资本和组织资本三类，人力资本资源主要是指企业管理者和员工的知识水平、判断力、工作经验、人际关系等，物质资本资源主要包括企业的厂房、机器设备、技术以及企业所在地理位置等，而组织资本资源主要包括组织的机构设置、管理制度、市场资源、社会资源以及与外部利益相关者之间的关系等。巴尼（Barney，2001）进一步对资源基础理论进行研究，企业的资源除了有形资源外，还包括很多的无形资源。资源是企业创新的必要基础条件，但是小微企业由于规模小，资源相对比较缺乏，抵押物也较为匮乏，财务、声誉等各类资源都非常有限，且企业的创新项目风险高、回报周期长，严重影响小微企业的创新与发展（Cole & Sokoly，2018；黄宇虹和黄霖，2019；冯业栋等，2021）。

2.3　文　献　综　述

本部分首先回顾了与企业信贷约束相关的小微企业信贷约束现状、影响因素、影响效应及纾解对策国内外文献；其次对企业创新相关的国内外经典文献进行回顾，包括创新特征、创新的融资约束问题及创新影响因素三个方面；再次对信贷约束对创新影响的相关文献进行综述；最后对相关文献进行述评，指出现有研究不足之处与本书的研究方向。

2.3.1　信贷约束相关研究

小微企业自身规模比较小，面临的融资环境更加复杂，更容易遭受信贷约束。在内部方面：小微企业创业者往往更多关注产品市场开拓、新产品的开发等一系列重要事项，较少关注企业内部管理制度的建设，比如企业可能由于财务制度建设不到位，影响其信用评级，导致其融资失败；小微企业一般情况下盈利能力有限，当其短期内无法获取收益时，更多是依靠内源性融资，但其内源性融资能力仍不高；小微企业不动产和设备相对较为缺乏，一般都是依靠租赁土地或者房屋持续经营，很难达到抵押担保的基本要求，加之其信用状况又得不到有效证明，导致无法得到金融机构贷款。在外部方面：金融机构对于小微企业的贷款需求设置了一系列的直接或间接的进入壁垒，比如高利率、担保要求高等，导致小微企业得不到金融机构贷款；金融体系不完善、小微企业信用评级制度不健全等问题依然存在，导致小微企业申请贷款程序复杂烦琐，贷款难度仍然很大，比较容易遭受信贷约束。国内外有关中小企业信贷约束的研究主要从信贷约束现状、影响因素、影响效应、纾解对策四个方面展开。

1. 小微企业信贷约束现状研究

目前，国内外针对小微企业信贷约束现状分析的研究比较多。国外研究方面，西方学者对中小微企业融资问题的研究由来已久，斯蒂格利茨和韦斯（Stiglitz & Weiss，1981）等认为由于信息不对称的存在，即使在发展比较完善的信贷市场上中小企业也会存在信贷约束问题。赖斯和斯特拉汉（Rice & Strahan，2010）认为国家法律制度的不完善和不健全，导致国有金融机构所占市场份额比较高，对民营或外资金融机构产生挤出效应，从而使得中小微企业信贷可获性难度进一步加大。范等（Fan et al.，2015）以中国农村小微企业为样本，研究了信贷约束对产品质量和进口价格的影响。姆坎达维尔和都安（Mkandawire & Duan，2016）对小微企业信贷约束形成原因、现状特征、影响因素等方面进行了翔实的理论分析和实证研究。国内研究方面，冯兴元（2004）表明温州苍南县农村中小企业受到农村正规金融机构信贷约束的影响，不得不向民间金融借款，民间金融已占据很大一部分借贷市场。肖兰华和杨刚强（2008）通过分析得出，我国中小企业资金非常短缺，面临着银行的信贷约束和信贷配给。田秀娟（2009）通过对样本中小企业分析，发现中小企业资金满足度比较低，不发达地区中小企业资金满足度不足50%，存在着严重的信贷约束现象。吴婷婷（2013）通过对江苏高淳、溧水200多家中小企业的实地调查发现，中小企业整体融资约束程度较高，贷款难问题依旧突出。黎翠梅等（2016）基于对湘潭小微企业的问卷调查与座谈访问，发现该地区小微企业面临严重的信贷约束，制约了其进一步发展。郑骏川和李筱勇（2018）则指出调研对象中有融资需求的小微企业占到86.25%，而能够获得银行贷款的小微企业仅占有融资需求小微企业的 40.61%，并进一步表明当我国企业遭受信贷约束时，其无法从金融机构（组织）获得希望的信贷资金，进而影响到企业研发新产品、开拓新市场以及现有装备升级等生产经营活动，不利于其绩效水平的提升。

以往研究将有信贷融资需求但未提出信贷申请的企业，等同于没有融资需求，定义为其未遭受信贷约束，并且以往研究更多的是关注企业的正规信贷融资问题，对于企业其他融资渠道的信贷约束问题尚未展开充分的研究，而现实中非正规融资渠道已成为当前中小企业重要的外源融资渠道。马忠富（2001）认为非正规融资与我国中小企业信贷融资需求更匹配，林毅夫和孙希芳（2005）也认为我国有部分中小企业开始通过非正规融资渠道获得信贷融资。

2. 小微企业信贷约束影响因素研究

就目前而言，大量国内外学者对小微企业信贷约束影响因素方面进行了翔实的理论分析和实证研究，取得了可喜的成就（Rice & Strahan，2010；Mkandawire & Duan，2016；李桂兰和聂思璇，2017；郑骏川和李筱勇，2018；李瑞晶等，2021）。众多学者研究发现小微企业信贷约束形成的原因是多方面的，可以从制度环境、信息不对称、企业自身特征、信用水平、产权性质等视角来探讨了中小企业融资难的成因。①制度环境。部分学者们认为由于国家法律制度的不完善和不健全，金融机构倾向于对国有企业或者大中型企业提供信贷支持，从而使得中小微企业信贷可获性难度进一步加大（Rice & Strahan，2010；谭之博和赵岳，2012；李杨，2014；蒋祝仙，2016；张晓磊和徐林萍，2020）。②信息不对称。学者们普遍认为信息不对称是小微企业在信贷融资方面的顽疾，是小微企业信贷难的一个重要原因（Stiglitz & Weiss，1981；文丰安，2014；吴勇，2015；王聪聪等，2018；文学舟等，2020）。信息不对称使得金融机构在提供信贷资金时无法从众多的贷款申请中甄别出有还款能力的贷款者，致使小微企业难以获得银行贷款（Graham & Harvey，2001；文丰安，2014；黄宇虹和黄霖，2019；汪辉等，2020）。另外，企业研发投资具有风险高、投资周期长、可预测性低等问题，企业和投资者之间的信息不对称程度更高，导致企业创新投资面临的外部融资约束更大（Blanes et al.，2004；Meuleman & Maeseneire，2012；Beck et al.，2015；辜胜阻和庄芹芹，2015）。③小微企业资产规模、抵押担保问题等也有可能引起小微企业信贷约束（Graham & Harvey, 2001; Chakravarty & Hu, 2006; Chakravarty & Yilmazer, 2009; 周月书和杨军, 2009; 何灵和谌立平, 2017; 叶莉等, 2020), 比如周月书和杨军（2009）得出中观层面的资金成本、银企关系能够影响到中小企业信贷可获得性。④信用水平。相比发达国家完善的信贷市场, 国内企业信用体系整体缺位, 中小企业融资信用担保缺失, 以固定资产为抵押担保的借款条款加剧了中小企业融资困境（徐洪水, 2001; 李毅和向党, 2008; 姚耀军和董钢锋, 2014; 钱水土和吴卫华, 2020)。⑤产权性质。我国信贷市场存在着严重的所有制歧视, 信贷资金更多地投向国有企业, 这主要是由于政府干预及国有企业所具有的信息成本优势和违约风险相对较低（林毅夫等, 2011; 方军雄, 2007; 程六兵和刘峰, 2013)。

本书通过归纳总结, 得出识别信贷约束影响因素的计量模型主要包括以下三方面: ① OLS/Probit/Logit 模型（Cole, 2013; Wang et al., 2015; 李鑫和王宝明, 2010; 陈啸, 2013), 比如李鑫和王宝明（2010）使用多元 OLS 模型, 分析得出企业规模、企业年龄、资产构成等因素是中小企业融资制约的主要因素。②多元（有序）Probit/Logit 模型（Peterden & Rajan, 2002; 张瑞娟和李雅宁, 2011; 周妮笛等, 2014; 刘鑫和林建, 2015), 比如张瑞娟和李雅宁（2011）使用多元 Logit 模型分析得出, 企业的固定资产、负债率等因素影响到中小企业融资的充分性; 周妮笛等（2014）以湖南省三县的 134 家小微企业为例, 运用多元 Logistic 模型实证分析得出企业的财务状况及社会宏观等因素对企业获得正规金融信贷产生影响。③双变量 Probit 模型（邢道均和叶依广, 2011; 周月书和李扬, 2013; 李丹等, 2014), 比如邢道均和叶依广（2011）在采用双变量 Probit 模型研究了小额贷款公司对农村中小企业正规信贷约束的影响, 研究发现小额贷款公司在一定程度上缓解了中小企业正规信贷约束; 周月书和李扬（2013）运用双变量 Probit 模型对 242 家小微企业进行研究, 也得出小额贷款公司在一定程度上缓解了小微企业面临的部分数量配给和交易成本配给; 李丹等（2014）通过使用双变量 Probit 模型, 研究发现企业的杠杆率、与银行联系的频率等因素影响到中小企业信贷的可获得性。同时, 学者们通过利用上述计量模型, 研究发现企业规模、企业构成、企业年龄、银企间关系长短、小额贷款公司数量、地区经济发展程度等都能够对小微企业信贷约束造成影响（Blanchard et al.，2008；Hernandezcanovas，2010；李鑫和王宝明，2010；刘凌，2017）。

3. 小微企业信贷约束影响效应研究

在小微企业信贷约束影响效应方面，国内外学者对其研究得比较少，且都集中于研究信贷约束对小微企业的平均影响。席尔瓦和卡雷拉（Silva & Carreira，2011）使用葡萄牙国家统计局提供的企业数据建立回归模型，分析得出在控制内生性问题的情况下，信贷约束严重降低了企业在研发方面的投入量，阻碍了企业创新。李等（Li et al.，2017）以中国小微企业为研究对象（1998～2009 年）研究了信贷约束对企业生产率的影响。甘德尔曼和拉斯泰尔蒂（Gandelman & Rasteletti，2017）利用乌拉圭公司小微企业 1997～2008 年数据，证实了信贷约束每增加 1 个百分点，企业的投资效率就会提高 0.5 个百分点。郝特兰和米约斯（Hetland & Mjos，2018）以挪威中小公司为样本，利用 2008～2009 年的金融危机作为自然的实验，研究了信贷约束对企业投资的影响。在国内研究方面田秀娟（2009）、万恒（2011）、邢道均（2011）利用 OLS/Probit/Logit 等单方程计量模型研究发现中小微企业信贷约束影响着企业的投资支出、企业研发新产品、企业开辟新市场、企业现有装备升级等，且中小微企业信贷约束的影响程度因企业不同的行为而产生不同的影响效果。武利超和刘莉莉（2018）利用 2012 年世界银行有关中国小微企业调查数据，运用 Heckman 两阶段法，研究发现信贷约束在一定程度上降低了企业进口中间品的可能性以及数量，并且随着企业进口中间品数量的不断增加，信贷约束对企业中间品进口的负向影响越大。

4. 小微企业信贷约束纾解对策研究

近年来，我国政府出台了一系列政策和措施，用以缓解中小微企业的信贷约束，然而，中小微企业遭受信贷约束的现象依然普遍，融资环境并未得到显著改善（Gerlach - Kristen & Merola，2019；卢亚娟和褚保金，2009；罗蜀新和王翔祥，2016；何灵和谌立平，2017）。围绕着上述问题，学者们纷纷提出纾解小微企业信贷融资约束的对策建议。一是企业内部，首先，小微企业加强自身的管理能力和经营能力，拓展产业链和加强人才引进，提高小微企业自身信用水平（Blanco et al.，2013；

姜长云，2010；吴信科，2016；肖斌卿等，2016）；其次，小微企业长期与少数银行开展合作，以缓解信息不对称程度（Berger & Undell，2002；Claessens, et al., 2008；何韧等，2012；周中胜等，2015）。二是金融机构要积极创新管理方式，加强对金融产品和服务方式的创新力度，建立健全中小微企业信贷体系，构建多层次、和谐发展的融资制度结构（Jonathan & Marthe，2018；李琳，2011；苏会侠，2016；文学舟等，2019）。三是政府要加快制定相关的扶持政策，完善相关的法律法规，加强财政支持力度，构建良好的信用环境，完善信用评价机制，规范民间借贷市场发展（Houston et al., 2011；Chavas & Guanming，2015；孔祥智，2014；刘美玉和黄速建，2019）。

2.3.2 创新相关研究

1. 企业创新特征研究

与企业内部其他普通投资相比，创新投资具有不同于普通投资的一些特点。企业完整的创新过程包括从创新理念的提出到新技术或新产品的出现，最终到新技术和新产品的市场化，在这个完整的过程中创新投资具有投入高、风险高、投资周期长、未来可预测低等特点。第一，创新具有高风险性。创新具有很高的不确定性、成功率低，企业很难对创新的结果进行准确预测，短期内也难以获得与高风险对应的高回报（Hall & Lerner，2010；Rajapathirana & Hui，2018；肖兴志和王海，2015；叶江峰和顾远东，2019）。第二，创新具有较高的转换成本，创新需要持续稳定的资金投入，一旦企业资金中断企业无法投入创新所需要的资源，就会导致创新失败（Chand et al., 2014；马光荣等，2014；陈钦源等，2017；庄芹芹等，2022）。第三，创新具有正外部性。企业的创新技术和知识很难被企业单独占有，具有明显的"知识溢出效应"，极其容易被其他企业复制或模仿，使得创新企业缺乏创新的动力（De et al., 2012；Yang & Shafi，2019；鞠晓生等，2013；成力为和邹双，2020；焦勇，2020）。

2. 影响企业创新的内部因素研究

影响企业创新的内部因素研究主要集中在公司治理、股权结构、高管特质及高管激励等几个方面。①公司治理层面，有关公司治理与企业创新的研究主要集中在研究期权、并购活动、分析师跟踪等对创新的激励效应。高管期权可以鼓励高管进行创新的投入，从而提高企业创新（Baranchuk et al.，2014；Chang et al.，2015；刘美玉等，2021；武立东等，2022）；企业并购活动可以促进企业创新（Stiebale & Reize，2011；Federico et al.，2018；王维和李宏扬，2019；陈爱贞和张鹏飞，2019）；对分析师进行有效跟踪使得公司股票流动性增加，企业管理层压力较小，使得管理层有动机加大企业创新的投入（余明桂等，2017；陈钦源等，2017；施建军和栗晓云，2021）。②股权结构，内外部股权结构的不同会导致企业创新投资的差异性（Aghion et al.，2013；Mueller & Abecassis‑Moedas，2017；唐清泉和徐欣，2010；罗正英等，2014），比如唐清泉和徐欣（2010）通过对上市公司股权结构与创新的研究发现，集中的股权结构有利于企业创新投入，提升企业创新投资效率；任海云（2010）认为虽然股权集中有利于企业创新的投入，但引入第二、第三大股东对企业进行一定的股权制衡也是十分必要的；李文贵和余明桂（2015）通过研究发现民营企业非国有比例的增加能够显著提高企业的创新水平，且在个人或法人持股较高的民营企业更具有显著性。③高管特质。高管作为投融资活动的主要决策者，高管特质显著影响到企业的创新。加拉索和西姆科（Galasso & Simcoe，2011）通过研究发现管理者自信水平越高，企业创新水平越高，在竞争性行业管理者自信水平对创新的影响更为显著。赫希莱弗等（Hirshleifer et al.，2012）通过研究发现，CEO过度自信会增加企业的创新投资，企业获得了更多的专利数量。王山慧等（2013）通过对中国A股上市公司数据的分析发现，高管过度自信显著提高了高科技企业和国有企业的创新投入，这一影响在非高科技企业和非国有企业并不存在。④高管激励。对高管进行一定的激励，可以提高高管进行创新投资的动机，然而对高管激励方案的不同，会影响高管激励对企业创新的影响。沈和张（Shen & Zhang，2013）、李春涛和宋敏（2010）、周铭山和张倩倩（2016）的研究发现对高管或员工的激励会显著提高企业的创新投资。而有学者认为，由于研发投资活动具有高风险性，即使对企业高管承担风险进行激励，也难以对企业研发投资活动产生显著影响。

3. 影响企业创新的外部因素研究

影响企业创新的外部因素研究主要包括法律环境、金融市场以及政府支持（Acharya et al.，2014；Hsu et al.，2014；钟凯等，2017；叶祥松和刘敬，2018；）。①法律保护。企业的创新成果难以精确衡量且具有外部特征，使得企业的创新投资收益无法据为己有，通过法律对企业的创新成果进行保护，可以避免"知识的溢出效应"，增加企业进行创新的动力（Brown et al.，2013；Kerr & Nanda，2014；陈瑞华等，2020）。比里尔（Bilir，2014）发现当缺乏对企业产权保护时，企业会降低创新投入，而对企业专利保护越强，企业比较容易获得国外资金支持。张杰等（2015）研究了政府补贴对企业创新的促进作用，且企业所在地区知识产权保护程度越弱，政府补贴对企业创新的促进作用更显著。②金融视角。有学者基于金融视角对企业创新进行研究，尤其是债务市场和股权市场对企业创新的影响引起了学术界的广泛关注（Liu et al.，2022；解维敏和方红星，2011；李建强和高宏，2021）。徐等（Hsu et al.，2014）通过对债务市场和股权市场对企业创新影响的对比发现，股权市场对企业创新更具有重要性，是企业创新资金的主要外源融资渠道。有学者提出债务市场对企业创新更具有重要性，是企业创新资金的主要外源融资渠道（Amore et al.，2013；Kerr & Nanda，2014）。阿莫尔等（Amore et al.，2013）根据美国州际银行放松管制的背景，重点研究了债务市场的发展水平对企业创新的影响，债务市场的发展能够积极推动企业创新。③政府支持。有关政府支持对企业创新的影响有两种截然相反的观点，其中一种观点是政府支持能够促进企业创新水平的提高，白俊红和李婧（2011）通过对中国大型工业企业进行研究发现，政府的研发资助显著提高了企业的创新水平。孙早和许薛璐（2017）研究指出我国科研水平的整体提高离不开政府对创新的支持，中国的科研投入量已经归入世界第一梯队，缩小了中国科技水平与世界前沿科技水平的差距。另一种观点则指出政府支持抑制了企业创新水平的提高（Yu et al.，2016；Marino et al.，2016；叶祥松和刘敬，2018）。胡德和胡辛格（Hud & Hussinger，2015）通过研究发现，一般情境下政府补贴会提高企业的创新水平，但在经济危机时期，反而抑制了企业创新水平的提升，使得政府补贴具有明显的"挤出"效应。叶祥松和刘敬（2018）认为政府支持对科技创新效率的抑制作用存在着"门槛效应"，即企业所在地区技术市场规模超过阈值时，政府支持反而提高了科技创新效率。

4. 企业创新融资约束问题研究

企业创新需要足够资金支持以保证创新持续稳定性，然而由于创新具有投资周期长、风险高、不确定性大以及正外部性等特征，使得企业创新难以获得外部信贷支持。第一，创新每个流程企业都必须投入大量的资源以降低创新项目失败的概率（Czarnitzki & Hall，2011；朱琳和伊志宏，2020）。由于信息不对称和交易成本的存在，企业外源融资成本显著高于内源融资成本，且内源融资完全在企业的掌控范围之内，因此内源融资是企业创新首选的重要资金来源（Brown et al.，2009；刘素坤和燕玲，2020）。然而企业的研发创新需要持续、稳定的资金投入，且具有沉没成本高、周期长的特征，导致内源融资不能够满足企业创新资金需求，企业有追求外源融资的强烈愿望（Hall & Lerner，2010；张杰等，2012；马光荣等，2014；刘惠好和焦文妞，2021）。但企业创新往往具有高风险、不确定程度高、创新产出不可预测等特点，加之小微企业与投资者信息不对称程度高，投资者无法确定是否值得投资新的项目，出于风险的考虑，会通过提高利率或对企业实施信贷配给，使得企业面临着严重的外部融资约束问题。第二，企业的创新投资更多的是人力资本和无形资产的投入、专用性强，且创新成果多是无形资产，使得企业往往缺乏抵押资产，难以成为金融机构认可的抵押品，而债权人对实物资产抵押的偏好决定了债权人难以对企业的创新提供信贷支持，不符合金融机构投资的要求，且金融机构需要承担高失败率的风险，却不能分享成功时的收益，金融机构不愿意给创新投资提供信贷支持，使得企业的创新难以获得银行贷款（Brown et al.，2012；Czarnitzki & Hall，2011；陶厚永，2015；马晶梅等，2020）。第三，企业创新项目具有私密性，有关企业创新信息的披露程度低，加剧了企业与金融机构之间的信息不对称程度，使得企业创新难以获得外部金融机构的信贷支持，面临着较为严重的信贷约束（Savignac，2008；李文贵和余明桂，2015；黎文靖和郑曼妮，2016；严若森等，2020）。

以上分析表明，企业的创新融资次序为先内源融资后外源融资，不过也有学者对企业创新融资次序提出了与上述不同的观点。韩剑和严兵（2013）认为企业创新更多地依赖外源融资，尤其在高新技术企业、民营企业及小规模企业更是如此，而企业内源融资难以对企业创新造成影响。李汇东等（2013）认为企业外源融资和内源融资均能对企业创新造成显著性影响，外源融资更为重要。阿伊阿加里等（Ayyagari et al.，2011）发现银行信贷水平能够显著提高企业创新投入。相对于债务融资而言，企业权益融资不需要抵押品，因此在内部现金流后会优先选择权益融资。夏冠军和陆根尧（2012）发现，权益融资与企业创新投入正相关，且这种相关性在小企业更为明显。然而，也有学者对权益融资与创新的关系提出了与上述不同的观点，王娟和孙早（2014）认为投资者与企业之间的信息不对称会导致权益融资成本较高，企业权益融资难以促进企业创新。

企业异质性能够影响融资约束与企业创新之间的关系，包括产权性质分类、资产规模、企业成长阶段、企业所在地区金融环境等。大中型企业技术实力雄厚，前期资源积累较多，企业财务制度健全且有比较完善的信息披露机制，能够比较容易获得金融机构的信贷支持；而年轻的小微企业具有前期资源积累较少、盈利水平低、信息披露机制不完善且小微企业违约风险高等特征，使得金融机构对这些小微企业实施信贷配给或者提高利率，使得小微企业难以获得金融机构的信贷支持。戈罗德尼琴科和施尼泽（Gorodnichenko & Schnitzer，2013）发现相对于国有企业而言，民营企业无论是权益融资还是债务融资，都面临着极其严重的"所有制歧视"问题，使其难以获得外部金融机构的信贷支持，面临着严重的信贷约束问题（Allen et al.，2005；张杰等，2012；韩剑和严兵，2013；李仲飞和黄金波，2016）。徐等（Hsu et al.，2014）研究了金融发展水平对企业创新的影响，通过对32个发达和发展中国家企业进行对比研究发现，权益市场越发达的国家越倾向于使用外部权益融资，高新技术企业创新水平相对较高，然而企业遭受信贷约束会抑制企业进行创新。李万福等（2017）利用我国上市公司数据，研究了政府补助对企业创新的影响，并进一步研究了企业异质性对政府补助与创新关系的调节作用，研究发现在内控水平较高、所在地区经济发展水平较高以及高新技术企业中，政府补助对企业创新的促进作用更大，且更具有显著性。

2.3.3　信贷约束与创新关系的研究综述

国内外学者对融资约束与创新的研究由来已久，迈尔斯和马吉鲁夫

（Myers & Majluf，1984）提出"融资次序理论"（Pecking Order Theory），根据融资次序理论，企业的研发投入主要通过自有利润积累的现金流以及通过公开发行股票的方式进行融资（Myers & Majluf，1984；Himmelberg & Petersen，1991；刘莉和杨宏睿，2022）。然而由于企业内外部因素的影响，企业内源融资难以满足创新所需的全部资金（Arvanitis & Stucki，2013；解维敏和方红星，2011；原盼盼等，2022），并且企业的研发创新具有投资周期长、不确定性及信息不对称程度高等因素，使得企业的研发创新相对于企业其他投资活动更依赖于稳定、持续的外源融资（Czarnitzki & Hall，2011；鞠晓生等，2013；张一林等，2016；李万福等，2017；王满四和徐朝辉，2018）。然而，企业进行研发创新需要投入大量的沉没成本，研发投入带来的无形资产很难作为金融机构的抵押品获得其信贷支持，同时中国金融市场资本比较稀缺，且企业外源融资渠道具有偏向性（Song et al.，2014；Efthyvoulou & Vahte，2016；贾俊生等，2017；王永萍等，2021）。我国国有银行体系掌握着较大的信贷资金调配权利，其更倾向于向大企业或国有企业贷款，使得中小企业难以获得银行信贷支持（林毅夫和李永军，2001；卢峰和姚洋，2004；白俊和连立帅，2012；齐兰和王业斌，2013；吴翌琳和黄实磊，2021）。因此，以银行为代表的金融机构作为企业重要外源融资资金，会对企业的创新产生一定的影响。

有学者探讨了信贷约束与企业创新之间的关系。吉帕尔（Kipar，2011）通过对德国企业的研究发现，信贷约束使得企业创新项目被停止的概率提高了 21.6%，并进一步验证了信贷约束对企业创新的抑制作用。席尔瓦和卡雷拉（Silva & Carreira，2012）使用葡萄牙国家统计局提供的企业数据，在控制内生性问题的情况下，建立回归模型进行分析，研究发现信贷约束严重降低了企业在研发方面的投入量，阻碍了企业创新。张杰等（2012）、张璇等（2017）利用中国相关企业数据，也得到信贷约束能够影响企业创新产出的结论，且张璇等（2017）提出当企业遇到信贷寻租时，融资约束对企业创新能力的抑制作用会更加明显。企业的研发和创新是企业发展的主要动力，当企业面临着信贷约束时，信贷约束会迫使企业留存较多的资金来应对将来的不确定性，这就降低了企业在研发和创新方面的投资，进而影响到企业研发新产品、开拓新市场以及现有装备升级等生产经营活动，降低了企业的创新效率

（Brown et al.，2012；郑骏川和李筱勇，2018；赵国宇和梁慧萍，2022）。贷款的持续供给是企业获得稳定资金的保障，而长期稳定的资金投入对企业创新至关重要，信贷约束的缓解能够提高小微企业研发投入，也能提高企业研发创新产出（Acharya et al.，2014；程远等，2021；海本禄等，2021），即企业从银行等金融机构信贷可获得性提高、银行授信额度提高、银行贷款的持续供给等，使得企业面临的信贷约束越小，可以显著提高企业创新投入（Mancus & Vezzulli，2010；谢家智等，2014；马光荣等，2014；李后建和刘思亚，2015）。艾伦等（Allen et al.，2005）通过研究提出非正规金融对企业发展有着重要的作用，对于金融市场体系尚未完善的发展中国家而言，企业在未得到正规金融机构信贷支持的情况下，会向非正规金融机构贷款。邦特和尼伦（Bonte & Nielen，2010）通过对15个欧盟成员国的中小企业进行研究发现，非正规金融与中小企业信贷融资特征更相符，非正规金融对中小企业的信贷支持更能促进中小企业进行创新。

然而，有学者通过研究发现，信贷约束反而能够促进企业创新。丹尼斯和西比尔科夫（Denis & Sibilkov，2010）、周开国等（2017）通过发现未遭受信贷约束的企业对研发投资反而较少，导致企业的创新能力不足，即信贷约束有可能存在边际效应递减规律，并非越低越好。这主要可能是因为未遭受信贷约束的企业拥有更多的现金流，很少受到外部监督，且具有较低的违约和破产风险，研发投资相对于实物投资的价格更高，他们容易"烧掉"企业廉价资金，把本应该用于企业研发投资的资金用于可以提高企业短期利益的实物投资，降低了企业的研发投入水平。由以上分析可知融资约束对企业创新的影响并非简单的线性关系。

2.3.4 研究述评

通过以上对信贷约束、创新及信贷约束与创新关系等相关文献的综述，发现国内外学者信贷约束与企业创新的关系展开了一定的研究，总体来讲，上述文献在以下三方面为本书奠定了良好的基础：一是现有研究成果初步概括了小微企业的主要研究内容，形成了简单的逻辑框架和分析模式，并且信贷约束作为一个关系到小微企业发展的重要环节，国内外学者给予了充分探讨；二是对小微企业信贷约束进行了一定的解释和现状总体性反应，在个别领域研究得比较透彻；三是总结出了大量值得借鉴的经验，并提出了纾解小微企业信贷约束的对策建议。但是现有研究仍存在一定局限和拓展空间。

第一，在研究视角方面。国内外学者研究企业融资对象主要是中小企业，有关小微企业融资的文献数量不多，对小微企业信贷约束问题的关注不足，这主要表现在有关小微企业信贷约束的基础理论研究不够充分。我国小微企业信贷约束的形成具有特殊性，对小微企业信贷约束问题进行研究，需要加以区别对待，通过文献检索发现与企业融资相关的文献数量丰富且比较深入，但专门针对小微企业信贷约束的文献却寥寥无几，更鲜有经典文献。对信贷约束的定义及与信贷约束相关的概念之间的联系等基础理论缺乏深入的研究，增加了本书的难度，笔者通过阅读大量国内外经典文献，在对山东省小微企业信贷约束与融资情况进行深入调查的基础上，对信贷约束与创新之间的关系做尝试性的探讨。

第二，在研究内容方面。在以往国内外学者有关中小企业融资选择和信贷可得性的研究中，仅关注企业是否有信贷需求及是否获得资金，相关研究将目光局限在识别和评估"正规信贷约束"影响因素及影响效应上，但从不同角度和侧面进行对比分析的不多；较少进一步分析不同强度、不同渠道、不同类型信贷约束影响因素及其对企业创新影响的差异；研究学者较少考察企业异质性的影响，比如同样遭受信贷约束，对不同所有制类型、不同行业及所在地区经济发展水平不同的小微企业而言，其影响的具体程度是否具有差异性？若有差异，那么差异性有多大？这是非常值得思考的问题。

第三，在计量方法方面。已有研究在计量模型的使用上存在一些问题需要进一步加以解决，一是忽略样本选择性问题、遗漏变量、双向因果和测量误差等问题的存在；二是忽视正规金融和非正规金融之间的互相影响，以及忽视供给型信贷约束和需求型信贷约束之间产生机制的差异，这些问题都可能导致估计偏误的存在。因此，要想更为严谨和深入地分析和研究小微企业信贷约束问题，需要引进新的研究方法和计量模型。

第四，在政策建议方面。针对纾解我国小微企业信贷约束对策建议的研究比较少，且已有的相关政策建议和措施主要是基于宏观层面和理论层面，缺乏微观层面和实证层面的研究。由于我国小微企业信贷约束的特殊性，要想破解我国小微企业信贷约束问题，提高小微企业的存活率，进而保障小微企业健康成长和快速发展，需要深入严谨的实地调查和实证研究，以便制定更有效的对策建议。

第 3 章 信贷约束与小微企业创新

3.1 问题提出

就目前而言，国内外有关信贷约束与企业创新影响的研究更多关注信贷约束的平均影响，鲜有学者探究信贷约束对企业创新的分位数影响，即信贷约束对创新的影响是否因为企业创新分布位置的变化而出现显著的差异。同时，国内外以往有关信贷约束影响的文献多是采用经典线性回归分析信贷约束对企业的影响，忽略了样本选择性问题（Sample Selection）（Wooldridge，2010；刘美玉和黄速建，2019；康传坤等，2020），然而这一问题也正是社会科学进行因果推断必须解决的困难之一（Wooldridge，2012；焦勇和杨蕙馨，2017；李成友等，2021；宿玉海等，2021）。事实上，小微企业遭受信贷约束是由多方面决定的，是具有选择性而不是随机发生的，遭受信贷约束的小微企业和未遭受信贷约束的小微企业相比，往往在企业自身特征、企业主特征及企业所处环境等统计特征上存在显著性差异。另外，两个不同的小微企业群体间，不但企业禀赋资源有着显著性差异，企业之间的"能力"也不尽相同。一般情况下，越有"能力"的小微企业遭受信贷约束的可能性越低，而"能力"越低的小微企业越容易遭受信贷约束。由此可见，小微企业是否遭受信贷约束是具有样本选择性的，并非随机的，如果直接利用信贷约束（0，1）虚拟变量的多元线性回归模型进行分析，会因为样本选择性而引致估计偏误。对此有学者考虑了样本选择性影响，采用内生转换模型（Switching Model）估计信贷约束的影响，然而这种方法无法直接估算出信贷约束的具体影响（褚保金等，2009；Dong & Lu，

2012）。近几年来，开始有学者基于精确匹配思想（Exact Matching）或者基于模糊匹配思想（Inexact Matching）构建平均处理效应模型（ATE模型），对信贷约束的影响效应进行估计（Ueda & Himkawa，2008；Caselli & Negri，2018）。平均处理效应模型能够解决样本选择偏差引起的估计偏误问题，精确地估计出信贷约束对小微企业创新的平均影响。然而，平均处理效应模型无法对信贷约束的分位数影响进行估计，要想对此问题进行研究，除了解决样本选择偏差引起的估计偏误问题之外，还需要进一步考虑分位数的影响，而分位数处理效应模型（QTE 模型）正好能够对信贷约束的分位数影响进行研究。另外，小微企业所有制类型、行业及小微企业所在地区经济发展水平，对信贷约束与小微企业创新之间关系的影响是否具有差异性呢？

因此，本章以 2018 年山东省小微企业的调研数据为研究对象，首先基于倾向得分匹配构建平均处理效应模型和分位数处理效应模型，实证检验信贷约束对小微企业创新的平均影响以及信贷约束对小微企业创新的分位数影响，通过缩尾检验、替换和增加变量进行稳健性检验，并进一步检验了企业所有制类型、行业和企业所处地区经济发展水平对上述影响效应的调节作用。本部分的主要贡献如下：第一，在考虑样本选择偏差导致的内生性问题的基础上，构建小微企业"信贷约束"虚拟变量衡量小微企业遭受的信贷约束情况，检验信贷约束对小微创新的平均影响及分位数影响，拓展了信贷约束后续影响效应及创新前向影响因素的研究。第二，使用倾向得分匹配（GPS）构建平均处理效应模型估计小微企业信贷约束对其创新的平均影响，避免传统回归方法（OLS）由于样本选择性引起的内生性问题，能够优化和改善以往的理论估计方法和模型，丰富相关理论文献研究。第三，山东省为我国的经济强省，经济发展迅速，小微企业不断壮大，本书所得到的主要结论与政策措施不仅能够为山东省小微企业发展提供思路和方法，而且也能够为同类省份以及落后地区小微企业发展提供有益的参考和借鉴，具有十分重要的现实意义。

3.2 研究假设

小微企业主要依赖外源融资满足企业创新资金投入，以银行为代表的金融机构作为小微企业最重要的外源融资资金，会对小微企业的创新产生一定的影响（Czarnitzki & Hall，2011；张一林等，2016；马光荣等，2014；李万福等，2017；王满四和徐朝辉，2018；王文娜等，2020）。小微企业从外部获得的信贷融资对于小微企业创新具有资金效应，小微企业从外部获得的信贷融资越多，其面临的信贷约束越小，可以把更多的财务资源投入企业创新过程中，能够保证企业创新资金的长时间持续投入，避免企业因资金链断裂而终止创新（辛大楞和李建萍，2020；王伟同等，2020）。然而小微企业由于缺乏可抵押资产、信用水平低、信息不对称问题更加突出，无法像大中型企业一样向金融机构提供规范的财务报表或其他"硬信息"，金融机构对小微企业实施严重的信贷配给，小微企业难以获得金融机构的信贷资金支持，一旦创新资金链断裂会使得企业创新项目失败（Kirschenmann，2016；马光荣等，2014；王媚莎，2015；周宗安等，2021）。另外，小微企业研发创新投资存在资金需求量大、投资周期长、收益不确定性、高风险等特征，创新投资的这些特质进一步加强了金融机构和小微企业之间的信息不对称程度（Chen et al.，2020；胡振兴等，2020；喻平和豆俊霞，2020），且金融机构在对小微企业进行投资后，很难对企业的研发创新进行有效的监督。银行为减少自身经营风险及追求自身利益最大化，在向企业贷款时会优先考虑大中型企业，因为大中型企业能够向金融机构提供规范健全的财务报表或其他一些"硬信息"。而不愿意为小微企业的创新提供融资，会使得小微企业的研发活动难以获得外部金融机构的资金支持，面临严重的信贷约束（Berger & Schaeck，2011；Ding，2013；袁建国等，2015）。

以银行为代表的金融机构作为企业重要外源融资资金，会对企业创新产生一定的影响。有学者认为，银行作为企业的债权人无法分享因创新而获得的收益，却要承担企业因创新失败而造成的损失，因此银行往往通过构建相应的风险评估体系，通过一系列方式提高企业融资成本，进而抑制小微企业创新（Rajan，1992；Feenstra et al.，2014；王贞洁，2016）。席尔瓦和卡雷拉（Silva & Carreira，2012）使用葡萄牙国家统计局提供的企业数据建立回归模型，分析发现在控制内生性问题的情况下，信贷约束严重降低了企业在研发方面的投入量，阻碍了企业创新。张杰等（2012）、鞠晓生等（2013）利用中国相关企业数据，也得到信贷约束能够影响企业创新产出的结论。丁一兵等（2014）基于产业结构升级视角研究融资约束对企业创新的影响，研究发现融资约束削弱了小微企业创新，而融资约束的缓解能够推进企业创新；且张璇等（2017）通过研究发现，企业从外部获得的融资支持是企业进行研发投入的重要资金来源，当企业从外部获得资金少，企业的研发投入强度明显减弱，当企业遇到信贷寻租时，融资约束对企业创新能力的抑制作用会更加明显。对于企业而言，企业从银行等金融机构获得的信贷资金是企业研发活动的重要要素来源，企业只有持续不断地寻求外部融资才能够缓解自身面临的信贷约束，而信贷约束的缓解能够提高小微企业研发投入，保证企业研发活动的持续性，也能提高企业研发创新产出（Acharya & Xu，2014；谢家智等，2014）。由此可见，信贷约束是阻碍企业技术进步的重要因素，当企业面临着信贷约束时，信贷约束会迫使企业留存较多的资金来应对将来的不确定性，这就降低了企业在研发和创新方面的投资，进而影响到企业研发新产品、开拓新市场以及现有装备升级等生产经营活动，降低了企业的创新效率（Brown et al.，2012；张璇等，2017；郑骏川和李筱勇，2018）。基于以上分析，提出以下假设：

假设 3 - 1：信贷约束抑制小微企业创新。

企业所有制类型：中国资本市场的发育不完善与国家政策性贷款的存在，使得所有制不同的小微企业在获得外部信贷支持方面存在着明显差异，其外部信贷约束情况可能不同，企业所有制性质可能会影响信贷约束对小微企业创新的影响（Allen et al.，2005；张敏等，2010；厉启晗等，2019；黄速建等，2020）。国有小微企业相对于民营小微企业更能够得到政府的庇护或者享受政府补贴，也更容易获得金融机构的信贷支持，有更多的信贷融资渠道，其面临的外部信贷约束可能相对较低（林毅夫等，2001；方军雄，2007；程六兵和刘峰，2013；黄速建和刘美玉，2020）。而民营小微企业成立时间短，盈利不稳定，资金累积少，违约风险高，信息披露机制不完善，导致民营小微企业受到"所有制歧视"，在向金融机构贷款时不仅面临着苛刻的贷款条件，而且必须支付更高的隐形利息成本（Allen et al.，2005；张杰等，2012；邹伟和凌江怀，2018；詹宇波等，2021）。在此情境下，信贷约束对小微企业创新的影响在不同的所有制企业中表现出差异性，相对国有小微企业而言民营小微企业信贷约束问题更为严重，且信贷约束对民营小微企业创新的抑制作用更大。基于以上分析，提出以下假设：

假设 3 – 2a：相对于国有小微企业，信贷约束对民营小微企业创新的抑制作用更大。

行业：小微企业的创新会受到行业技术依赖程度的影响，高新技术小微企业相比非高新技术小微企业而言，一方面，高新技术小微企业属于研发投资密集型企业，研发创新具有转化周期长和较高的不确定性，更加依赖于外部持续稳定的信贷支持，且对外部资金提供的规模和持续性有着更为苛刻的要求（Chor & Manova，2012；Manova & Yu，2016；黄速建和刘美玉，2020）；另一方面，高新技术小微企业具有可抵押物少、轻资产、信用风险高等特点，因专注于人力资本和无形资产的投入，通常产生极其有限且不稳定的现金流，降低了企业的偿债能力，更难以获得金融机构的信贷支持，面临着更为严重的信贷约束（Claessens，2006；Brown et al.，2010；雷新途等，2015；张璇等，2017；章元等，2018），信贷约束对高新技术小微技术企业创新的影响更为明显。基于以上分析，提出以下假设：

假设 3 – 2b：相对于非高新技术小微企业，信贷约束对于高新技术小微企业创新的抑制作用更大。

地区：我国经济的显著特征是区域间发展不平衡，尤其是各个地区的经济发展水平存在着显著性差异，使得各个地区间金融信贷资源配置效率不同（贾俊生等，2017；叶祥松和刘敬，2018）。在经济发展水平较高的地区，一方面，小微企业信用信息整合及共享程度较高，能够有效保护银行的投资收益，银行向小微企业提供贷款的风险相对较小，银行愿意向保持较好业务关系的小微企业提供更多的银行贷款，并收取较低的贷款利率；另一方面，金融市场比较完善，金融资源配置效率高，银行业更为发达，信贷规模较大，资金供给更为充分，给小微企业带来融资便利，使得小微企业能够通过多种渠道获得信贷支持，有效地降低小微企业面临的信贷约束，使得企业开展创新有更多的融资机会，从而促进企业创新（Manova，2013；Cornaggia et al.，2012；李春涛等，2020）。而如果小微企业所在的地区经济发展水平较差，那么金融市场化水平低、金融资源配置不合理，在这种环境中就很难获得银行贷款，小微企业面临的银行信贷融资约束更为严重，从而降低了小微企业的创新（Brown et al.，2013；余明桂和潘红波，2008；阳佳余和徐敏，2015）。

由此可见，信贷约束对经济发展水平较差地区小微企业创新影响的抑制作用更为显著。因此，提出以下假设：

假设3-2c：相对于经济发展水平较高的地区，信贷约束对经济发展水平较差地区小微企业创新的抑制作用更大。

3.3 研究设计

3.3.1 数据来源

山东省小微企业数量居全国第三（居广东、江苏之后），小微企业产业类型齐全、数量众多、发展迅速，是我国小微企业大省。2018年，山东省继续深化小微企业治理结构和产业结构"双升"战略，小微企业"双升"战略被纳入《山东省新旧动能转换重大工程实施规划》中，推动小微企业加强质量管理，促进小微企业创新能力不断提升。据山东省市场监管局提供的信息，2018年山东省小微企业数量达到224.7万户（不含个体工商户），占全省企业总数的86%，占市场主体总数的24.8%，实有注册资本13.1万亿元，实现营业收入3.05万亿元，户均收入151.4万元，吸纳就业2658万人，成为推动社会就业和全省经济稳定发展的主力军[1]。然而，山东省小微企业与全国小微企业一样也面临着比较严重的信贷约束，据《基于金融错配分析框架的中小企业融资难问题研究》（2017）课题组对山东省部分小微企业的调查显示：济南、潍坊、济宁等市只有1%的中小微企业的贷款需求得到全部满足，5%的中小微企业贷款需求得到部分满足，贷款供应远远不能满足中小微企业的信贷需求，由此造成了中小微企业的信贷约束（邢乐成，2017）。由此可见，山东省为我国的经济强省，经济发展迅速，小微企业不断壮大，然而山东省小微企业如同全国小微企业一样也处于"强位弱势"的状态，其发展过程的信贷需求难以获得金融机构的资金支持，以"麦克米伦缺口"形式表现出来的信贷约束的持续存在可能会威胁

---

① 闪电新闻：《政府工作报告14次提及！山东三大关键领域助力中小微企业发展》，https：//baijiahao. baidu. com/s？id = 1667901 844704376771&wfr = spider&for = pc。

到小微企业的生存、发展以及小微企业群体的转型升级，甚至影响到山东省产业结构的调整及社会的稳定。本书所得到的主要结论与政策措施不仅能够为山东省小微企业发展提供思路和方法，而且也能够为同类省份以及落后地区小微企业发展提供有益的参考和借鉴，具有十分重要的现实意义。

　　本章所使用的数据来自 2019 年 3 月～9 月对 2018 年山东省小微企业信贷融资与创新情况相关的调查，调研对象包括小型和微型企业。各行业小微企业的界定以统计局联合各部委颁布的《统计上大中小微型企业划分办法（2017）》为标准。调研问卷的形成经历了以下五步：相关文献整理、行业专家咨询、预调研、问卷信效度检验、正式问卷形成，其中问卷多是由小微企业主或主要负责人回答。实地调查工作于 2019 年 3 月～9 月对山东省小微企业进行调研，为了增加样本数据的典型性和代表性，本书采用实地调研与深度访谈相结合的方法。调研采用随机抽样方法，根据山东省传统的地域划分标准和经济发展水平进行系统抽样，在各个区域内均抽取一定数量小微企业，使得所抽样本不存在样本选择偏差问题。本书的抽样过程采用的是三阶段分层抽样，调研步骤具体如下：首先，将山东省分为鲁东、鲁中、鲁西三个地区；其次，在每个地区的基础上，随机抽取两个市，具体为济南市、青岛市、泰安市、日照市、聊城市、德州市；再次，在每个市的基础上，随机抽取两个县级市（区、县），在每个县级市（区、县）的基础上随机抽取三个镇（乡、街道），在每个镇（乡、街道）的基础上随机抽取 30 个小微企业；最后，对所抽取的小微企业进行实地调研，共获得调研样本小微企业 947 家。此外，对调研问卷进行逐份整理，在调研样本小微企业中有部分企业数据缺失严重，为了方便以下内容分析，将这部分小微企业予以剔除，另外有些问卷不符合小微企业划分标准，将这些问卷予以剔除，仅保留 838 家样本小微企业供分析使用，总的有效问卷回收率为88.5%。所获得的小微企业微观调研数据包括 2018 年山东省小微企业的企业主基本情况、企业基本情况、企业信贷融资基本情况、企业创新情况及企业所处内外部环境等翔实数据，涵盖信息广泛，覆盖农、林、牧、渔业，制造业，建筑业，软件和信息服务业等各行业。为本书分析和研究提供了基础条件。表 3-1 给出了样本性质分布统计，从整体样本分布来看，涉及了不同规模、不同成长阶段等不同特征的小微企业，

838 家小微的样本性质分布统计如表 3 - 1 所示。由表 3 - 1 可知，小微企业资产规模比较小，81.74% 的小微企业资产规模在 200 万元以下；企业成立时间较短，83.17% 的企业成立时间在 5 年以下；企业多处于初创期和成长期，占了总企业的 64.67%；企业员工人数集中在 200 人以下，占了总企业的 79.83%。

表 3 - 1　　　　　　　838 家小微企业样本性质分布统计

统计内容	类别	频次	百分比（%）	统计内容	类别	频次	百分比（%）
资产规模	100 万元以下	386	46.06	成长阶段	初创期	278	33.17
	100 万～200 万元	299	35.68		成长期	264	31.50
	200 万～500 万元	108	12.89		成熟期	178	21.24
	500 万元以上	45	5.37		衰退期	118	14.08
成立时间	3 年及以下	459	54.77	员工人数	0～100 人	385	45.94
	4～5 年	238	28.40		100～200 人	284	33.89
	6～10 年	87	10.38		200～250 人	136	16.23
	10 年以上	54	6.44		250～300 人	33	3.94

资料来源：根据本书数据整理。

3.3.2　甄别机制

鉴于直接法已成为衡量企业信贷约束的主流方法，甄别机制的构建也基于该方法展开。因此，在对小微企业进行信贷约束的甄别前，首先要识别出小微企业是否具备信贷需求，然后才能讨论信贷约束的问题（Hodgman，1986；冯兴元，2004；姚铮，2013）。在甄别出小微企业具有信贷需求后，可以识别出小微企业是否遭受信贷约束，且这一方面的研究国内外学者都十分重视，研究成果也十分丰富（Beck et al.，2005；Tong，2013；何灵和谌立平，2017）。因此，在调研的过程中，对于如何有效甄别小微企业遭受的信贷约束是问题的关键，本书参考相关已有研究，设计了以下几个问题进行合理判断，具体操作如下：

第一，利用调查问卷询问"2018 年企业是否存在资金短缺问题"，根据答案"是"或"否"，将小微企业分为有信贷需求和无信贷需求两组。对于那些没有信贷需求的小微企业，自然谈不上小微企业是否遭受信贷约束。第二，对于那些有信贷需求的小微企业，继续询问"若存在资金短缺问题，2018 年企业是否向金融机构申请过贷款"，若回答"否"，则视小微企业遭受信贷约束；若回答"是"，则进一步对这些小微企业进行询问"若向金融机构申请过贷款，最大一笔贷款的申请金额和实际获得金额分别是多少"，若申请金额大于实际获得金额，则视小微企业遭受信贷约束，反之，则视小微企业未遭受信贷约束。因此，遭受信贷约束的小微企业有两类：一类是小微企业虽然有信贷需求，但因自身主动放弃未向金融机构申请贷款；另一类则是小微企业有信贷需求且向金融机构申请贷款，但申请的贷款金额大于实际获得的贷款金额，综上可以获得小微企业是否遭受信贷约束的具体信息。对于如何判断样本小微企业信贷约束情形，设计了以下三个选项供小微企业进行选择（见表 3 – 2）。

表 3 – 2　　　　　　　　　小微企业信贷约束判断

序号	问卷题目设计	判断标准
1	2018 年企业是否存在资金短缺问题	1 为是；0 为否
2	若存在资金短缺问题，2018 年企业是否向金融机构申请过贷款	1 为是；0 为否，定义为遭受信贷约束
3	若向金融机构申请过贷款，最大一笔贷款的申请金额和实际获得的金额分别是多少	申请额大于获得额，定义为遭受信贷约束

资料来源：根据本书数据整理。

　　图 3 –1 给出了本书样本小微企业信贷需求的基本信息。在信贷需求方面，由图 3 –1 可知，838 家样本小微企业中有 696 家小微企业具有信贷需求，需要从金融机构或组织申请贷款，占所有样本企业的 83.05%。在信贷约束方面，在有信贷需求的小微企业中，555 家小微企业遭受信贷约束，占有信贷需求小微企业总数的 79.74%。其中，在有信贷需求的小微企业中，鲁西地区小微企业遭受信贷约束的比例相对较高（高达82.13%），鲁东和鲁中地区小微企业遭受信贷约束的比例也均处于较高水平，分别为 77% 和 79.40%。有信贷需求的小微企业中，141 家小微企业未遭受信贷约束，占有信贷需求小微企业总数的 20.26%。由此表

明，小微企业遭受信贷约束的现象普遍存在样本小微企业中，在有信贷需求的小微企业中，79.74%的小微企业遭受信贷约束。

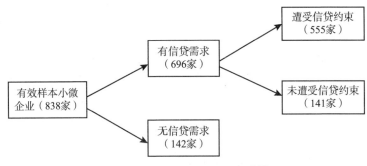

图 3 - 1　样本小微企业信贷约束情况

资料来源：根据本书数据整理。

3.3.3　变量选择

1. 被解释变量

为研究信贷约束（0，1）虚拟变量对小微企业创新的影响及信贷约束的分位数影响，参考国内外有关研究（Hamamoto，2006；Ambec et al.，2013；Rubashkina et al.，2015；Rubashkina et al.，2015；杨洋等，2015；张璇等，2017；杨亭亭等，2018），本书选取创新投入、专利申请个数及创新收入衡量小微企业创新。具体用以下三个指标来衡量小微企业创新：①创新投入，记为 INT，用企业一年的创新投入衡量，单位为万元；②专利申请数量，记为 PAT，用企业一年专利申请数量来衡量小微企业创新，单位为个；③企业创新收入，记为 INN，用企业一年的创新性收入衡量，单位为万元。

鉴于研究在有信贷需求的小微企业中进行，样本总数为 696，表 3 - 3 给出了样本小微企业在 2018 年末上述各个衡量企业创新指标的平均值。由表 3 - 3 可知，未遭受信贷约束的小微企业的创新投入、专利申请数量及创新收入均值分别为 4.82 万元、1.17 个、9.22 万元，遭受信贷约束的小微企业的创新投入、专利申请数量及创新收入均值分别为 4.20 万元、0.67 个、7.97 万元。由此可知，遭受信贷约束的小微企业的创新投入、专利申请数量及创新收入均值均低于未遭受信贷约束的小微企业，即相对于未遭受信贷约束的小微企业而言，遭受信贷约束的小微企业创新相对较低，说明小微企业遭受信贷约束可能会对小微企业创新造成负向影响。因此，下面将围绕信贷约束（0，1）虚拟变量对小微企业创新的平均影响及信贷约束的分位数效应展开分析。

表3-3 小微企业创新均值比较

变量	变量符号	未遭受信贷约束	遭受信贷约束	有信贷需求总样本
样本数（个）	N	141	555	696
创新投入（万元）	INT	4.82	4.20	4.33
专利申请数量（个）	PAT	1.17	0.67	0.77
创新收入（万元）	INN	9.22	7.97	8.22

资料来源：根据本书数据整理。

2. 匹配变量

一般情况下，匹配变量选择的原则是：匹配变量应该是影响小微企业是否遭受信贷约束及其创新的协变量，根据以往研究以及调研问卷中的内容（Cohen，2010；温军和冯根福，2018；陈思等，2017；李成友等，2020；张佳琦等，2021），用于估计小微企业遭受信贷约束倾向得分的协变量主要包括企业主特征变量、企业基本特征变量、企业融资环境特征变量。

（1）企业主基本特征变量。小微企业经营权和所有权一般集中于企业主个人手中，扁平化的组织结构使得小微企业的决策受企业主个人影响比较大，企业主个人特质可以影响到小微企业的信贷可获得性。企业主年龄大、身体健康状况好、所受教育程度高及企业主是中共党员等代表其阅历丰富，向银行传递了企业的积极信息，降低了小微企业与金融机构的信息不对称，容易获得金融机构的信任，有利于小微企业获得信贷融资，减少其信贷约束强度（Dai et al.，2017；Hetland & Mjos，2018；何灵和谌立平，2017；陈志刚等，2021），因此把企业主基本特征作为本书的匹配变量，主要包括企业主年龄、企业主受教育程度、企业主政治面貌以及企业主健康状况等变量。①企业主年龄，对企业主年龄取自然对数，用AGE进行表示；②企业主受教育程度，用EDU进行表示，1代表专科以下，2代表专科，3代表本科，4代表硕士及以上；

③企业主政治面貌，用 MIA 进行表示，1 为中共党员或无党派人士，0 为否；④企业主健康状况，用 HEA 进行表示，1 为健康，0 为否；⑤企业主是否在金融机构（组织）中有熟人，用 SRN 进行表示，1 代表企业主在金融机构（组织）有熟人，0 代表企业主在金融机构（组织）无熟人；⑥企业主创新能力，对小微企业主创新能力进行打分，用 CRE 表示，取值 1~7，1 代表企业主创新能力最弱，7 代表企业主创新能力最强。

（2）企业基本特征变量。小微企业的基本特征能够影响企业的信贷需求和信贷可获得性（Tong，2013；Huang et al.，2016；何灵和谌立平，2017）。因此，本书把企业基本特征及运营特征作为匹配变量，主要包括以下变量：①小微企业主与管理者是否两者合一，记为 IDD，是为 1，否为 0；②董事会，记为 BOA，企业有董事会为 1，否则为 0；③技术人员所占比重，记为 TEA，单位为%；④企业规模，记为 SIZE，用小微企业资产总额的自然对数衡量；⑤企业市场势力，记为 MAR，本书以企业销售收入与生产成本之比的对数来衡量小微企业市场势力，取值越大，说明市场势力越强；⑥企业最大股东持股比例，记为 SHA，单位为%；⑦资本密集度，固定资产与员工人数的比值后取对数，记为 CAP；⑧是否为高新技术企业，记为 HIG，是为 1，否为 0；⑨企业是否有重大项目支出，记为 ZHI，即用于设备厂房等固定资产投资或创办新机构支出等，1 为企业本年度有重大项目支出，0 为企业本年度无重大项目支出；⑩企业是否曾经发生过违约，用 WEY 进行表示，1 代表企业曾经发生过违约行为，0 代表企业曾经未发生过违约行为。

（3）企业融资环境特征变量。对有信贷需求的小微企业，可以选择向正规或非正规金融机构借款，或选择同时向两者借款，因此本书把企业融资环境基本特征变量作为本书的匹配变量，主要包括企业是否获得正规金融机构贷款、企业是否获得非正规金融机构贷款等变量。①企业是否有银行存款，记为 SAV，1 为是，0 为否；②企业是否曾获得正规金融机构贷款，用 FOR 进行表示，1 为是，0 为否；③企业是否曾获得非正规金融机构贷款，用 INF 进行表示，1 为是，0 为否；④开车往返一次最近金融机构所需要的时间，用 DIS 进行表示，单位为分钟，稳健性检验中使用企业离最近银行网点的距离变量作为替换变量。

3. 主要变量的描述性统计

本次调研所获得的 2018 年山东省的 838 家小微企业微观调研数据，包括了企业主基本特征变量、企业基本特征变量、企业融资环境变量、信贷约束与小微企业创新指标等翔实数据，表 3-4 给出了本章所涉及的主要变量定义及描述性统计。由表 3-4 可知，创新投入平均值为 4.49，标准差为 1.67，说明小微企业样本中不同企业间创新投入存在着较大差异。专利申请个数均值为 0.74，标准差为 1.01，创新收入均值为 8.22，标准差为 3.20，说明小微企业样本中不同企业间创新产出存在着较大差异。信贷约束均值为 0.66，标准差为 0.47，说明小微企业样本中不同企业遭受的信贷约束也存在较大差异。另外，本章控制变量的描述性统计也在正常范围之内。

表 3-4   主要变量定义及描述性统计

变量	符号	定义	观测值	最小值	最大值	平均值	标准差
创新投入	INT	企业研发投入，单位为万元	838	1.00	28.00	4.49	1.67
专利申请个数	PAT	专利申请个数，单位为个	838	0	5	0.74	1.01
创新收入	INN	新产品收入，单位为万元	838	0.00	12.95	8.22	3.20
信贷约束	CD	遭受信贷约束 =1，否则为 0	838	0	1	0.66	0.47
年龄	AGE	企业主年龄取对数	838	2.77	4.38	3.76	0.22
学历	EDU	1 = 专科以下；2 = 专科；3 = 本科；4 = 本科及以上	838	1	4	1.23	0.49
政治面貌	MIA	企业主是否为党员或担任过人大代表、政协委员，是 =1，否 =0	838	0	1	0.14	0.34
健康	HEA	企业主身体是否健康，是 =1，否 =0	838	0	1	0.53	0.50
金融机构有熟人	SRN	企业主金融机构有熟人 =1，无 =0	838	0	1	0.40	0.49

变量	符号	定义	观测值	最小值	最大值	平均值	标准差
创新能力	CRE	企业主个人创新能力进行打分，1~7分，分值越高，创新能力越强	838	1	7	3.75	1.37
两者合一	IDD	企业主与管理者是否两者合一，是=1，否=0	838	0	1	0.91	0.29
董事会	BOA	是否有独立的董事会，有=1，否=0	838	0	1	0.21	0.41
技术人员比例	TEA	技术人员占员工人数的比值，单位为%	838	0.00	90.00	14	0.20
企业规模	SIZE	企业固定资产的自然对数	838	6.91	17.22	13.67	2.36
市场势力	MAR	企业的营业收入/生产成本，单位为%	838	0.01	100.00	10.72	11.80
最大股东持股比例	SHA	第一大股东持股比例，单位为%	838	11.00	67.33	31.45	0.14
资本密集度	CAP	固定资产与员工人数比值后取对数	838	2.02	6.90	4.96	0.72
高新技术企业	HIG	是否为高新技术企业，是=1，否=0	838	0	1	0.55	0.50
重大项目支出	ZHI	2018年是否有重大项目支出，有=1，无=0	838	0	1	0.16	0.36
曾经发生过违约行为	WEY	2018年是否曾经发生过违约行为，有=1，无=0	838	0	1	0.02	0.15
存款	FOR	企业有存款=1，无=0	838	0	1	0.21	0.41
曾获得正规金融机构贷款	INF	2018年以前曾获得正规金融机构贷款=1，无=0	838	0	1	0.48	0.50
曾获得非正规金融机构贷款	SAV	2018年以前曾获得非正规金融机构贷款=1，无=0	838	0	1	0.76	0.61

续表

变量	符号	定义	观测值	最小值	最大值	平均值	标准差
距离最近金融机构所花时间	DIS	开车往返最近金融机构所需要的时间，单位为分钟	838	2.0	15.0	6.27	3.52
曾获得非正规金融机构贷款	SAV	2018年以前曾获得非正规金融机构贷款=1，无=0	838	0	1	0.76	0.61
距离最近金融机构所花时间	DIS	开车往返最近金融机构所需要的时间，单位为分钟	838	2.0	15.0	6.27	3.52

资料来源：根据本书数据整理。

4. 同源方差检验

由于本书中的小微企业调研问卷均是由小微企业主要负责人或者企业主填写的，有可能存在同源方差问题，因此本书采用哈曼单因素检测法对问卷中的所有题项进行探索性因子分析，以控制同源方差对本书数据质量的影响。根据分析结果，KMO检验值为0.892；限定抽取一个引子，未旋转因子结果显示，限定一个因子只解释总变异的16.38%，且无任何单因子出现，本书所有的变量均负载到不同的因子上。因此，同源方差对本书结论的可靠性不会造成实质性影响。

3.3.4 模型构建

1. 多元回归模型

为考察信贷约束对小微企业创新的影响，先不考虑内生性问题及样本选择性偏误，以小微企业创新为因变量，以"未遭受信贷约束"为基准组，建立以下多元回归模型进行分析，以与基于PSM方法的ATE模型结果进行比较。

$$Y_i = \beta_0 + \beta_1 CD_i + \beta_2 Z_i + Locate + Ind + \varepsilon \qquad (3.1)$$

其中，β_0为常数项，因变量Y_i为小微企业创新，分别使用创新投入（INT）、专利申请个数（PAT）及创新收入（INN）衡量，自变量是小微企业是否遭受信贷约束（CD_i）的虚拟变量，其系数是β_1，Z_i是影响小微企业创新的外生解释变量，主要包括企业主基本特征变量、企业

基本特征变量、企业融资环境特征变量，β_2 为其系数矩阵；此外，小微企业创新还会受到所在地区经济发展水平及所在行业技术发展水平的影响，因此加入行业虚拟变量和地区虚拟变量作为控制变量，Ind 为行业，Locate 为地区，ε 是随机扰动项。

2. 平均处理效应模型

在估计信贷约束对小微企业创新的影响时，简单地采用线性回归模型进行分析会由于样本选择偏差而导致估计偏误，为解决上述问题，此处采用基于倾向得分匹配思想（PSM 方法）构建平均处理效应模型（ATE 模型），估计信贷约束对小微企业创新的影响。对于任何一个小微企业 i 而言，小微企业是否遭受信贷约束是（0，1）虚拟变量，创新水平记为 Y_i。此处假设遭受信贷约束的小微企业未遭受信贷约束会发生什么，未遭受信贷约束的小微企业如果遭受信贷约束会发生什么。因此，对于任何一个小微企业 i 而言，Y_i 都有两种潜在的结果（Y_i^0，Y_i^1）。

$$Y_i = \begin{cases} Y_i(CD_i) = Y_i^0, & CD_i = 0 \\ Y_i(CD_i) = Y_i^1, & CD_i = 1 \end{cases} \tag{3.2}$$

不管小微企业 i 事实上是否遭受信贷约束，假设其未遭受信贷约束，其创新水平为 Y_i^0；同理，假设其如果遭受信贷约束，其创新水平用 Y_i^1 表示，Y_i^1 与 Y_i^0 之间的差值即为遭受信贷约束对小微企业 i 创新的平均影响。因此，所观察到的小微企业 i 的创新 Y_i 可以用式（3.3）所代表的潜在结果的线性组合表示：

$$Y_i = Y_i^0 + (Y_i^1 - Y_i^0) CD_i \tag{3.3}$$

一般情况下，Y_i^1 与 Y_i^0 在样本总体中均有对应的分布，不同的小微企业 i 遭受信贷约束的因果效应不尽相同。但现实中不可能观测到某个小微企业两种潜在的创新效应，只能对同一类小微企业遭受信贷约束和未遭受信贷约束对创新的平均影响进行比较。因此，用式（3.4）将小微企业遭受信贷约束与否对创新的影响与平均意义的因果效应联系起来：

$$E[Y_i | CD_i = 1] - E[Y_i | CD_i = 0] = E[Y_i^1 | CD_i = 1] -$$
$$E[Y_i^0 | CD_i = 1] + E[Y_i^0 | CD_i = 1] - E[Y_i^0 | CD_i = 0] \tag{3.4}$$

在估计信贷约束对小微企业创新的影响时，必须剔除因样本选择偏差导致的估计偏误问题，假定是否遭受信贷约束 CD_i 与潜在的创新

（Y_i^0，Y_i^1）相互独立，在小微企业特征变量 X_i 给定的条件下，因样本选择偏差导致的估计偏误问题便不再存在。此时，信贷约束的平均处理效应（Average Treatment Effect，ATE）可用式（3.5）表示：

$$ATE = E\{E[Y_i^1|X_i,\ CD_i=1] - E[Y_i^0|X_i,\ CD_i=0]\} \quad (3.5)$$

对总样本小微企业而言，式（3.5）为信贷约束对小微企业创新的平均影响。由于匹配变量为 20 个（详见表 3-4），鉴于 X_i 的维数较高，采用倾向得分匹配法进行估计。

$$p(X_i) = Pr\{CD_i=1|X_i\} = E\{CD_i|X_i\} \quad (3.6)$$

根据式（3.6），可以将 ATE 改写为以下形式：

$$ATE = E\{E[Y_i^1|p(X_i),\ CD_i=1] - E[Y_i^0|p(X_i),\ CD_i=0]\}$$
$$(3.7)$$

最近邻匹配（Nearest-Neighbor Matching）、极半径匹配法（Radius Matching）和核匹配法（Kernel Matching）为最常用的三种匹配策略，并未有学者明确指出哪种匹配方法更好，只是这三种方法对匹配质量和数量的侧重点有所不同。因此本部分首先使用最近邻匹配法进行匹配，然后使用极半径匹配和核匹配进行估计。

3. 分位数处理效应模型

平均处理效应模型仅仅可以估计出信贷约束对小微企业创新的平均处理效应，无法估计信贷约束的分位数影响。而分位数处理效应模型可以估计信贷约束的分位数影响（李庆海等，2016），因此运用分位数处理效应模型（QTE 模型）估计信贷约束对小微企业创新的分位数效应。

小微企业在概率 τ 处的条件分位函数用式（3.8）表示：

$$Q_\tau(Y_i|CD_i) = F_y^{-1}(Y_i|CD_i) \quad (3.8)$$

$F_y(y|CD_i)$ 表示 Y_i 在 y 处的分布函数，分位数函数最小化问题的解用式（3.9）表示：

$$Q_\tau(Y_i|CD_i) = agr\min_{q(CD)} E\{\rho_\tau[Y_i - q(CD)]\} \quad (3.9)$$

其中，$\rho_\tau(u) = [\tau - 1(u\leq0)]u$。令 $Q_\tau(Y_i|CD_i)$ 为线性函数，即：

$$Q_\tau(Y_i|CD_i) = \alpha + \Delta_\tau CD_i \quad (3.10)$$

则分位数处理效应（QTE）可以表示为：

$$Q_\tau(Y_i|CD_i=1) - Q_\tau(Y_i|CD_i=0) =$$
$$Q_\tau(Y_i^1|CD_i=1) - Q_\tau(Y_i^0|CD_i=0) = \Delta_\tau \quad (3.11)$$

由式（3.6）和式（3.9）可得到 Δ_τ 和 α 的估计值，即：

$$(\hat{\Delta}_\tau, \hat{\alpha}) = \underset{\alpha, \Delta_\tau}{agr\ min} E\{\rho_\tau(Y_i - \alpha - \Delta_\tau CD_i) \mid CD_i\}$$

$$= \underset{\alpha, \Delta_\tau}{agr\ min} E\{W_i^F \rho_\tau(Y_i - \alpha - \Delta_\tau CD_i)\} \qquad (3.12)$$

其中，权重 $W_i^F = \dfrac{CD_i}{p(X_i)} + \dfrac{1 - CD_i}{1 - p(X_i)}$，由于 τ 值不同，便可得到一组分位数处理效应的估计值。

3.4　实　证　分　析

3.4.1　多元回归分析估计结果

小微企业信贷约束可能存在因样本选择偏误导致内生性问题，此处先不考虑小微企业信贷约束的内生性问题，使用式（3.1）进行多元回归分析，多元回归分析结果可以与倾向得分匹配估计结果进行对比，信贷约束对小微企业创新影响的线性回归结果见表 3 – 5。

由表 3 – 5 模型（2）、模型（4）、模型（6）可得，信贷约束使得小微企业创新投入降低 0.832 万元，且在 1% 的统计水平上显著，占未遭受信贷约束小微企业创新投入均值的 17.26%；信贷约束使得小微企业专利申请个数降低 0.227 个，且在 1% 的统计水平上显著，占未遭受信贷约束小微企业专利申请个数均值的 19.40%；信贷约束使得小微企业创新收入降低 1.753 万元，且在 1% 的统计水平上显著，占未遭受信贷约束小微企业创新收入均值的 19.01%，这反映了信贷约束与小微企业创新之间显著负相关。然而，信贷约束与小微企业创新之间的显著负相关并不能验证两者之间的因果关系，而因果关系才是本书关注的重点。因此，下面重点探讨小微企业信贷约束因样本选择偏差导致的内生性问题及其处理办法。

3.4.2　平均处理效应估计结果

样本选择偏差及内生性问题是判断信贷约束是否能够抑制企业创新的关键，因此，本书基于倾向得分匹配（PSM）模拟一种自然实验状态，

续表

变量	创新投入				专利申请个数				创新收入			
	模型（1）		模型（2）		模型（3）		模型（4）		模型（5）		模型（6）	
	系数	标准误	系数	标准误	系数	标准误	系数	标准误	系数	标准误	系数	标准误
HIG	1.840***	0.207	1.863***	0.207	0.096	0.079	0.110	0.079	-0.463***	0.127	-0.440***	0.127
ZHI	-0.108	0.249	-0.088	0.249	0.189**	0.095	0.201**	0.094	-0.093	0.152	-0.073	0.152
WEY	0.451	0.440	0.422	0.439	0.036	0.167	0.019	0.167	-0.075	0.269	-0.105	0.268
FOR	0.333*	0.201	0.279	0.203	0.159**	0.076	0.126	0.077	0.175	0.123	0.121	0.124
INF	0.259	0.159	0.326**	0.164	-0.036	0.060	0.005	0.062	0.061	0.097	0.128	0.100
SAV	-0.049	0.119	-0.048	0.119	0.035	0.045	0.035	0.045	-0.038	0.073	-0.037	0.072
DIS	-0.023	0.020	-0.022	0.020	0.004	0.007	0.005	0.007	0.014	0.012	0.015	0.012
行业	控制		控制		控制		控制		控制		控制	
地区	控制		控制		控制		控制		控制		控制	
N	838		838		838		838		838		838	
F	20.443		19.644		7.877		7.886		25.643		24.976	
Pseudo R^2	0.117		0.129		0.141		0.147		0.171		0.176	
Log likelihood	-1123.976***		-1457.823***		-978.256***		-1034.841***		-728.220***		-889.135***	

注：*、**、***分别表示在10%、5%、1%的水平下显著。

续表

变量	创新投入				专利申请个数				创新收入			
	模型 (1)		模型 (2)		模型 (3)		模型 (4)		模型 (5)		模型 (6)	
	系数	标准误	系数	标准误	系数	标准误	系数	标准误	系数	标准误	系数	标准误
HIG	1.840***	0.207	1.863***	0.207	0.096	0.079	0.110	0.079	-0.463***	0.127	-0.440***	0.127
ZHI	-0.108	0.249	-0.088	0.249	0.189**	0.095	0.201**	0.094	-0.093	0.152	-0.073	0.152
WEY	0.451	0.440	0.422	0.439	0.036	0.167	0.019	0.167	-0.075	0.269	-0.105	0.268
FOR	0.333*	0.201	0.279	0.203	0.159**	0.076	0.126	0.077	0.175	0.123	0.121	0.124
INF	0.259	0.159	0.326**	0.164	-0.036	0.060	0.005	0.062	0.061	0.097	0.128	0.100
SAV	-0.049	0.119	-0.048	0.119	0.035	0.045	0.035	0.045	-0.038	0.073	-0.037	0.072
DIS	-0.023	0.020	-0.022	0.020	0.004	0.007	0.005	0.007	0.014	0.012	0.015	0.012
行业	控制		控制		控制		控制		控制		控制	
地区	控制		控制		控制		控制		控制		控制	
N	838		838		838		838		838		838	
F	20.443		19.644		7.877		7.886		25.643		24.976	
Pseudo R²	0.117		0.129		0.141		0.147		0.171		0.176	
Log likelihood	-1123.976***		-1457.823***		-978.256***		-1034.841***		-728.220***		-889.135***	

注：*、**、***分别表示在10%、5%、1%的水平下显著。

目的是构建一种反事实框架，准确估计信贷约束对小微企业创新的平均影响，步骤主要包括选择模型、计算倾向得分、倾向得分匹配及计算平均处理效应。

1. 选择模型（选择协变量 X_i）

利用选择模型估计企业遭受信贷约束的决定方程以确定匹配变量，根据以往学者的理论和实证结果可知，匹配变量应该是小微企业是否遭受信贷约束及其创新的协变量，根据以往研究以及调研问卷中的内容，协变量主要包括企业主基本特征、企业基本特征、企业融资环境特征（温军和冯根福，2018；陈思等，2017；刘美玉和黄速建，2019）。由于是否遭受信贷约束（CD）是（0，1）虚拟变量，因此首先使用 Logit 模型进行估计，为保证结果的稳健性使用 Probit 模型进行稳健性检验，估计结果如表 3-6 所示。由表 3-6 可知：模型（1）和模型（2）Pseudo R^2 分别为 367.453、333.665，Log likelihood（对数似然值）分别为 0.138、0.141，说明这两个模型的选择质量较好，且模型（1）和模型（2）的回归结果一致，证明回归结果是稳健的，将模型（1）中所涉及的变量作为匹配变量，通过 PSM（倾向得分匹配）法解决小微企业信贷约束的样本选择性偏差导致的内生性问题。由模型（1）可知，小微企业主年龄、企业主和管理者两者合一、有独立的董事会、技术人员比例、最大股东持股比例、高新技术企业、上一年度有重大项目支出、曾经发生过违约行为及距离最近金融机构往返一次所需时间与小微企业信贷约束正相关，其他匹配变量学历、政治面貌、企业主健康状况、金融机构有熟人、创新能力、企业规模、市场势力、资本密集度、存款、曾获得正规金融机构贷款、曾获得非正规金融机构贷款与小微企业信贷约束负相关。

表 3-6　　　　　　小微企业遭受信贷约束的影响因素分析

变量	Logit 模型（1）		Probit 模型（2）	
	系数	标准误	系数	标准误
常数项	-1.620 ***	0.311	-0.931 ***	0.398
AGE	0.191 **	0.090	0.278 ***	0.094
EDU	-0.721 ***	0.190	-0.580 ***	0.151
MIA	-0.178 **	0.087	-0.557 ***	0.073

65

变量	Logit 模型（1）		Probit 模型（2）	
	系数	标准误	系数	标准误
HEA	−0.385 **	0.187	−0.499 ***	0.065
SRN	−2.042 ***	0.452	1.151 ***	0.439
CRE	−0.050 ***	0.007	−0.219 ***	0.064
IDD	0.102 **	0.049	0.194 ***	0.038
BOA	1.084 ***	0.271	1.378 ***	0.261
TEA	0.765 **	0.381	0.513 ***	0.148
SIZE	−0.072 *	0.041	−0.137 ***	0.040
MAR	−0.013 ***	0.004	−0.012 **	0.006
SHA	0.940 ***	0.375	0.955 **	0.461
CAP	−0.005 **	0.002	−0.012 *	0.007
HIG	0.474 ***	0.035	0.398 ***	0.095
ZHI	0.376 **	0.169	0.226 ***	0.058
WEY	1.272 ***	0.414	1.918 ***	0.433
FOR	−1.565 ***	0.289	−1.322 ***	0.219
INF	−1.309 ***	0.197	−1.309 ***	0.173
SAV	−0.324 **	0.146	−0.436 *	0.246
DIS	0.018 ***	0.007	0.028 **	0.013
地区	控制		控制	
行业	控制		控制	
N	838		838	
Pseudo R^2	367.453		333.665	
Log likelihood	0.138		0.141	

注：*、**、*** 分别表示在10%、5%、1%的统计性水平上显著。
资料来源：根据本书数据整理。

2. 计算倾向得分 PS

根据表 3-6 中小微企业遭受信贷约束的 Logit 模型回归结果，计算出小微企业遭受信贷约束的倾向得分值。

3. 进行倾向得分匹配

首先，选择匹配方法。匹配方法无优劣之分，然而不同的匹配方法都存在一定程度的测算误差，关于何种匹配方法最优，学术界未达成一致意见，但考虑到最近邻匹配（Nearest - Neighbor Matching）是倾向得分匹配法中使用最广泛的一种匹配方法，因此本部分首先使用最近邻匹配法进行匹配，以为实验组匹配倾向得分最邻近的控制组的小微企业。

其次，进行平衡性检验。根据表 3 - 6 中小微企业遭受信贷约束 Logit 选择模型的回归结果，估计出所有样本小微企业遭受信贷约束的 PS 值，依据 PS 值对遭受信贷约束和未遭受信贷约束的小微企业进行倾向得分匹配。为保证本书中匹配方法和匹配变量选择得合适，并得到一致的结果，以及倾向得分匹配结论的可靠性，需要进行平衡性检验，即需要满足"独立性条件假设"（Conditional Independence Assumption，CIA）和"共同支撑假设"（Common Support Assumption，CSA），只有 CIA 和 CSA 假设得到满足，倾向得分匹配才有效，因此在计算信贷约束对小微企业创新的平均效应之前，先进行独立性条件假设（CIA）和共同支撑假设（CSA）。

最后，独立性条件假设。要求遭受信贷约束的小微企业与未遭受信贷约束的小微企业进行匹配后，对匹配变量进行均值差异分析，需要满足匹配后实验组和控制组的各个匹配变量的均值差异不显著。最近邻匹配后的平衡性检验结果如表 3 - 7 所示。匹配前，实验组（遭受信贷约束的小微企业）和控制组（未遭受信贷约束的小微企业）中每个匹配变量均值之间存在着显著性差异；而进行匹配后，实验组和控制组中大多数变量的偏误比例都降低到 5% 以下，偏误降低的比例都超过 70%，最高比值为 99.91%，且匹配变量在实验组和控制组均值差异由显著变为不显著，从以上分析得出匹配满足 CIA 假设，匹配效果比较理想。

表 3 - 7　　　　　　　　　　　平衡性检验结果

变量指标	匹配前	均值		偏误变化		两组差异 t 统计值
	匹配后	处理组	控制组	偏误比例（%）	偏误降低比例（%）	
GPS	U	4.073	3.328	18.291	74.23	3.130***
	M	4.073	3.881	4.714		0.68

变量指标	匹配前	均值		偏误变化		两组差异 t 统计值
	匹配后	处理组	控制组	偏误比例（%）	偏误降低比例（%）	
EDU	U	1.181	1.372	-16.173	91.91	-3.710***
	M	1.181	1.196	-1.270		-1.15
MIA	U	0.110	0.149	-35.455	84.92	-2.910***
	M	0.110	0.116	-5.455		-0.36
HEA	U	0.491	0.591	-20.367	96.54	-2.880***
	M	0.491	0.494	-0.611		-0.223
SRN	U	0.312	0.485	-55.449	95.95	-2.530***
	M	0.312	0.319	-2.244		-0.471
CRE	U	3.324	3.806	-14.501	91.49	-2.170**
	M	3.324	3.365	-1.233		-0.632
IDD	U	0.981	0.522	46.789	98.47	2.170**
	M	0.981	0.974	0.714		1.553
BOA	U	0.333	0.130	60.961	96.55	7.290***
	M	0.333	0.326	2.102		0.252
TEA	U	23.723	11.523	51.400	99.83	3.560***
	M	23.723	23.703	0.100		0.334
SIZE	U	13.311	13.915	-4.538	80.96	-3.670***
	M	13.311	13.426	-0.864		-0.534
MAR	U	8.535	13.732	-60.890	99.75	-4.900***
	M	8.535	8.548	-0.152		-1.378
SHA	U	43.732	31.592	27.760	99.91	3.720***
	M	43.732	43.721	0.025		1.526
CAP	U	4.127	5.447	-31.984	99.62	-2.260**
	M	4.127	4.132	-0.121		-0.854
HIG	U	0.564	0.442	21.631	85.25	2.210***
	M	0.564	0.546	3.191		0.236

续表

| 变量指标 | 匹配前 | 均值 | | 偏误变化 | | 两组差异 |
	匹配后	处理组	控制组	偏误比例（%）	偏误降低比例（%）	t 统计值
ZHI	U	0.542	0.144	73.432	99.24	3.320 ***
	M	0.542	0.539	0.554		0.002
WEY	U	0.031	0.011	64.516	90.00	4.690 ***
	M	0.031	0.029	6.452		0.317
FOR	U	0.173	0.299	−72.832	95.73	−11.210 ***
	M	0.173	0.178	−2.890		−0.626
INF	U	0.381	0.675	−77.165	96.60	−10.770 ***
	M	0.381	0.391	−2.625		−1.275
SAV	U	0.587	0.861	−46.678	81.08	−2.190 **
	M	0.587	0.601	−2.385		−1.232
DIS	U	5.625	10.473	−86.187	96.102	−3.530 ***
	M	5.625	5.814	−3.360		−1.216

Abs（bias 的分布）

Mean abs（bias 的分布）	U	44.923
	M	2.315
LR chi^2	U	87.642 ***
	M	0.38

注：*、**、*** 分别表示在 10%、5%、1% 的统计性水平上显著。
资料来源：根据本书数据整理。

最后，共同支撑假设。实验组（遭受信贷约束的小微企业）和控制组（未遭受信贷约束的小微企业）的 PS 值在很大程度上是重叠的。本书基于表 3-6 中 Logit 模型小微企业遭受信贷约束选择模型的回归结果，估计出所有样本小微企业遭受信贷约束的 PS 值，依据 PS 值对遭受信贷约束和未遭受信贷约束的小微企业进行匹配。使用非参数 k-density 方法对实验组和控制组的 PS 值的概率分布进行估计，实线（Treat）是实验组（遭受信贷约束的小微企业）的概率密度函数曲线，虚线（Control）是控制组（未遭受信贷约束的小微企业）的概率密度函数曲线。其中，图3-2（a）是匹配前（Before Matching）实验组和控制组倾向得分（Propensity Score）分布情况，从图3-2（a）可知控制组最高频率值显著高于实验组的最高频率值，控制组和实验组的 PS 值分布差异较大。而图3-2（b）中，是匹配后（After Matching）实验组和控制组倾向得分分布情况，因为基于最近邻匹配方法对控制组和实验组进行匹配，控制组中与实验组 PS 值最为接近的小微企业匹配成功，而控制组中与实验组 PS 值不相近的小微企业则匹配失败，匹配失败的小微企业从整体样本中删除。由以上分析可知，基于最近倾向得分匹配进行匹配后实验组小微企业的 PS 值分布没有任何变化，因为删除了一些匹配不成功的样本导致控制组样本的 PS 值分布发生显著变化，这在图3-2（b）也得到了验证。在图3-2（b）中，控制组和实验组最高频率值已经比较相近，匹配后实验组和控制组的倾向得分曲线拟合度与进行匹配前相比，有很大幅度的提高，满足了共同支撑假设。

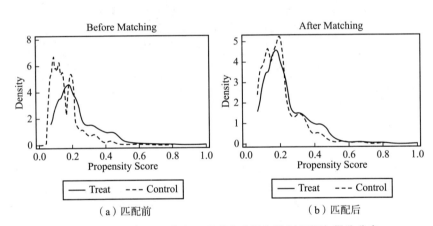

图3-2 最近邻匹配前和匹配后实验组和控制组倾向得分分布

资料来源：根据本书数据整理。

4. 计算平均处理效应

本书首先使用最近邻匹配法进行匹配，然后依照前面研究设计中所介绍的研究方法测算出信贷约束对小微企业创新投入、专利申请个数及创新收入的平均处理效应，估计结果如表3-8所示。由表3-8给出的基于倾向得分匹配的最近邻匹配估计结果可知，信贷约束使得小微企业创新投入降低0.679万元，且在5%的统计水平上显著，占未遭受信贷约束小微企业创新投入均值的 14.08% ；信贷约束使得小微企业专利申请个数降低 0.184 个，且在 1% 的统计水平上显著，占未遭受信贷约束小微企业专利申请个数均值的 15.73% ；信贷约束使得小微企业创新收入降低 1.491 万元，且在 1% 的统计水平上显著，占未遭受信贷约束小微企业创新收入均值的 16.17% 。由以上分析可知，信贷约束对企业创新投入、专利申请个数及创新收入均具有显著的负向影响，即信贷约束抑制小微企业创新。

表 3 - 8　　　　信贷约束对小微企业创新影响的 ATE 估计结果

变量	创新投入		专利申请个数		创新收入	
	系数	标准误	系数	标准误	系数	标准误
最近邻匹配	- 0.679 **	0.314	- 0.184 ***	0.036	- 1.491 ***	0.092
半径匹配	- 0.582 ***	0.038	- 0.197 ***	0.081	- 1.385 **	0.696
核匹配	- 0.694 ***	0.091	- 0.179 **	0.083	- 1.587 ***	0.068

注：*、**、*** 分别表示在 10% 、5% 、1% 的统计性水平上显著。
资料来源：根据本书数据整理。

　　本书还采用半径匹配和核匹配进行匹配，匹配后的 ATE 估计结果同时报告在表 3 - 8 中，基于倾向得分匹配的半径匹配估计结果可知，信贷约束使得小微企业创新投入降低 0.582 万元，且在 1% 的统计水平上显著，占未遭受信贷约束小微企业创新投入均值的 12.07% ；信贷约束使得小微企业专利申请个数降低 0.197 个，且在 1% 的统计水平上显著，占未遭受信贷约束小微企业专利申请个数均值的 16.84% ；信贷约束使得小微企业创新收入降低 1.385 万元，且在 5% 的统计水平上显著，占未遭受信贷约束小微企业创新收入均值的 15.02% 。基于倾向得分匹配的核匹配估计结果可知，信贷约束使得小微企业创新投入降低 0.694 万元，且在 1% 的统计水平上显著，占未遭受信贷约束小微企业创新投入均值的 14.40% ；信贷约束使得小微企业专利申请个数降低 0.197 个，且在 5% 的统计水平上显著，占未遭受信贷约束小微企业专利申请个数均值的 15.30% ；信贷约束使得小微企业创新收入降低 1.587 万元，且在 1% 的统计水平上显著，占未遭受信贷约束小微企业创新收入均值的 17.21% 。对比不同匹配方法的估计结果可知，基于不同匹配方法估计信贷约束对小微企业创新影响的结论基本一致，信贷约束对小微企业创新投入、专利申请个数及创新收入均有显著的负向影响，即信贷约束能够抑制小微企业创新。

另外，对表3-8中估计结果与表3-5多元线性模型OLS的回归结果相比可知，利用OLS回归得到的系数估计值较大且显著性水平相对较高。这可能是因为OLS多元线性回归估计的结果由于未考虑样本选择偏误存在的内生性问题，使得信贷约束对小微企业创新影响抑制作用被高估，估计结果存在一定的偏误，而基于倾向得分匹配的最佳邻匹配估计考虑了样本选择性之后，使得估计结果更为精确。通过以上对比表明，信贷约束确实能够抑制小微企业的创新，主要表现为对创新投入、专利申请个数及创新收入具有显著的抑制作用，因此假设3-1得到验证。

3.4.3 稳健性检验

为了进一步考察信贷约束对小微企业创新影响结论的可靠性，本书采用缩尾检验、替换和增加变量检验方式进行稳健性检验。具体形式如下：

1. 缩尾检验

将样本中销售收入最高的5%的小微企业和销售收入最低的5%的小微企业进行剔除，然后基于倾向得分匹配重新构建平均处理效应模型，估计企业信贷约束对小微企业创新影响的平均效应，相关估计结果如表3-9所示。基于倾向得分匹配的最近邻匹配估计结果可知，信贷约束使得小微企业的创新投入、专利申请个数及创新收入分别降低0.668万元、0.191个、1.357万元，分别在5%、1%、1%的统计水平上显著，分别占未遭受信贷约束小微企业创新均值的13.86%、16.32%、14.72%。基于倾向得分匹配半径匹配估计结果可知，信贷约束使得小微企业的创新投入、专利申请个数及创新收入分别降低0.685万元、0.179个、1.279万元，分别在1%、5%、5%的统计水平上显著，分别占未遭受信贷约束小微企业创新均值的14.21%、15.30%、13.87%。基于倾向得分匹配核匹配估计结果可知，信贷约束使得小微企业的创新投入、专利申请个数及创新收入分别降低0.714万元、0.198个、1.346万元，分别在1%、5%、1%的统计水平上显著，分别占未遭受信贷约束小微企业创新均值的 14.81%、16.92%、14.60%。综上，由表 3 - 9 估计结果可以看出，剔除极端值样本小微企业后的估计结果与表 3 - 8 中的估计结果相比，无论估计值大小还是显著性水平都未发生显著性变化，这表明本书的估计结果具有稳健性。

表 3 - 9　　　　　　　　　　　　稳健性检验一

变量	创新投入		专利申请个数		创新收入	
	系数	标准误	系数	标准误	系数	标准误
最近邻匹配	- 0.668 **	0.319	- 0.191 ***	0.026	- 1.357 ***	0.079
半径匹配	- 0.685 ***	0.086	- 0.179 **	0.083	- 1.279 **	0.578
核匹配	- 0.714 ***	0.058	- 0.198 **	0.092	- 1.346 ***	0.078

注：*、**、*** 分别表示在10%、5%、1%的统计性水平上显著。
资料来源：根据本书数据整理。

2. 替换和增加变量检验

国内外相关研究表明，如果变量选择不合适或遗漏重要变量，均会降低估计结果的精确性。因此本书用小微企业到最近金融机构的距离变量替换小微企业往返最近金融机构所需时间变量，主要考虑到这两个变量均能够反映小微企业信贷便利程度；与此同时，增加小微企业主在本行业从业年限这一变量。一般情况下，企业主在本行业从业年限长表明小微企业主会在本行业中具有一定的社会地位，企业主的社会地位会对小微企业信贷获取能力及其创新有一定的影响。基于倾向得分匹配重新构建平均处理效应模型，估计小微企业信贷约束对企业创新的影响效应，估计结果如表 3 - 10 所示。基于倾向得分匹配的最近邻匹配估计结果可知，信贷约束使得小微企业的创新投入、专利申请个数及创新收入分别降低 0.691 万元、0.186 个、1.494 万元，均在 1%的统计水平上显著，分别占未遭受信贷约束小微企业创新均值的 14.34%、15.90%、16.20%。基于倾向得分匹配半径匹配估计结果可知，信贷约束使得小微企业的创新投入、专利申请个数及创新收入分别降低 0.676 万元、0.174 个、1.274 万元，分别在 1%、1%、5%的统计水平上显著，分别占未遭受信贷约束小微企业创新均值的 14.02%、14.87%、13.82%。基于倾向得分匹配核匹配估计结果可知，信贷约束使得小微企业的创新投入、专利申请个数及创新收入分别降低0.665万元、0.168个、1.385万元，分别在1%、5%、1%的统计水平上显著，分别占未遭受信贷约束小微企业创新均值的13.80%、14.36%、15.02%。综上，通过表3-10估计结果可以发现，其与表3-8估计结果相比，无论在估计值的大小还是在显著性水平方面均没有发生显著性的变化，说明本书估计结果有很好的稳健性。

表3-10 稳健性检验二

变量	创新投入		专利申请个数		创新收入	
	系数	标准误	系数	标准误	系数	标准误
最近邻匹配	-0.691***	0.279	-0.186***	0.051	-1.494***	0.085
半径匹配	-0.676***	0.045	-0.174***	0.028	-1.274**	0.643
核匹配	-0.665***	0.118	-0.168**	0.076	-1.385***	0.035

注：*、**、***分别表示在10%、5%、1%的统计性水平上显著。
资料来源：根据本书数据整理。

3.4.4 企业异质性对信贷约束创新影响的调节作用

1. 所有制类型对信贷约束创新影响的调节作用

为考察所有制类型对信贷约束创新影响的调节作用，本书将全样本分为国有小微企业和民营小微企业两组样本，分别计算国有小微企业和民营小微企业中信贷约束对小微企业创新的影响，对子样本ATE的计算结果如表3-11所示。

表3-11 所有制类型对信贷约束创新影响的调节作用

变量	全样本		民营小微企业		国有小微企业	
	系数	标准误	系数	标准误	系数	标准误
最近邻匹配						
创新投入	-0.679**	0.314	-0.709***	0.032	-0.519	0.408
专利申请个数	-0.184***	0.036	-0.206***	0.051	-0.141	0.190
创新收入	-1.491***	0.092	-1.542***	0.112	-1.143	0.941

变量	全样本		民营小微企业		国有小微企业	
	系数	标准误	系数	标准误	系数	标准误
半径匹配						
创新投入	− 0.582 ***	0.038	− 0.695 ***	0.122	− 0.443	0.394
专利申请个数	− 0.197 ***	0.081	− 0.201 ***	0.053	− 0.157	0.583
创新收入	− 1.385 **	0.696	− 1.404 ***	0.056	− 1.165	2.143
核匹配						
创新投入	− 0.694 ***	0.091	− 0.712 ***	0.045	− 0.402	0.707
专利申请个数	− 0.179 **	0.083	− 0.196 ***	0.058	− 0.119	0.605
创新收入	− 1.587 ***	0.068	− 1.699 ***	0.081	− 1.154	1.153

注：＊、＊＊、＊＊＊分别表示在10%、5%、1%的统计性水平上显著。
资料来源：根据本书数据整理。

　　表 3 - 11 的结果显示，基于最近邻匹配的基础上，匹配后民营小微企业组相对于全样本小微企业而言，信贷约束的平均处理效应有所提高。具体而言，信贷约束使得小微企业的创新投入、专利申请个数及创新收入分别降低 0.709 万元、0.206 个、1.542 万元，均在 1% 的统计水平上显著，分别占未遭受信贷约束小微企业创新均值的 14.70%、17.60%、16.72%；而匹配后国有小微企业组的信贷约束对小微企业创新投入、专利申请个数及创新收入的影响均不显著。基于半径匹配的基础上，匹配后民营小微企业组的信贷约束使得小微企业的创新投入、专利申请个数及创新收入分别降低 0.695 万元、0.201 个、1.404 万元，均在 1% 的统计水平上显著，分别占未遭受信贷约束小微企业创新均值的 14.42%、17.18%、15.23%；而匹配后国有小微企业组的信贷约束对小微企业创新投入、专利申请个数及创新收入的影响均不显著。基于核匹配的基础上，匹配后民营小微企业组的信贷约束使得小微企业的创新投入、专利申请个数及创新收入分别降低 0.712 万元、0.196 个、1.699 万元，均在 1% 的统计水平上显著，分别占未遭受信贷约束小微企业创新均值的 14.77%、16.75%、18.43%；而匹配后国有小微企业组的信贷约束对小微企业创新投入、专利申请个数及创新收入的影响均不显著。对比不同匹配方法的估计结果可知：不同匹配方法下，所有制

对信贷约束与小微企业创新效应的影响基本一致。由以上分析可知，根据所有制类型对小微企业样本分组后，信贷约束对民营小微企业创新的抑制作用比在国有小微企业创新的抑制作用水平高，且在民营小微企业组更具有显著性，假设 3 – 2a 得到验证。

2. 行业对信贷约束创新影响的调节作用

由表 3 – 6 可知，高新技术小微企业遭受信贷约束的可能性更高，为考察是否为高新技术企业对信贷约束创新影响的调节作用，本书将小微企业组全样本划分为高新技术小微企业组和非高新技术小微企业组，分别计算高新技术小微企业和非高新技术小微企业信贷约束对小微企业创新的影响，对于子样本 ATE 的计算结果如表 3 – 12 所示。

表 3 – 12 行业对信贷约束创新影响的调节作用

变量	全样本		高新技术小微企业		非高新技术小微企业	
	系数	标准误	系数	标准误	系数	标准误
最近邻匹配						
创新投入	– 0.679 **	0.314	– 0.731 ***	0.102	– 0.569 **	0.284
专利申请个数	– 0.184 ***	0.036	– 0.199 ***	0.045	– 0.121 **	0.058
创新收入	– 1.491 ***	0.092	– 1.508 ***	0.072	– 1.187 **	0.561
半径匹配						
创新投入	– 0.582 ***	0.038	– 0.698 ***	0.042	– 0.476 **	0.221
专利申请个数	– 0.197 ***	0.081	– 0.204 ***	0.054	– 0.158 **	0.074
创新收入	– 1.385 **	0.696	– 1.416 ***	0.045	– 1.176 ***	0.591
核匹配						
创新投入	– 0.694 ***	0.091	– 0.703 ***	0.076	– 0.467 **	0.221
专利申请个数	– 0.179 **	0.083	– 0.191 ***	0.033	– 0.128 **	0.065
创新收入	– 1.587 ***	0.068	– 1.636 ***	0.076	– 1.167 ***	0.063

注：*、**、*** 分别表示在10%、5%、1%的统计性水平上显著。
资料来源：根据本书数据整理。

表 3 – 12 的估计结果显示，基于最近邻匹配的基础上，匹配后高新技术小微企业组相对于全样本小微企业而言，信贷约束的平均处理效应有所提高。具体而言，信贷约束使得小微企业创新投入、专利申请个数

及创新收入分别降低 0.731 万元、0.199 个、1.508 万元，且均在 1% 的水平上显著，分别占未遭受信贷约束小微企业创新均值的 15.17%、17.01%、16.36%。而相对于全样本小微企业而言，匹配后非高新技术小微企业组的信贷约束对小微企业创新投入、专利申请个数及创新收入的影响有所降低，具体而言，信贷约束使得小微企业创新投入、专利申请个数及创新收入分别降低 0.569 万元、0.121 个、1.187 万元，且均在 5% 水平上显著，分别占未遭受信贷约束小微企业创新均值的 11.81%、10.34%、12.87%。

基于半径邻匹配的基础上，相对于全样本小微企业而言，匹配后高新技术小微企业组的信贷约束使得小微企业创新投入、专利申请个数及创新收入分别降低 0.698 万元、0.204 个、1.416 万元，且均在 1% 统计的水平上显著，分别占未遭受信贷约束小微企业创新均值的 14.48%、17.44%、15.36%。而相对于全样本小微企业而言，匹配后非高新技术小微企业组的信贷约束使得小微企业创新投入、专利申请个数及创新收入分别降低 0.476 万元、0.158 个、1.176 万元，分别在 5%、5%、1% 的统计水平上显著，分别占未遭受信贷约束小微企业创新均值的 9.88%、13.50%、12.75%。基于核匹配的基础上，相对于全样本小微企业而言，匹配后高新技术小微企业组的信贷约束使得小微企业创新投入、专利申请个数及创新收入分别降低 0.703 万元、0.191 个、1.636 万元，且均在 1% 统计的水平上显著，分别占未遭受信贷约束小微企业创新均值的 14.59%、16.32%、17.74%。而相对于全样本小微企业而言，匹配后非高新技术小微企业组的信贷约束使得小微企业创新投入、专利申请个数及创新收入分别降低 0.467 万元、0.128 个、1.167 万元，分别在 5%、5%、1% 的统计水平上显著，分别占未遭受信贷约束小微企业创新均值的 9.69%、10.94%、12.66%。综上，对比不同匹配方法的估计结果可知：不同匹配方法下，是否为高新技术小微企业对信贷约束与小微企业创新效应的影响基本一致。由以上分析可知，根据是否为高新技术企业对小微企业样本分组后，信贷约束对高新技术小微企业创新的抑制作用比非高新技术小微企业创新的抑制作用水平高，且在高新技术小微企业组更具有显著性，假设 3 - 2b 得到验证。

3. 经济发展水平对信贷约束创新影响的调节作用

为考察小微企业所处地区经济发展水平对信贷约束创新影响的调

节作用，本书将全样本划分为经济发展水平较高的小微企业组和经济发展水平较差的小微企业组两组样本，对两组子样本 ATE 的计算结果如表 3－13 所示。

表 3－13　　　　经济发展水平对信贷约束创新影响的调节作用

变量	全样本		经济发展水平较高地区		经济发展水平较差地区	
	系数	标准误	系数	标准误	系数	标准误
最近邻匹配						
创新投入	－ 0.679 **	0.314	－ 0.553 **	0.314	－ 0.716 ***	0.071
专利申请个数	－ 0.184 ***	0.036	－ 0.149 **	0.067	－ 0.204 ***	0.066
创新收入	－ 1.491 ***	0.092	－ 1.156 **	0.672	－ 1.532 ***	0.054
半径匹配						
创新投入	－ 0.582 ***	0.038	－ 0.351 ***	0.123	－ 0.626 ***	0.045
专利申请个数	－ 0.197 **	0.081	－ 0.144 ***	0.049	－ 0.205 ***	0.068
创新收入	－ 1.385 **	0.696	－ 1.216 ***	0.225	－ 1.544 ***	0.113
核匹配						
创新投入	－ 0.694 ***	0.091	－ 0.452 ***	0.165	－ 0.717 ***	0.097
专利申请个数	－ 0.179 **	0.083	－ 0.144 ***	0.063	－ 0.189 ***	0.026
创新收入	－ 1.587 ***	0.068	－ 1.156 ***	0.097	－ 1.614 ***	0.053

注：＊、＊＊、＊＊＊分别表示在 10%、5%、1% 的统计性水平上显著。
资料来源：根据本书数据整理。

　　表 3－13 估计结果显示，基于最近邻匹配的基础上，相对于全样本小微企业而言，匹配后经济发展水平较高地区小微企业信贷约束的平均处理效应有所降低，具体而言，信贷约束使得小微企业的创新投入、专利申请个数及创新收入分别降低 0.553 万元、0.149 个、1.156 万元，均在 5% 的水平上显著，分别占未遭受信贷约束小微企业创新均值的 11.47%、12.74%、12.54%。而对于经济发展水平较差地区的小微企业，信贷约束对小微企业创新的影响高于全样本及经济发展水平较高地区小微企业组，信贷约束使得小微企业的创新投入、专利申请个数及创新收入分别降低 0.716 万元、0.204 个、1.532 万元，且均在 1% 的水平上显著，分别占未遭受信贷约束小微企业创新均值的 14.85%、

17.44%、16.62%。

基于半径匹配的基础上,相对于全样本小微企业而言,匹配后经济发展水平较高地区小微企业信贷约束使得小微企业的创新投入、专利申请个数及创新收入分别降低0.351万元、0.144个、1.216万元,均在1%的统计水平上显著,分别占未遭受信贷约束小微企业创新均值的7.28%、12.30%、13.19%;而对于经济发展水平较差地区的小微企业,信贷约束使得小微企业的创新投入、专利申请个数及创新收入分别降低0.626万元、0.205个、1.544万元,且均在1%的水平上显著,分别占未遭受信贷约束小微企业创新均值的12.99%、17.52%、16.75%。基于核匹配的基础上,相对于全样本小微企业而言,匹配后经济发展水平较高地区小微企业信贷约束使得小微企业的创新投入、专利申请个数及创新收入分别降低0.452万元、0.144个、1.156万元,均在1%的统计水平上显著,分别占未遭受信贷约束小微企业创新均值的9.38%、12.31%、12.54%;而对于经济发展水平较差地区的小微企业,信贷约束使得小微企业的创新投入、专利申请个数及创新收入分别降低0.717万元、0.189个、1.614万元,且均在1%的水平上显著,分别占未遭受信贷约束小微企业创新均值的14.88%、16.15%、17.51%。综上,对比不同匹配方法的估计结果可知:不同匹配方法下,经济发展水平对信贷约束与小微企业创新效应的影响基本一致。由以上分析可知,小微企业根据其所处地区经济发展水平分组后,信贷约束对经济发展水平较差地区小微企业创新的抑制作用比经济发展水平较高地区小微企业创新的抑制作用水平高,且更具有显著性,假设 3 - 2c 得到验证。

3.4.5 进一步分析

下面进一步分析小微企业不同创新水平下信贷约束对小微企业创新的影响。为方便分析,本书只选取五个具有代表性的分位点,分别是0.1、0.3、0.5、0.7和0.9,对小微企业信贷约束的分位数处理效应进行分析,相关结果见表 3 - 14。从信贷约束对小微企业创新性投入影响的绝对值(绝对损失)来看,小微企业信贷约束对创新投入的影响随着分位数的提高而增加,且更具有显著性。在10%的分位点上,小微企业遭受信贷约束使得创新投入降低0.169万元,并且在10%的统计性水平上显著；在50%的分位点上，小微企业遭受信贷约束使得创新投入降低0.761万元，并且在1%的统计性水平上显著；在90%的分位点上，小微企业遭受信贷约束使得创新收入降低1.332万元，并且在1%的统计性水平上显著，此时信贷约束对小微企业创新的影响接近10%分位点上影响的7.88倍（1.332/0.169）。然而，从信贷约束对小微企业创新性投入影响的相对值（相对损失）来看，信贷约束对小微企业创新投入的影响程度随着分位数的提高呈现出"倒U型"关系，信贷约束对小微企业创新投入的相对损失的影响程度分别为8.24%、12.71%、18.19%、16.89%、14.56%，由此可见，在50%分位点上达到最大值（18.19%），接近10%分位点上影响程度最小值的2.21倍（18.19/8.24）。

表3－14 信贷约束对小微企业创新的分位数影响

变量		0.1	0.3	0.5	0.7	0.9
创新投入	分位数影响	0.169*	0.313**	0.761***	0.951***	1.332***
	分位数值	1.051	2.462	4.184	5.632	9.148
	对应比率（%）	8.24	12.71	18.19	16.89	14.56
专利申请个数	分位数影响	0.049*	0.128*	0.207**	0.297***	0.459***
	分位数值	0.38	0.628	0.817	1.519	2.738
	对应比率（%）	12.89	20.38	25.34	19.55	16.76
创新收入	分位数影响	0.612**	1.082**	1.781***	2.094***	2.712***
	分位数值	4.985	6.07	7.99	10.38	19.012
	对应比率（%）	12.28	17.83	22.29	20.17	14.26

注：对应比率为分位数影响与分位数值的比值；*、**、***分别表示在10%、5%、1%的统计性水平上显著。

资料来源：根据本书数据整理。

从信贷约束对小微企业专利申请个数影响的绝对值（绝对损失）来看，信贷约束对小微企业专利申请个数的影响随着分位数的提高而增加，且更具有显著性。在10%的分位点上，小微企业遭受信贷约束使得专利申请个数降低0.049个，并且在10%的统计性水平上显著；在50%的分位点上，小微企业遭受信贷约束使得专利申请个数降低0.207个，并且在5%的统计性水平上显著；在90%的分位点上，小微企业遭受信贷约束使得专利申请个数降低 0.459 个，并且在 1% 的统计性水平上显著，其影响接近 10% 分位点上影响的 9.37 倍（0.459/0.049）。然而，从信贷约束对小微企业专利申请个数影响的相对值（相对损失）来看，信贷约束对小微企业申请个数的影响程度随着分位数的提高呈现"倒 U 型"关系，信贷约束对小微企业专利申请个数的影响程度分别为 12.89%、20.38%、25.34%、19.55%、16.76%，且在 50% 分位点上达到最大值（25.34%），接近 10% 分位点上影响程度最小值的 1.97 倍（25.34/12.89）。

从信贷约束对小微企业创新收入的绝对值（绝对损失）来看，小微企业遭受信贷约束对创新收入的影响随着分位数的提高而增加，且更具有显著性。在 10% 的分位点上，小微企业遭受信贷约束使得创新收入降低 0.612 万元，并且在 5% 的统计性水平上显著；在 50% 的分位点上，小微企业遭受信贷约束使得创新收入降低 1.781 万元，并且在 1% 的统计性水平上显著；在 90% 的分位点上，小微企业遭受信贷约束使得创新收入降低 2.712 万元，并且在 1% 的统计性水平上显著，此时信贷约束对小微企业创新收入的影响接近 10% 分位点上影响的 4.43 倍（2.712/0.612）。然而，从信贷约束对小微企业创新收入影响的相对值（相对损失）来看，信贷约束对小微企业创新收入的影响程度随着分位数的提高呈现"倒 U 型"关系，其信贷约束对小微企业创新收入影响程度分别为 12.28%、17.83%、22.29%、20.17%、14.26%，且在 50% 分位点上达到最大值（22.29%），接近 10% 分位点上影响程度最小值的 1.82 倍（22.29/12.29）。

综上分析得出以下结论：①从信贷约束对小微企业创新的绝对损失看，小微企业遭受信贷约束对企业创新的影响随着企业创新分位点的提高而增加，其更具有显著性，0.9 与 0.1 分位点的影响比率分别为 7.88 倍、9.37 倍、4.43 倍，其中对专利申请个数绝对影响的波动范围最大。②从信贷约束对小微企业创新的相对损失看，小微企业遭受信贷约束对企业创新的影响呈现"倒 U 型"关系，相对影响最大时出现在 0.5 分位点，波动范围为 2.21 倍、1.97 倍、1.82 倍。③对于创新较低的小微企业，信贷约束对小微企业创新影响的相对及绝对损失均处于最低水平；对于创新较高的小微企业，信贷约束对小微企业创新的绝对损失最大，然而相对损失则处于中间状态；对于具有中位数创新的小微企业，信贷约束对小微企业创新绝对损失处于中间状态，相对损失则达到最大。

3.5　本章小结

　　本章利用 2018 年山东省小微企业微观调研数据，在考虑小微企业信贷约束存在样本选择偏差导致的内生性问题的基础上，基于倾向得分匹配构建平均处理效应模型估计信贷约束对小微企业创新的平均效应，运用分位数处理效应模型估计信贷约束对处于不同分位数点的小微企业创新的分位数影响，通过缩尾检验、替换和增加变量进行稳健性检验，并进一步检验了企业所有制特征、行业及企业所在地区经济发展水平对上述影响的调节作用，这是通过问题提出、研究假设、数据分析、模型构建及利用山东省小微企业调研数据实证分析的基础上完成的。研究结果表明：①最近邻匹配、半径匹配及核匹配后的估计结果均显示信贷约束能够显著降低小微企业创新，即信贷约束对小微企业创新投入、专利申请个数及创新收入具有显著的负向影响。为保证结果的稳健性，本书采用缩尾检验、替换和增加变量检验方式进行稳健性检验，无论在估计值的大小还是在显著性水平方面均没有发生显著性的变化，说明本书估计结果有很好的稳健性。进一步分析，相对于国有小微企业、非高新技术小微企业及经济发展水平较高地区的小微企业而言，民营小微企业、高新技术小微企业及经济发展水平较差地区的小微企业，信贷约束对小微企业创新的抑制作用更为明显。②信贷约束对小微企业创新的绝对影响随着企业创新分位点的提高而增加，但其相对影响随着创新分位点的提高呈现出"倒 U 型"关系。因此，金融机构或政府应针对小微企业不同的创新水平出台相应的信贷扶持政策，引导小微企业进行创新投资，促进小微企业创新。

第4章 不同强度信贷约束 与小微企业创新

4.1 问题提出

进一步分析我国小微企业信贷约束现象不难发现，对于有相同信贷需求的不同小微企业而言，其面临的信贷约束情况也有可能存在一定的差别，比如甲、乙两个小微企业各自向金融机构（组织）申请100万元贷款，甲企业最终获得80万元贷款，乙企业最终获得50万元贷款，这说明甲、乙两个小微企业信贷需求均得到部分满足，但甲、乙两个小微企业受到的信贷约束强度不同。一个自然的想法是，既然小微企业遭受信贷约束强度存在着不同，那么这种不同强度信贷约束对小微企业创新的影响是否也存在着差异呢？

以往将信贷约束作为虚拟变量进行研究有不妥之处，可能高估或者低估小微企业遭受的信贷约束强度（彭澎和吕开宇，2017；高楠等，2022），因此，本章在已有学者研究基础上，结合国内外最新研究成果，使用2018年山东省小微企业微观调研数据，构建小微企业信贷约束强度指标，估计信贷约束强度对其创新的影响。第一，在考虑样本选择偏差导致的内生性问题的基础上，将传统的"有无信贷约束"二元离散变量进行连续性处理形成0~1连续性变量，构建小微企业"信贷约束强度"指标来衡量小微企业遭受的信贷约束情况，不仅能够有效解决企业部分信贷约束遗漏的问题，同时能够拓展企业信贷约束的概念。第二，使用广义倾向得分匹配（GPS）构建连续处理效应模型估计小微企业信贷约束强度对其创新的影响，避免传统回归方法（OLS）由于样本选择性引起的估计偏误以及倾向得分匹配方法（PSM）仅适用于处理变量为二值离散变量的情况，进一步优化和改善了以往的理论估计方法和模型，丰富了相关理论文献研究。第三，山东省为我国的经济强省，经济发展迅速，小微企业不断壮大，本书所得到的主要结论与政策措施不仅能够为山东省小微企业发展提供思路和方法，而且也能够为同类省份以及落后地区小微企业发展提供有益的参考和借鉴，具有十分重要的现实意义。

4.2 研 究 假 设

企业有信贷需求，金融机构有信贷供给，不一定意味着企业没有信贷约束的问题，比如企业可能遭受部分信贷约束，即信贷需求得到部分满足（Rice & Strahan，2010；Huang et al.，2016；陈啸，2013；吴勇，2015；彭澎等，2018）。信贷需求得到部分满足，即金融机构和组织不能完全满足企业的信贷需求，使得企业面临着信贷约束，企业遭受的信贷约束强度越大，意味着企业信贷需求和信贷供给缺口越大，即企业期望获贷水平和实际获贷水平之间差值越大（Mallick & Chakraborty，2002；刘美玉和黄速建，2019；路晓蒙和吴雨，2021）。由此可见，小微企业在面对净现值为正的创新投资机会时，其遭受的信贷约束越强，企业的"融资缺口"越大，会导致企业研发投资不足、困境越严重，进而影响到企业研发新产品、开拓新市场以及现有装备升级等生产经营活动，降低了企业的创新效率（Brown et al.，2012；Acharya & Xu，2014；郑骏川和李筱勇，2018；刘美玉和黄速建，2019；杨盈盈和叶德珠，2021）。由此可见，小微企业遭受信贷约束强度越大，对小微企业创新的抑制作用越强，因此提出以下假设：

假设 4 - 1：小微企业遭受的信贷约束强度越大，对企业创新的抑制作用越强。

4.3 研 究 设 计

4.3.1 数据来源

山东省小微企业数量居全国第三（居广东、江苏之后），小微企业产业类型齐全、数量众多、发展迅速，是我国小微企业大省。2018 年，山东省继续深化小微企业治理结构和产业结构"双升"战略，小微企业"双升"战略被纳入《山东省新旧动能转换重大工程的实施规划》中，推动小微企业加强质量管理，促进小微企业创新能力不断提升。据山东省市场监管局提供的信息，2018 年山东省小微企业数量达到 224.7 万户（不含个体工商户），占全省企业总数的 86%，占市场主体总数的 24.8%，实有注册资本 13.1 万亿元，实现营业收入 3.05 万亿元，户均收入 151.4 万元，吸纳就业 2658 万人，成为推动社会就业和全省经济稳定发展的主力军[①]。然而，山东省小微企业与全国小微企业一样也面临着比较严重的信贷约束，据《基于金融错配分析框架的中小企业融资难问题研究》（2017）课题组对山东省部分小微企业的调查显示：济南、潍坊、济宁等市只有 1% 的中小微企业的贷款需求得到全部满足，5% 的中小微企业贷款需求得到部分满足，贷款供应远远不能满足中小微企业的信贷需求，由此造成了中小微企业的信贷约束（邢乐成，2017）。由此可见，山东省为我国的经济强省，经济发展迅速，小微企业不断壮大，然而山东省小微企业如同全国小微企业一样也处于"强位弱势"的状态，其发展过程的信贷需求难以获得金融机构的资金支持，以"麦克米伦缺口"形式表现出来的信贷约束的持续存在可能会威胁到小微企业的生存、发展以及小微企业群体的转型升级，甚至影响到山东省产业结构的调整及其社会的稳定。本书所得到的主要结论与政策措施不仅能够为山东省小微企业发展提供思路和方法，而且也能够为同类省份以及落后地区小微企业发展提供有益的参考和借鉴，具有十分重要的现实意义。

　　本章所采用的研究数据资料来自 2019 年 3～9 月对 2018 年山东省小微企业信贷融资与创新情况相关的调查。其中，各行业小微企业的界定标准采用的是统计局联合各部委颁布的《统计上大中小微型企业划分办法（2017）》。本书结合问卷调查法与实地调研法，调查对象主要是小微企业主或企业主要负责人；通过文献梳理、行业专家咨询、预调研、问卷信效度检验以及正式问卷形成最终的调查问卷；为增加样本数据的典型性和代表性，本书采用实地调研与深度访谈相结合的方法，于

85

---

　　① 闪电新闻：《政府工作报告 14 次提及！山东三大关键领域助力中小微企业发展》，https：//baijiahao.baidu.com/s？id=1667901844704376771& wfr=spider&for=pc。

2019 年 3 ~ 9 月期间对山东省小微企业进行实地调研工作；为确保所抽样本不存在样本选择偏差问题，根据山东省传统的地域划分标准和经济发展水平进行系统抽样，将山东省划分为鲁东、鲁中、鲁西三个地区，采用三阶层分层抽样，在各个区域内均抽取一定数量小微企业。具体的调研步骤如下：首先，在划分的每个地区中，随机抽取两个市，抽取结果为：济南市、青岛市、泰安市、日照市、聊城市、德州市；其次，在每个市中，随机抽取两个县级市（区、县），在每个县级市（区、县）中随机抽取三个镇（乡、街道），在每个镇（乡、街道）中随机抽取 30 个小微企业；最后，对所抽取的小微企业进行实地调研，共获得调研样本小微企业 947 家。为方便后面内容分析，本书通过逐份整理调研问卷，剔除样本中不符合小微企业划分标准的问卷，以及数据缺失严重的问卷，最终保留有效问卷 838 份，总的有效问卷回收率为 88.5%。最终获得的小微企业样本行业涉及广泛，覆盖农、林、牧、渔业，制造业，建筑业，软件和信息服务业等各行业；调研资料涵盖信息广泛，包括 2018 年山东省小微企业的企业主基本情况、企业基本情况、企业信贷融资基本情况、企业创新情况及企业所处内外部环境等翔实数据，为本书分析和研究提供了基础条件。表 3 - 1 给出了样本性质分布统计，从整体样本分布来看，涉及了不同规模、不同成长阶段等不同特征的小微企业，838 家小微的样本性质分布统计如表 3 - 1 所示。由表 3 - 1 可知，小微企业资产规模比较小，81.74% 的小微企业资产规模在 200 万元以下；企业成立时间较短，83.17% 的企业成立时间在 5 年以下；企业多处于初创期和成长期，占总企业的 64.67%；企业员工人数集中在 200 人以下，占总企业的 79.83%。

4.3.2　甄别机制

与间接法和半直接法相比，直接法在研究样本的可识别程度及分类的完备性的特别优势逐渐体现出来，目前直接法已成为衡量信贷约束的一种主流方法，鉴于本书研究的实际情况，采用直接法估计小微企业信贷约束强度，甄别机制的构建也基于直接法展开。

在第 3 章信贷约束对小微企业创新影响研究的基础上，对于那些存在资金短缺问题且向金融机构申请过贷款的小微企业，进一步询问"若

向金融机构申请过贷款，最大一笔贷款的申请金额和实际获得金额分别
是多少"这一调研内容，来判断小微企业遭受的金融信贷约束情况。对
于如何判断样本小微企业信贷约束强度，设计了以下三个选项供小微企
业进行选择（见表4-1）。

表4-1 小微企业信贷约束强度判断

序号	问卷题目设计	取值标准
1	2018年企业是否存在资金短缺问题	1为是；0为否
2	若存在资金短缺问题，2018年企业是否向金融机构申请过贷款	1为是；0为否
3	若向金融机构申请过贷款，最大一笔贷款的申请金额和获得金额分别是多少	详见式（4.1）强度测算

资料来源：根据本书数据整理。

结合上述甄别小微企业遭受信贷约束强度的问题，本章将小微企业
信贷约束强度进行如下定义：

$$D_i = (y_i^d - y_i^s)/y_i^d, \ D_i \in [0, 1] \quad (4.1)$$

其中，式（4.1）中 D_i 代表小微企业信贷约束强度，为 0～1 的连
续性变量，y_i^d 代表小微企业信贷需求额，y_i^s 代表金融机构（组织）资
金供给额，当小微企业资金需求额等于金融机构（组织）资金供给额
时，$D_i = 0$ 表明小微企业未遭受信贷约束；当小微企业有资金需求而金
融机构（组织）未提供任何资金供给时，$D = 1$ 表明小微企业遭受完全
信贷约束；当小微企业有资金需求而金融机构（组织）仅提供部分资
金供给时，$0 < D_i < 1$ 表明小微企业遭受部分信贷约束。

表4-2列出了有信贷需求样本小微企业信贷约束强度基本情况，
通过表4-2看出有453家小微企业存在资金短缺问题且向银行等金融
机构或组织申请贷款，占有信贷需求小微企业总数的65.1%。总体来
看，在有信贷需求且提出贷款申请的453家小微企业中，其资金需求总
额为194678.62万元，而金融机构（组织）资金供给额为135727.59万
元，58951.03万元的金融信贷需求未得到满足，金融机构的信贷供给
只满足了其信贷需求总额的69.72%，总体信贷约束强度为30.28%。

表 4 – 2   有信贷需求样本小微企业信贷约束强度基本情况表

变量	信贷需求额（万元）	信贷供给额（万元）	信贷约束强度（%）
总样本（453 家）	194678.62	135727.59	30.28
鲁东地区（156 家）	75409.07	60356.53	19.96
鲁西地区（133 家）	43789.25	32848.24	24.99
鲁中地区（164 家）	75480.3	42522.82	43.66

资料来源：根据本书数据整理。

按照区域划分后，鲁东地区在有信贷需求且提出贷款申请的 156 家小微企业中，其资金需求总额为 75409.07 万元，而金融机构（组织）资金供给额为 60356.53 万元，58951.03 万元的金融信贷需求未得到满足，金融机构的信贷供给只满足了其信贷需求总额的 80.04%，鲁东地区小微企业信贷约束强度为 19.96%。鲁西地区在有信贷需求且提出贷款申请的 133 家小微企业中，其资金需求总额为 43789.25 万元，而金融机构（组织）资金供给额为 32848.24 万元，10941.01 万元的金融信贷需求未得到满足，金融机构的信贷供给只满足了其信贷需求总额的 75.01%，鲁东地区小微企业信贷约束强度为 24.99%。鲁中地区在有信贷需求且提出贷款申请的 164 家小微企业中，其资金需求总额为 75480.3 万元，而金融机构（组织）资金供给额为 42522.82 万元，32957.48 万元的金融信贷需求未得到满足，金融机构的信贷供给只满足了其信贷需求总额的 56.34%，鲁中地区小微企业信贷约束强度为 43.66%。由此可见，鲁中地区小微企业信贷约束强度最大。与此同时，表 4 – 3 传递了一个极其重要信息，即并不是所有有贷款需求的小微企业都能得到贷款，仍有一部分小微企业未获得贷款或者未完全满足其贷款需求，小微企业遭受的信贷约束强度依然比较高，究其原因不难发现这主要是由于信息不对称导致金融机构道德风险和逆向选择问题，从而使得小微企业的信贷需求无法得到完全满足。

4.3.3　变量选择

1. 被解释变量

为研究信贷约束强度对小微企业创新的影响，参考国内外有关研究

（Hamamoto，2006；Ambec et al.，2013；Rubashkina et al.，2015；杨洋等，2015；张璇等，2017；杨亭亭等，2018），本书选取创新投入、专利申请个数及创新收入衡量小微企业创新，具体用以下三个指标来衡量小微企业创新：①创新投入，记为 INT，用企业一年的创新投入衡量，单位为万元；②专利申请数量，记为 PAT，用企业一年专利申请数量来衡量小微企业创新，单位为个；③企业创新收入，记为 INN，用企业一年的创新性收入衡量，单位为万元。

为了对小微企业不同强度信贷约束与其创新的关系有直观的简要了解，可以从统计学的角度对 453 家有借贷需求且提出贷款申请的小微企业进行简单分组，对比小微企业遭受不同强度信贷约束时其创新均值的差异。通过表 4 - 3 可以看出：小微企业信贷需求全部满足即未遭受信贷约束时，小微企业的创新投入、专利申请个数、创新收入均值分别为 4.40、0.85、8.42；小微企业信贷需求部分得到满足，即遭受部分信贷约束时，小微企业的创新投入、专利申请个数、创新收入均值分别为 4.24、0.70、8.00；小微企业信贷需求完全未得到满足即遭受完全信贷约束时，小微企业的创新投入、专利申请个数、创新收入均值分别为 4.15、0.31、7.58。由以上分析可知，与未遭受信贷约束样本的小微企业的创新均值相比，遭受部分信贷约束和遭受完全信贷约束样本小微企业创新均值显著降低，且遭受完全信贷约束样本小微企业的创新均值最低，说明不同强度的信贷约束会对企业创新产生不同影响，这为本书研究提供了事实依据。那么，不同强度的信贷约束对企业创新的影响究竟如何？可以借助以下估计方法及模型展开分析和研究。

表 4 - 3　　　　　　　小微企业不同强度信贷约束创新均值比较

指标		创新投入	专利个数	创新收入
不同强度信贷约束区间 $D_i \in [0, 1]$	未遭受信贷约束（$D_i = 0$）	4.40	0.85	8.42
	遭受部分信贷约束（$0 < D_i < 1$）	4.24	0.70	8.00
	遭受完全信贷约束（$D_i = 1$）	4.15	0.31	7.58

资料来源：根据本书数据整理。

2. 匹配变量

一般情况下，选择匹配变量的原则是：匹配变量应该是小微企业信贷约束强度及其创新的协变量，根据以往研究以及调研问卷中的内容（Cohen，2010；温军和冯根福，2018；陈思等，2017；李成友等，2020；张佳琦等，2021），用于估计小微企业遭受信贷约束强度倾向得分的协变量主要包括企业主基本特征变量、企业基本特征变量、企业融资环境特征变量。

（1）企业主基本特征变量。小微企业经营权和所有权一般集中于企业主个人手中，扁平化的组织结构使得小微企业的决策受到企业主个人影响比较大，企业主个人特质可以影响到小微企业的信贷可获得性。企业主年龄大、身体健康状况好、所受教育程度高及企业主是中共党员等，代表其阅历丰富，向银行传递了企业的积极信息，降低了小微企业与金融机构的信息不对称，容易获得金融机构的信任，有利于小微企业获得信贷融资，降低其信贷约束强度（Dai et al.，2017；Hetland & Mjos，2018；何灵和谌立平，2017；陈志刚等，2021），因此本书把企业主个人基本特征作为匹配变量，主要包括企业主年龄、企业主健康状况、企业主受教育程度以及企业主政治面貌等变量。①企业主年龄，对企业主年龄取自然对数，用 AGE 进行表示；②企业主受教育程度，用 EDU 进行表示，1 代表专科以下，2 代表专科，3 代表本科，4 代表硕士及以上；③企业主政治面貌，用 MIA 进行表示，1 为中共党员或无党派人士，0 为否；④企业主健康状况，用 HEA 进行表示，1 为健康，0 为否；⑤企业主创新能力，对小微企业主创新能力进行打分，用 CRE 表示，取值 1~7，1 代表企业主创新能力最弱，7 代表企业主创新能力最强。

（2）企业基本特征变量。小微企业的基本特征能够影响企业的信贷需求和信贷可获得性（Tong，2013；Huang et al.，2016；何灵和谌立平，2017）。因此，本书把企业基本特征及运营特征变量作为匹配变量，主要包括以下变量：①小微企业主与管理者是否两者合一，记为 IDD，是为 1，否为 0；②董事会，记为 BOA，企业有董事会为 1，否为 0；③技术人员所占比重，记为 TEA，单位为%；④企业规模，记为 SIZE，用小微企业资产总额的自然对数衡量；⑤企业市场势力，记为 MAR，本书以企业销售额与生产成本之比的对数衡量小微企业市场势力，取值越大，说明市场势力越强；⑥企业最大股东持股比例，记为SHA，单位为%；⑦资本密集度，固定资产与员工人数的比值后取对数，记为CAP；⑧是否高新技术企业，记为HIG，是为1，否为0；⑨企业是否有重大项目支出，记为ZHI，即用于设备厂房等固定资产投资或创办新机构支出等，1为企业本年度有重大项目支出，0为企业本年度无重大项目支出。

（3）企业融资环境特征变量。对有信贷需求的小微企业可以选择向正规或非正规金融机构借款，或选择同时向两者借款，因此本书把企业融资环境基本特征变量作为本书的匹配变量，主要包括企业是否曾获得正规金融机构贷款、企业是否获得非正规金融机构贷款等变量。①企业是否有银行存款，记为SAV，1为是，0为否；②企业是否曾获得正规金融机构贷款，用FOR进行表示，1为是，0为否；③企业是否曾获得非正规金融机构贷款，用INF进行表示，1为是，0为否；④企业开车往返一次最近金融机构所需要的时间，用DIS进行表示，单位为分钟，稳健性检验中，企业离最近银行网点的距离作为替换变量。

3. 识别变量

为了更有效地估计选择方程和回归方程，还需要在选择方程中加入识别变量，以区别选择模型和回归模型，选取企业主是否曾经发生过违约、企业主是否在金融机构（组织）中有熟人两个变量来分别反映企业主的信用状况以及企业主的社会关系。①企业是否曾经发生过违约，用WEY进行表示，1代表企业曾经发生过违约行为，0代表企业未曾经发生过违约行为；②企业主是否在金融机构（组织）中有熟人，用SRN进行表示，1代表企业主在金融机构（组织）有熟人，0代表企业主在金融机构（组织）无熟人。

4. 主要变量的描述性统计

本次调研所获得的2018年山东省的838家小微企业微观调研数据，包括了小微企业企业主基本特征、企业基本特征、企业融资环境特征、信贷约束强度及小微企业创新情况等变量的翔实数据，表4-4给出了本章所涉及的主要变量定义及其描述性统计。由表4-4可知，创新投入平均值为4.49，标准差为1.67，说明小微企业样本中不同企业间创新投入存在着较大差异。专利申请个数均值为0.74，标准差为 1.01，创新收入均值为 8.22，标准差为 3.20，说明小微企业样本中不同企业间创新产出存在着较大差异。信贷约束强度均值为 0.37，标准差为 0.28，说明小微企业样本中不同企业遭受的信贷约束强度也存在着较大差异。另外，控制变量的描述性统计也在正常范围之内。

表 4 - 4　　　　　　　　主要变量定义及描述性统计

变量	符号	定义	观测值	最小值	最大值	平均值	标准差
创新投入	INT	研发投入，单位为万元	838	1.00	28.00	4.49	1.67
专利申请个数	PAT	专利申请个数，单位为个	838	0	5	0.74	1.01
创新收入	INN	新产品销售收入，单位为万元	838	0.00	12.95	8.22	3.20
信贷约束强度	D	（信贷需求 – 信贷供给）/信贷需求	838	0.00	1.00	0.37	0.28
年龄	AGE	企业主年龄取对数	838	2.77	4.38	3.76	0.22
学历	EDU	1 = 专科以下；2 = 专科；3 = 本科；4 = 本科及以上	838	1	4	1.23	0.49
政治面貌	MIA	企业主是否为党员或担任过人大代表、政协委员，是 = 1，否 = 0	838	0	1	0.14	0.34
健康	HEA	企业主身体是否健康，是 = 1，否 = 0	838	0	1	0.53	0.50
金融机构有熟人	SRN	企业主金融机构有熟人 = 1，无 = 0	838	0	1	0.40	0.49
创新能力	CRE	企业主个人创新能力进行打分，1 ~ 7 分，分值越高，创新能力越强	838	1	7	3.75	1.37
两者合一	IDD	企业主与管理者是否两者合一，是 = 1，否 = 0	838	0	1	0.91	0.29

变量	符号	定义	观测值	最小值	最大值	平均值	标准差
董事会	BOA	有 =1，否 =0	838	0	1	0.21	0.41
技术人员比例	TEA	企业技术人员与员工总数比值，单位为%	838	0.00	90.00	14	0.20
企业规模	SIZE	企业固定资产的自然对数	838	6.91	17.22	13.67	2.36
市场势力	MAR	企业的营业收入/生产成本	838	0.01	100.00	10.72	11.80
最大股东持股比例	SHA	第一大股东持股比例，单位为%	838	11.00	67.33	31.45	0.14
资本密集度	CAP	固定资产与员工人数比值后取对数	838	2.02	6.90	4.96	0.72
高新技术企业	HIG	是 =1，否 =0	838	0	1	0.55	0.50
重大项目支出	ZHI	2018 年有重大项目支出，有 =1，无 =0	838	0	1	0.16	0.36
曾经发生过违约行为	WEY	2018 年曾经发生过违约行为，有 =1，无 =0	838	0	1	0.02	0.15
有存款	FOR	有存款 =1，无 =0	838	0	1	0.21	0.41
曾获得正规金融机构贷款	INF	曾获得正规金融机构贷款 =1，无 =0	838	0	1	0.48	0.50
曾获得非正规金融机构贷款	SAV	曾获得非正规金融机构贷款 =1，无 =0	838	0	1	0.76	0.61
距离最近金融机构所花时间	DIS	开车往返最近金融机构所需时间，单位为分钟	838	2.0	15.0	6.27	3.52

资料来源：根据本书数据整理。

5. 同源方差检验

由于本书中的小微企业调研问卷均是由小微企业主要负责人或者企业主填写的，有可能存在同源方差问题。本书采用哈曼单因素检测法对问卷中的所有题项进行探索性因子分析，以控制同源方差对本书数据质量的影响。根据分析结果，KMO检验值为0.942；限定抽取一个引子，未旋转因子结果显示，限定一个因子只解释总变异的18.22%，且无任何单因子出现，本书所有的变量均负载到不同的因子上，因此同源方差对本书结论的可靠性不会造成实质性影响。

4.3.4 模型构建

1. 多元回归模型

为考察信贷约束强度对小微企业创新的影响，参考以往研究文献，结合本章研究目的，构建以下多元回归模型进行分析：

$$Y_i = \alpha + \varphi D_i + Z_i \beta + Locate + Ind + \varepsilon \qquad (4.2)$$

其中，式（4.2）中 Y_i 表示小微企业 i 的创新，主要包括企业创新投入、专利申请个数、创新收入，α 表示常数项，D_i 表示信贷约束强度，Z_i 为影响小微企业创新的外生解释变量，包括企业主基本特征变量、企业基本特征变量、企业融资环境特征变量，β 为其系数矩阵；此外，小微企业创新会受到其所在地区经济发展状况、政策法律环境以及所在行业技术发展水平的影响，因此加入行业虚拟变量和地区虚拟变量作为控制变量，Ind 为行业，Locate 为地区，ε 是随机扰动项，对各个变量的定义及描述性统计，在前面变量选取部分已进行了展示。

2. 连续处理效应模型

国内外学者已经指出，使用式（4.2）估计小微企业信贷约束强度对其创新的影响存在着内生性问题，可能导致估计偏误。罗森鲍姆和鲁宾（Rosenbaum & Rubin, 1983）最早提出的倾向得分匹配方法（PSM）能够有效地解决传统 OLS 方法存在的内生性问题，但是，冯等（Feng et al., 2012）研究发现，倾向得分匹配方法（PSM）仅适用于处理变量为离散型变量，小微企业信贷约束强度 D 是一个 0~1 的连续性变量，上述使用的倾向得分匹配法对于处理变量为连续变量的情形并不适用。随后，因本斯（Imbens, 2000）提出的广义倾向得分匹配方法（GPS）有效地解决了此问题。同时，伍尔德里奇（Wooldridge, 2002）在其著作中，对广义倾向得分匹配方法（GPS）进行了有益的完善和进一步改进（李成友和孙涛，2018）。因此，根据本书研究内容，本书基于广义倾向得分匹配法（GPS）构建连续处理效应模型（CTE 模型）估计小微企业信贷约束强度对其创新的影响。用 D 表示小微企业遭受的信贷约束强度，且 D 的取值范围为 0 ~ 1。随后，采用广义倾向得分匹配（GPS）法估计小微企业受到信贷约束强度的条件概率，参考希拉诺和因本斯（Hirano & Imbens，2005）等的研究成果以及研究思路，本书给出了以下四个步骤来实现小微企业信贷约束强度对其创新的影响分析。

第一步，由于小微企业信贷约束强度的分布是有偏的，并不符合传统的正态分布特征，因此，根据小微企业信贷约束强度分布有偏的特征，参考瓦格纳（Wagner，2003）的做法，采用 Fractional Logit 模型（Papke & Wooldridge，1996），估计小微企业不同强度信贷约束的条件概率密度。因此对小微企业 i 而言，给定协变量 X_i 条件下处理变量 D_i 的期望值为：

$$E(D_i/X_i) = F(X_i\beta) \tag{4.3}$$

第二步，假设 F(·) 是 Logistic 分布的累积分布函数，那么其分布函数可表示为式（4.4）：

$$F(X_i\beta) \equiv \Lambda(X_i\beta) = \exp(X_i\beta)/(1 + \exp(X_i\beta)) \tag{4.4}$$

第三步，鉴于式（4.4）为非线性方程式，因此本书采用 QMLE（准最大似然估计量）进一步估计 β，并结合余泉生和周亚虹（2014）的研究成果，基于广义线性模型（Generalized Linear Model，GLM）对伯努利对数似然方程做最大化处理，其公式用式（4.5）来表示：

$$L(\beta) = D_i \times \Lambda(X_i\beta) + (1 - D_i) \times [1 - \Lambda(X_i\beta)] \tag{4.5}$$

第四步，根据式（4.5），可以进一步估计出第 i 个观测样本小微企业的概率密度，即所说的广义倾向得分 GPS，具体公式可以表示为式（4.6）：

$$GPS_i \equiv [(\Lambda X_i\hat{\beta})]^{D_i} \times [1 - (\Lambda X_i\hat{\beta})]^{(1-D_i)} \tag{4.6}$$

其中，式（4.5）和式（4.6）中，X_i 是选择方程的解释变量，且为了区别于上述回归方程（4.2）中的控制变量 Z_i，规定选择方程中解释变量至少包含一个排他性的变量（与上述回归方程（4.2）中的解释变量 Z_i 不一致）。所以，本书信贷约束强度对小微企业创新水平影响的估计可以分为两步来完成：

第一步，通过式（4.5）选择方程进行估计，然后再根据式（4.6）

估计出样本小微企业的概率密度 GPS_i;

第二步，将估计出来的样本小微企业概率密度 GPS_i 作为控制变量代入回归方程（4.2）中，就可以估计出小微企业信贷约束强度对其创新的影响，具体的回归方程式见式（4.7）：

$$Y_i = \alpha + \varphi D_i + Z_i \beta + \eta \times GPS_i + Locate + Ind + \varepsilon \qquad (4.7)$$

其中，Y_i 表示小微企业 i 的创新变量，主要包括企业创新投入、专利申请个数、研发投资强度，α 表示常数项，D_i 表示信贷约束强度，φ 表示信贷约束强度系数；Z_i 为影响小微企业创新的外生解释变量，包括企业主基本特征变量、企业基本特征变量及融资环境特征变量，β 为其系数矩阵；GPS_i 样本小微企业概率密度，η 表示样本小微企业概率密度系数；Ind 为行业，Locate 为地区，ε 表示随机扰动项。

4.4　实　证　分　析

4.4.1　多元回归分析估计结果

为与连续处理效应估计结果相比较，本书使用传统的多元回归方法，分析信贷约束强度对小微企业创新的影响，表 4-5 给出了使用传统回归方法（OLS）得出的估计结果。通过表 4-5 可以看出，小微企业信贷约束强度分均在 1% 的统计水平上显著负向影响到小微企业创新投入、专利申请个数及创新收入，且小微企业信贷约束强度每增加 1 个百分点，小微企业创新投入、专利申请个数及创新收入分别降低 0.283%、0.333%、0.306%。由以上分析可知，小微企业信贷约束强度对小微企业创新投入、专利申请个数及创新收入均具有负向影响，即小微企业遭受的信贷约束强度越大，信贷约束强度对小微企业创新的抑制作用越强。

表4-5　信贷约束强度对小微企业创新影响的 OLS 估计结果

变量	创新投入				专利申请个数（PAT）				创新收入			
	模型 (1)		模型 (2)		模型 (3)		模型 (4)		模型 (5)		模型 (6)	
	系数	标准误	系数	标准误	系数	标准误	系数	标准误	系数	标准误	系数	标准误
常数	-0.824	0.508	-0.915	0.509	-0.514	0.316	-0.621**	0.314	5.450***	0.829	5.351***	0.831
D	—	—	-0.283***	0.034	—	—	-0.333***	0.083	—	—	-0.306***	0.019
AGE	-0.002	0.004	-0.002	0.004	0.002	0.003	0.012	0.008	-0.001	0.007	-0.001	0.007
EDU	0.065	0.091	0.081	0.091	0.042	0.056	0.061	0.056	0.034	0.148	0.052	0.148
MIA	0.102	0.195	0.098	0.194	-0.088	0.121	-0.093	0.124	0.532	0.318	0.528*	0.318
HEA	0.184	0.132	0.178	0.132	0.248***	0.082	0.241***	0.081	0.233	0.216	0.239	0.216
SRN	0.218	0.16	-0.211	0.16	0.193**	0.089	0.185*	0.099	1.552***	0.261	1.559***	0.165
CRE	0.016***	0.002	0.014***	0.004	0.064***	0.02	0.060**	0.02	0.049	0.053	0.052	0.053
IDD	0.116	0.142	0.127	0.142	0.222***	0.088	0.236***	0.088	0.101	0.232	0.113	0.232
BOA	-0.036	0.132	-0.017	0.133	0.123	0.082	0.146*	0.082	-0.008	0.216	0.013	0.217
TEA	0.054	0.232	0.07	0.232	0.043	0.144	0.062	0.143	0.297	0.379	0.314	0.379
SIZE	0.350***	0.02	0.286*	0.020	0.040***	0.012	0.040***	0.012	-0.441***	0.032	0.442***	0.032
MAR	0.001	0.002	0.002	0.005	0.037	0.354	0.001	0.003	0.001	0.025	0.002	0.049
SHA	-0.289***	0.086	-0.267**	0.126	-0.240	0.749	-0.215	0.238	-1.612***	0.334	-1.590***	0.631
CAP	0.049	0.065	0.046	0.065	-0.007	0.04	-0.011	0.04	-0.017	0.106	-0.02	0.106

续表

变量	创新投入				专利申请个数（PAT）				创新收入			
	模型（1）		模型（2）		模型（3）		模型（4）		模型（5）		模型（6）	
	系数	标准误	系数	标准误	系数	标准误	系数	标准误	系数	标准误	系数	标准误
HIG	0.463***	0.127	0.459***	0.127	0.096	0.039	0.101	0.078	1.840***	0.207	1.844***	0.207
ZHI	-0.093	0.152	-0.088	0.152	-0.189**	0.095	-0.195**	0.094	-0.108	0.249	-0.103	0.249
WEY	-0.075	0.269	-0.112	0.269	-0.036	0.167	-0.007	0.166	0.451	0.440	0.411	0.44
FOR	0.175	0.123	0.142	0.124	0.159***	0.076	0.12	0.076	0.333	0.201	0.298	0.202
INF	0.061	0.097	0.092	0.098	-0.036	0.06	0.001	0.061	0.259	0.159	0.293*	0.161
SAV	-0.038	0.073	-0.031	0.073	0.035	0.045	0.043	0.045	-0.049	0.119	-0.042	0.119
DIS	0.014	0.012	0.014	0.012	0.004	0.007	0.004	0.007	-0.023	0.024	-0.023	0.02
行业	控制		控制		控制		控制		控制		控制	
地区	控制		控制		控制		控制		控制		控制	
N	838		838		838		838		838		838	
F	20.443		19.586		25.643		24.738		7.877		8.415	
Pseudo R²	0.102		0.118		0.167		0.169		0.141		0.157	
Log likelihoodd	-1156.645***		-1466.888***		-1345.653***		-1668.921***		-1245.313***		-1444.567***	

注：*、**、***分别表示在10%、5%、1%统计性水平上显著。

资料来源：根据本书数据整理。

4.4.2　连续处理效应估计结果

1. 估计结果

由多元回归分析结果所得的信贷约束与小微企业创新之间的显著负相关并不能验证两者之间的因果关系，而因果关系才是本书关注的重点。因此，下面重点探讨小微企业信贷约束因样本选择偏差导致的内生性问题及其处理办法。由于信贷约束强度为连续性变量，因此，本部分采用广义倾向得分匹配（GPS）估计信贷约束强度对小微企业创新的影响，表 4 - 6 给出了使用广义倾向得分匹配（GPS）得到的估计结果。

从第一步选择方程估计结果来看，小微企业主是否曾经发生过违约（WEY）、小微企业主是否在金融机构（组织）中有熟人（SRN）两个变量均在 1% 的统计水平上显著，说明本书能够通过企业主的信用状况以及企业主的社会关系两个变量有效识别选择方程。从第二步回归方程估计结果来看，GPS 均在 1% 的统计水平上显著影响到小微企业的创新投入、专利申请个数及创新收入，说明使用广义倾向得分匹配方法（GPS）能够有效控制内生性问题。进一步分析可以发现，小微企业信贷约束强度在 5% 的统计水平上显著负向影响到小微企业创新投入，且小微企业信贷约束强度每增加 1 个百分点，小微企业创新投入降低 0.157% ；小微企业信贷约束强度在 1% 的统计水平上显著负向影响到小微企业专利申请个数，且小微企业信贷约束强度每增加 1 个百分点，小微企业专利申请个数降低 0.179% ；小微企业信贷约束强度在 1% 的统计水平上显著负向影响到小微企业创新收入，且小微企业信贷约束强度每增加 1 个百分点，小微企业专利申请个数降低 0.134% 。由以上分析可知，小微企业信贷约束强度对小微企业创新投入、专利申请个数及创新收入均具有负向影响，即小微企业信贷约束强度越大，对小微企业创新投入、专利申请个数及创新收入的抑制作用越强，假设 4 - 1 得到验证。

表4-6 信贷约束强度对小微企业创新影响的CTE估计结果

变量	第一步选择方程 企业贷款是否得到完全满足		第二步回归方程 创新投入		专利申请个数		创新收入	
	系数	标准误	系数	标准误	系数	标准误	系数	标准误
信贷约束强度(D)	-34.261***	6.833	-0.157**	0.078	-0.179***	0.022	-0.134***	0.032
常数项	-0.556***	0.062	-0.907***	0.333	-0.662***	0.251	-0.128***	0.025
企业主特征变量 AGE	-0.014***	0.006	-0.423	0.473	-0.299	0.314	0.132	0.083
EDU	0.452**	0.221	2.818	2.124	0.765	0.509	0.032	0.091
MIA	0.371***	0.04	0.395	1.293	0.385	0.931	0.104	0.065
HEA	0.370**	0.178	-2.518	1.628	0.789	1.805	0.022	0.09
CRE	0.057***	0.02	0.271**	0.134	0.755***	0.353	0.242***	0.074
IDD	-0.276***	0.033	-0.004	0.028	-0.782	0.557	0.024	0.105
企业特征变量 BOA	-1.121***	0.358	0.205	0.174	0.521	0.396	0.485***	0.148
TEA	-1.211**	0.563	0.919	0.808	0.732	0.642	0.476	0.479
SIZE	0.143***	0.048	0.823**	0.408	1.401**	0.709	0.423***	0.112
MAR	0.081***	0.013	2.314**	1.116	2.433	2.633	0.651***	0.132
SHA	-0.838**	0.416	0.048	0.238	0.086	0.967	0.073	0.534
CAP	0.172***	0.023	0.003	0.179	0.456	0.381	0.156***	0.053

续表

变量		第一步选择方程 企业贷款是否得到完全满足		第二步回归方程					
				创新投入		专利申请个数		创新收入	
		系数	标准误	系数	标准误	系数	标准误	系数	标准误
企业特征变量	HIG	-0.892**	0.445	2.147***	0.54	3.147***	1.16	0.064***	0.026
	ZHI	-0.375***	0.085	-0.169***	0.013	-0.223**	0.101	-0.345***	0.052
融资环境变量	FOR	0.844***	0.229	1.763	1.904	1.322	2.235	1.562**	0.768
	INF	1.973***	0.278	0.306	1.057	0.692	2.057	0.563	0.414
	SAV	0.071**	0.035	0.254	0.995	0.431	0.422	0.321	0.197
	DIS	0.012***	0.005	-0.491	1.233	-0.148	1.233	0.045	0.673
识别变量	WEY	-1.971***	0.432	—	—	—	—	—	—
	SRN	1.448***	0.497	—	—	—	—	—	—
	GPS	—	—	0.036***	0.011	0.156***	0.011	0.057***	0.012
AIC		0.736		—		—			
R²		—		0.7846		0.6729		0.8327	
F		—		8.7341		12.5618		9.6731	

注：*、**、***分别表示在10%、5%、1%统计性水平上显著。

资料来源：根据本书数据整理。

101

进一步对比表4-5和表4-6估计结果可以发现，小微企业信贷约束强度对其创新投入、专利申请个数及创新收入边际的影响减弱了。这可能是因为OLS多元线性回归估计的结果由于未考虑样本选择偏误存在的内生性问题，使得信贷约束对小微企业创新影响的抑制作用被高估，估计结果存在一定的偏误，而基于倾向得分匹配的最佳邻匹配估计在考虑了样本选择性之后，使得估计结果更为精确。

2. 平衡性检验

在使用广义倾向得分匹配方法时，本书对两个样本组"未遭受信贷约束"和"遭受完全信贷约束"进行了平衡性检验，检验结果如表4-7所示。通过表4-7可以发现，经过广义倾向得分方法匹配后，"未遭受信贷约束"和"遭受完全信贷约束"两个样本组之间的差异明显降低，所有变量偏误比例都降低到5%以下，偏误比例降低最低为88.91%，最高为99.34%，且匹配变量在实验组和控制组均值差异由显著变为不显著。由此，可知本书使用广义倾向得分匹配方法估计是有效的，满足平衡性检验要求①。

102

表4-7 平衡性检验结果

变量指标	匹配前	均值		偏误变化		两组差异 t统计值
	匹配后	处理组	控制组	偏误比例（%）	偏误降低比例（%）	
AGE	U	3.962	3.123	21.18	90.35	6.353***
	M	3.962	3.881	2.04		0.163
EDU	U	1.192	1.457	-22.23	98.49	-2.205**
	M	1.192	1.196	-0.34		-1.321
MIA	U	0.112	0.151	-34.82	89.74	-4.959***
	M	0.112	0.116	-3.57		-0.167
HEA	U	0.487	0.587	-20.53	93.00	-2.982***
	M	0.487	0.494	-1.44		-0.342

① 其余不同样本组间的平衡性可以结合表4-6信息同样通过平衡性检验，这里不再列出。

变量指标	匹配前 匹配后	均值		偏误变化		两组差异 t 统计值
		处理组	控制组	偏误比例 （%）	偏误降低 比例（%）	
SRN	U	0.109	0.485	-344.95	98.94	-2.487***
	M	0.109	0.113	-3.67		-0.153
CRE	U	3.354	3.986	-18.84	98.26	-2.109**
	M	3.354	3.365	-0.33		-0.322
IDD	U	0.941	0.722	23.27	92.24	10.342***
	M	0.941	0.924	1.81		1.214
BOA	U	0.329	0.196	40.43	97.74	8.356***
	M	0.329	0.326	0.91		0.562
TEA	U	17.719	10.523	40.61	88.91	5.342***
	M	17.719	16.921	4.50		0.982
SIZE	U	13.387	13.976	-4.40	93.38	-3.670***
	M	13.387	13.426	-0.29		-0.534
MAR	U	7.541	12.732	-68.84	94.09	-4.900***
	M	7.541	7.848	-4.07		-1.678
SHA	U	38.726	27.592	28.75	90.97	3.720***
	M	38.726	37.721	2.60		1.526
CAP	U	4.128	5.447	-31.95	92.12	-2.260**
	M	4.128	4.232	-2.52		-0.854
HIG	U	0.659	0.432	34.45	94.27	2.170**
	M	0.659	0.646	1.97		0.236
ZHI	U	0.542	0.134	75.28	96.81	3.320***
	M	0.542	0.529	2.40		0.002
WEY	U	0.236	0.119	49.58	94.02	4.690***
	M	0.236	0.229	2.97		0.317
FOR	U	0.169	0.289	-71.01	92.50	-2.143**
	M	0.169	0.178	-5.33		-0.452

变量指标	匹配前	均值		偏误变化		两组差异t统计值
	匹配后	处理组	控制组	偏误比例（%）	偏误降低比例（%）	
INF	U	0.385	0.575	−49.35	96.84	−9.871***
	M	0.385	0.391	−1.56		−1.376
SAV	U	0.692	0.798	−15.32	91.51	−2.464**
	M	0.692	0.701	−1.30		−1.542
DIS	U	5.166	7.876	−52.46	99.34	−5.671***
	M	5.166	5.184	−0.35		−1.732

Abs（bias 的分布）

Mean abs（bias 的分布）	U	29.812
	M	3.134
LR chi^2	U	45.631***
	M	0.96

注：*、**、*** 分别表示在10%、5%、1%统计性水平上显著。
资料来源：根据本书数据整理。

4.4.3 稳健性检验

为了进一步检验信贷约束强度对小微企业创新结果的可靠性，本书采用缩尾检验、替换和增加变量检验进行稳健性检验。具体如下：

1. 缩尾检验

将样本中销售收入最高的5%的小微企业及销售收入最低的5%的小微企业进行剔除，然后再使用上述广义倾向得分匹配法构建连续处理效应模型估计小微企业信贷约束强度对企业创新的影响，得出相关估计结果如表4-8所示。

由表4-8可知，第一步选择方程，小微企业主是否曾经发生过违约（WEY）、小微企业主是否在金融机构（组织）中有熟人（SRN）两个变量均在1%的统计水平上显著，说明本书能够通过企业主的信用状况以及企业主的社会关系两个变量有效识别选择方程。从第二步回归方程估计结果来看，GPS均在1%的统计水平上显著影响到小微企业的创新投入、专利申请个数及创新收入，说明使用广义倾向得分方法能够有

表4-8　　稳健性检验一

变量	第一步选择方程 企业贷款是否得到完全满足		第二步回归方程 创新投入		专利申请个数		创新收入	
	系数	标准误	系数	标准误	系数	标准误	系数	标准误
信贷约束强度（D）	-38.756***	6.089	-0.171***	0.033	-0.191***	0.045	-0.145***	0.021
常数项	-1.556***	0.431	-0.821***	0.347	-0.543***	0.156	-0.109*	0.056
企业主特征变量 AGE	-0.121***	0.016	-0.356	0.745	-0.435	0.721	0.156	0.083
EDU	0.245**	0.122	3.956	4.367	0.853	0.675	0.023	0.087
MIA	0.478***	0.089	0.421	1.456	0.653	0.788	0.098	0.078
HEA	0.476***	0.198	-3.165	2.321	0.752	2.378	0.056	0.087
CRE	0.065***	0.023	0.341	0.234	0.857***	0.331	0.424***	0.085
IDD	-0.196***	0.046	-0.004	0.046	-0.745	0.653	0.031	0.121
BOA	-2.352***	0.564	0.212	0.167	0.543	0.413	0.543	0.345
TEA	-1.468***	0.613	0.917	1.213	0.646	0.757	0.387	0.578
企业特征变量 SIZE	0.137***	0.032	0.946***	0.321	1.536***	0.563	0.451	0.145
MAR	0.096**	0.045	2.356**	1.113	3.567	2.721	0.581***	0.132
SHA	-0.938***	0.096	0.051	0.456	0.098	0.843	0.091	0.542
CAP	0.215***	0.065	0.003	0.181	0.531	0.473	0.163***	0.043
HIG	-1.322***	0.531	2.457***	0.432	3.332***	1.214	0.065***	0.027
ZHI	-0.565***	0.034	-0.186***	0.021	-0.243**	0.121	-0.358***	0.061

续表

变量		第一步选择方程 企业贷款是否得到完全满足		第二步回归方程 创新投入		第二步回归方程 专利申请个数		第二步回归方程 创新收入	
		系数	标准误	系数	标准误	系数	标准误	系数	标准误
融资环境变量	FOR	1.321***	0.319	1.845	2.012	1.465	3.236	1.521***	0.424
	INF	1.874***	0.314	0.332	1.354	0.701	3.153	0.487	0.457
	SAV	0.082**	0.041	0.356	0.874	0.454	0.653	0.641	0.752
	DIS	0.016***	0.004	-0.584	1.456	-0.176	1.761	0.049	0.524
	WEY	-1.891***	0.562	—	—	—	—	—	—
	SRN	1.501***	0.489	—	—	—	—	—	—
识别变量	WEY	-1.891***	0.562	—	—	—	—	—	—
	SRN	1.501***	0.489	—	—	—	—	—	—
GPS		—	—	0.038***	0.012	0.162***	0.015	0.062***	0.016
AIC		0.6867		—					
R²		—	—	0.6873		0.7322		0.5981	
F		—	—	12.8568		7.8934		14.3267	

注：*、**、***分别表示在10%、5%、1%统计性水平上显著。

资料来源：根据本书数据整理。

效控制内生性问题。进一步分析可以发现，小微企业信贷约束强度均在1%的统计水平上显著负向影响到创新投入、专利申请个数及创新收入，且小微企业信贷约束强度每增加 1 个百分点，小微企业创新投入、专利申请个数及创新收入分别降低 0.171%、0.191%、0.145%，说明小微企业信贷约束强度越大，对小微企业创新的抑制作用越强。由表 4 - 8估计结果可以看出，剔除极端值样本小微企业后的估计结果与表 4 - 6中的估计结果相比，估计值大小及其显著性水平均未发生显著性变化，这表明本书的估计结果是具有很好的稳健性。

2. 替换和增加变量检验

国内外相关研究表明，如果变量选择不合适或遗漏重要变量，均会降低估计结果的精确性。因此本书用小微企业到最近金融机构的距离变量替换小微企业往返最近金融机构所需要的时间变量，考虑到这两个变量均能够反映小微企业信贷便利程度；与此同时，增加小微企业主在本行业从业年限这一变量，一般情况下，企业主在本行业从业年限越长，小微企业主会在本行业中就越具有一定的社会地位，而企业主的社会地位会对小微企业信贷获取能力及其创新有一定的影响。下面基于广义倾向得分匹配法构建连续处理效应模型重新估计小微企业信贷约束强度对企业创新的影响效应，估计结果如表 4 - 9 所示。

由表 4 - 9 可知，第一步选择方程，小微企业主是否曾经发生过违约（WEY）、小微企业主是否在金融机构（组织）中有熟人（SRN）两个变量均在 1% 的统计水平上显著，说明本书能够通过企业主的信用状况以及企业主的社会关系两个变量有效识别选择方程。从第二步回归方程估计结果来看，GPS 分别在 5%、1%、1% 的统计水平上显著影响到小微企业的创新投入、专利申请个数及创新收入，说明使用广义倾向得分方法（GPS）能够有效控制内生性问题。进一步分析可以发现，小微企业信贷约束强度均在 1% 的统计水平上显著负向影响到其创新投入、专利申请个数及创新收入，且小微企业信贷约束强度每增加 1 个百分点，小微企业创新投入、专利申请个数及创新收入分别降低 0.175%、0.187%、0.167%，说明小微企业信贷约束强度越大，对小微企业创新的抑制作用越强。通过表 4 - 9 估计结果可以发现，其与表 4 - 6 估计结果相比，无论在估计值的大小还是在显著性水平方面均没有发生显著性的变化，也说明本书估计结果有很好的稳健性。

表4-9　　稳健性检验二

变量	第一步选择方程 企业贷款是否得到完全满足		第二步回归方程					
			创新投入		专利申请个数		创新收入	
	系数	标准误	系数	标准误	系数	标准误	系数	标准误
信贷约束强度 (D)	-37.974***	7.321	-0.175***	0.043	-0.187***	0.037	-0.167***	0.051
常数项	-1.474***	0.531	-0.795***	0.237	-0.621**	0.289	-0.112***	0.049
AGE	-0.116***	0.021	-0.458	0.978	-0.478	0.798	0.162	0.121
EDU	0.237**	0.116	3.408	4.578	0.867	0.643	0.028	0.132
企业主特征变量 MIA	0.536***	0.092	0.423	1.464	0.734	0.982	0.102	0.089
HEA	0.468***	0.191	-3.189	2.214	1.023	2.578	0.055	0.092
CRE	0.066**	0.031	0.421	0.389	0.876***	0.346	0.423***	0.096
TIME	0.731***	0.242	0.391	0.421	0.593	0.982	0.873	1.225
IDD	-0.187***	0.061	-0.039	0.047	-0.098	0.667	0.036	0.125
BOA	-2.451***	0.851	0.213	0.187	0.673	0.564	0.565	0.389
TEA	-1.533***	0.671	0.919	1.546	0.872	0.925	0.345	0.638
企业特征变量 SIZE	0.153***	0.052	1.012***	0.326	1.538***	0.631	0.512***	0.167
MAR	0.102**	0.051	2.334**	1.112	3.698	3.543	0.601***	0.145
SHA	-1.020***	0.098	0.052	0.446	0.101	0.961	0.095	1.321
CAP	0.223***	0.078	0.004	0.282	0.632	0.652	0.187***	0.057

续表

变量		第一步选择方程 企业贷款是否得到完全满足		第二步回归方程					
				创新投入		专利申请个数		创新收入	
		系数	标准误	系数	标准误	系数	标准误	系数	标准误
企业特征变量	HIG	-1.422***	0.568	2.445***	0.421	3.892***	1.236	0.097***	0.036
	ZHI	-0.621***	0.214	-0.187***	0.032	-0.689***	0.212	-0.401***	0.058
融资环境变量	FOR	1.423***	0.343	1.887	3.012	1.498	3.894	1.532***	0.487
	INF	1.762***	0.412	0.326	1.378	0.787	3.245	0.501	0.598
	SAV	0.097**	0.048	0.397	0.982	0.601	0.789	0.701	0.798
	DIST	0.019***	0.005	-0.701	2.464	-0.181	2.762	0.052	0.617
识别变量	WEY	-1.912***	0.671	—	—	—	—	—	—
	SRN	1.546***	0.345	—	—	—	—	—	—
GPS		—	—	0.041**	0.019	0.181***	0.019	0.049***	0.017
AIC		0.6420							
R²		—		0.8631		0.5728		0.6547	
F		—		11.7335		7.8563		8.6743	

注：*、**、*** 分别表示在10%、5%、1%统计性水平上显著。

资料来源：根据本书数据整理。

4.4.4 企业异质性对信贷约束强度创新影响的调节作用

1. 所有制类型对信贷约束强度创新影响的调节作用

为考察所有制类型对信贷约束强度创新影响的调节作用，本书将小微企业总体样本分为国有小微企业组和民营小微企业组，基于广义倾向得分匹配法重新构建连续处理效应模型估计国有小微企业和民营小微企业信贷约束强度对小微企业创新影响的差异性，对两组子样本的估计结果如表 4-10 所示。

表 4-10 的结果显示，民营小微企业组相对于全样本小微企业而言，信贷约束强度对小微企业创新的抑制作用更为显著。具体而言，民营小微企业信贷约束强度每增加一个百分点，小微企业的创新投入、专利申请个数及创新收入分别降低 0.176%、0.201%、0.163%，均在 1% 的统计水平上显著。而国有小微企业组相对于全样本小微企业而言，信贷约束强度对小微企业创新投入、专利申请个数及创新收入的影响有所下降。具体而言，信贷约束强度每增加 1 个百分点，小微企业的创新投入、专利申请个数及创新收入分别降低 0.143%、0.155%、0.121%，分别在 5%、5%、10% 的水平上显著。由此可见，根据所有制对小微企业样本分组后，信贷约束强度对民营小微企业创新的抑制作用比在国有小微企业创新的抑制作用水平高，且在民营小微企业组更具有显著性，即信贷约束强度对小微企业创新的抑制作用在民营小微企业组更为显著。

2. 行业对信贷约束强度创新影响的调节作用

由表 3-6 可知，高新技术小微企业遭受信贷约束的可能性更高，因此遭受信贷约束的内生性问题更加明显。为考察是否高新技术企业对信贷约束强度与小微企业创新影响的差异性，本书将小微企业全样本划分为高新技术小微企业组和非高新技术小微企业组，分别估算高新技术小微企业和非高新技术小微企业信贷约束强度对小微企业创新的影响，对于子样本的估计结果如表 4-11 所示。

表4－10　所有制类型对信贷约束强度创新影响的调节作用

变量		民营小微企业						国有小微企业					
		创新投入		专利申请个数		创新收入		创新投入		专利申请个数		创新收入	
		系数	标准误	系数	标准误	系数	标准误	系数	标准误	系数	标准误	系数	标准误
信贷约束强度（D）		-0.176***	0.016	-0.201***	0.041	-0.163***	0.046	-0.143**	0.066	0.155**	0.074	-0.121*	0.069
常数项		-0.033***	0.014	-0.056***	0.021	-0.013***	0.003	-0.225	0.563	-0.136	0.251	-0.024***	0.006
企业主特征变量	AGE	-0.065	0.060	0.235	0.279	0.063	0.046	-0.052	0.079	0.452	0.894	0.011	0.053
	EDU	0.023	0.056	0.033	0.157	0.036	0.056	0.035	0.063	0.001	0.002	0.003	0.177
	MIA	0.045	0.068	0.322	0.458	0.012	0.025	0.015	0.078	0.011	0.043	0.095	0.104
	HEA	0.003	0.002	0.011	0.008	0.005	0.025	-0.012	0.021	0.009	0.041	0.003	0.006
	CRE	0.152***	0.059	0.357***	0.088	0.154	0.451	0.152**	0.070	0.676***	0.219	0.036***	0.005
	IDD	-0.136	0.269	-0.147	0.733	0.012	0.027	-0.136	0.269	-0.756	0.747	-0.095	0.138
	BOA	0.257***	0.062	-0.173	0.268	0.285***	0.028	0.683	0.642	-0.058	0.707	0.086	0.160
	TEA	0.256	0.233	-0.063	0.313	0.185	0.134	0.262	0.325	-0.408	0.400	0.054	0.138
企业特征变量	SIZE	0.279***	0.034	0.057***	0.021	0.036	0.032	0.291	0.423	0.725***	0.217	0.157***	0.036
	MAR	0.147***	0.059	0.153	0.226	0.131	0.258	0.269***	0.059	0.012	0.017	0.046	0.107
	SHA	0.137***	0.043	0.521	0.389	0.257	0.221	0.169**	0.079	0.011	0.043	0.071	0.171
	CAP	0.021	0.038	0.589	0.421	0.024	0.035	0.137	0.378	0.008	0.027	0.015	0.025

续表

变量		民营小微企业						国有小微企业					
		创新投入		专利申请个数		创新收入		创新投入		专利申请个数		创新收入	
		系数	标准误	系数	标准误	系数	标准误	系数	标准误	系数	标准误	系数	标准误
企业特征变量	HIG	0.087***	0.025	0.124***	0.035	0.360	0.421	0.872**	0.416	0.178	0.454	0.981***	0.318
	ZHI	-0.005	0.014	-0.361***	0.104	-0.100	0.138	-0.004	0.043	-0.361***	0.104	0.004	0.007
	FOR	0.934	1.457	1.473	2.435	1.478***	0.431	0.879	1.497	0.022	0.027	0.077	0.049
融资环境变量	INF	0.457	0.873	0.871	3.498	0.532	0.421	0.577	0.898	0.019	0.341	0.012	0.046
	SAV	0.256	1.225	0.567	0.542	0.357	0.179	0.158	1.987	0.756	1.580	0.015	0.052
	DIS	-0.983	0.859	-0.356	0.987	0.079	0.178	-1.321	0.864	-0.378	0.958	0.010	0.050
识别变量	WEY	—	—	—	—	—	—	—	—	—	—	—	—
	SRN	—	—	—	—	—	—	—	—	—	—	—	—
	GPS	0.235***	0.013	0.046***	0.016	0.397***	0.114	0.048***	0.005	0.639***	0.152	0.051***	0.003
R²		0.735		0.579		0.896		0.678		0.813		0.673	
F		19.324		9.395		16.824		6.943		4.532		9.572	

注：只列示了第二步回归方程的结果；*、**、*** 分别表示在10%、5%、1%统计性水平上显著。
资料来源：根据本书数据整理。

表 4 – 11　　行业对信贷约束强度创新影响的调节作用

变量		高新技术小微企业						非高新技术小微企业					
		创新投入		专利申请个数		创新收入		创新投入		专利申请个数		创新收入	
		系数	标准误	系数	标准误	系数	标准误	系数	标准误	系数	标准误	系数	标准误
信贷约束强度（D）		-0.186***	0.033	-0.212***	0.035	-0.173***	0.036	-0.131***	0.066	0.161**	0.074	-0.119***	0.006
常数项		-0.123***	0.045	-0.066	0.051	-0.021*	0.011	-0.542	0.783	0.0258***	-0.004	0.127***	0.027
企业主特征变量	AGE	0.389	0.556	0.542	0.794	0.042	0.213	-1.324	0.982	0.044	0.080	0.030	0.059
	EDU	0.351	0.540	0.065	0.554	0.451	0.511	0.124	0.087	0.010	0.033	0.002	0.008
	MIA	0.135	0.122	0.213	0.564	1.011	3.046	0.016	0.098	0.0065**	0.003	0.090	0.517
	HEA	0.003	0.002	0.044	0.036	0.012	0.341	-0.018	0.056	0.009	0.041	0.021	0.046
	CRE	0.167***	0.071	0.186*	0.099	0.158***	0.051	0.145***	0.051	0.418***	0.104	0.1573	0.059
	IDD	-0.136	0.269	-0.098	0.223	0.022	0.056	-0.165	0.264	-0.756	0.747	-0.225**	0.113
	BOA	0.256***	0.062	-0.254	1.445	0.421***	0.154	0.856	0.765	-0.011	0.016	0.016	0.011
	TEA	0.267	0.433	-0.214	0.309	0.189	0.131	0.164	0.672	-0.013	0.009	-0.065	0.132
	SIZE	0.281***	0.074	0.089*	0.047	0.145	0.099	1.917**	0.947	0.021***	0.010	-0.085	0.155
企业特征变量	MAR	0.172**	0.087	0.168***	0.026	0.165	0.119	1.221**	0.597	0.014	0.047	-0.004	0.124
	SHA	0.324	0.431	0.321	0.543	0.576	0.761	0.187	0.135	-0.020	0.044	0.080	0.178
	CAP	0.012	0.078	0.539***	0.163	0.167	0.768	0.232	0.781	0.034	0.067	0.0856*	0.046
	HIG	0.135	0.253	0.542***	0.135	0.713	0.478	1.725	1.999	0.029	0.052	0.192	0.126
	ZHI	-0.005	0.014	-0.398***	0.125	-0.001	0.797	-0.023	0.067	-0.1237***	0.047	0.042	0.104

续表

变量		高新技术小微企业						非高新技术小微企业					
		创新投入		专利申请个数		创新收入		创新投入		专利申请个数		创新收入	
		系数	标准误	系数	标准误	系数	标准误	系数	标准误	系数	标准误	系数	标准误
融资环境变量	FOR	0.436	1.567	1.871	4.331	2.481	4.498	0.795	1.488	-0.0417*	0.023	-0.011	0.016
	INF	0.413	0.676	0.912*	0.499	0.327	0.828	0.764	0.637	0.001	0.004	0.006	0.044
	SAV	0.654	1.265	0.763	0.636	0.734	0.487	0.324	2.367	-0.104	0.516	0.010	0.033
	DIS	-0.653	0.987	-0.982	1.156	0.065	0.569	-2.641	6.643	-0.378	0.958	0.007	0.032
识别变量	WEY	—	—	—	—	—	—	—	—	—	—	—	—
	SRN	—	—	—	—	—	—	—	—	—	—	—	—
	GPS	1.345***	0.513	0.874***	0.321	0.968***	0.456	1.246***	0.512	0.742**	0.365	0.647**	0.302
	R²	0.632		0.755		0.556		0.872		0.734		0.647	
	F	22.345		7.682		11.353		22.342		7.683		4.432	

注：只列示了第二步回归方程的结果；*、**、*** 分别表示在10%、5%、1%统计性水平上显著。

资料来源：根据本书数据整理。

　　表 4 – 11 的估计结果显示，高新技术小微企业组相对于全样本小微企业而言，信贷约束强度对小微企业创新的影响更为显著。具体而言，信贷约束强度每增加一个百分点，使得小微企业的创新投入、专利申请个数及创新收入分别降低 0.186%、0.212%、0.173%，均在 1% 的水平上显著。而相对于全样本小微企业而言，匹配后非高新技术小微企业组的信贷约束强度对小微企业创新投入、专利申请个数及创新收入的影响有所降低。具体而言，信贷约束强度每增加 1 个百分点，使得小微企业的创新投入、专利申请个数及创新收入分别降低 0.131%、0.161%、0.119%，分别在 1%、5%、1% 的统计水平上显著。这表明，信贷约束强度对高新技术小微企业创新的抑制作用比在非高新技术小微企业创新抑制作用的水平高，且在高新技术小微企业组更为显著。

3. 经济发展水平对信贷约束强度创新影响的调节作用

　　为考察小微企业所处地区经济发展水平对信贷约束强度创新影响的调节作用，本书将全样本划分为经济发展水平较高的小微企业组和经济发展水平较低的小微企业组两组样本，对两组子样本的估计结果如表 4 – 12 所示。

　　表 4 – 12 估计结果显示，相对于全样本小微企业而言，在经济发展水平较差地区的小微企业中，信贷约束强度对小微企业创新投入、专利申请个数及创新收入的影响有所提高，小微企业遭受的信贷约束强度每增加一个百分点，使得小微企业创新投入、专利申请个数及创新收入分别降低 0.191%、0.242%、0.175%，且均在 1% 的统计水平上显著。相对于全样本小微企业而言，对于经济发展水平较高地区的小微企业，信贷约束强度对小微企业创新投入、专利申请个数及创新收入的影响有所下降，具体而言，信贷约束强度每增加 1 个百分点，使得小微企业的创新投入、专利申请个数及创新收入分别降低 0.121%、0.156%、0.116%，且分别在 5%、1%、5% 的统计水平上显著。由此可见，根据小微企业所处地区经济发展水平分组后，信贷约束强度对经济发展水平较差地区小微企业创新的抑制作用比经济发展水平较高地区小微企业创新的抑制作用水平更高。

表4-12　经济发展水平对信贷约束强度创新影响的调节作用

变量	经济发展水平较差地区小微企业						经济发展水平较高地区小微企业					
	创新投入		专利申请个数		创新收入		创新投入		专利申请个数		创新收入	
	系数	标准误	系数	标准误	系数	标准误	系数	标准误	系数	标准误	系数	标准误
信贷约束强度（D）	-0.191***	0.066	0.242***	0.031	-0.175***	0.021	0.121**	0.059	-0.156***	0.055	-0.116**	0.056
常数项	1.455***	0.421	-0.450***	0.062	-0.043	0.033	0.048	0.030	0.015***	0.005	0.021	0.025
企业主特征变量　AGE	0.568	0.564	1.223	0.942	0.052	0.563	0.982	0.682	-0.001	0.002	0.024	0.056
EDU	0.511	0.397	0.153	0.595	0.893	1.321	0.844	0.611	0.010	0.033	0.005	0.007
MIA	0.463***	0.182	0.332	0.782	1.675	4.045	0.9362*	0.511	0.348**	0.163	0.097**	0.048
HEA	0.022	0.433	0.113	0.236	0.012	0.341	0.046	0.572	0.001	0.004	0.002	0.004
CRE	0.177	0.823	1.342	0.982	0.075***	0.031	0.043**	0.020	0.106	0.596	0.051**	0.024
IDD	-0.324	0.655	-0.098	0.562	0.011	0.040	-0.538*	0.314	0.046	0.029	0.001	0.004
BOA	0.642	0.675	-0.462	4.645	-0.024**	0.011	0.029	0.025	0.125	0.087	0.089	0.061
TEA	0.763	0.893	1.353***	0.514	1.275	1.230	0.023	0.042	0.003	0.008	0.1376*	0.076
企业特征变量　SIZE	0.765***	0.065	0.224***	0.067	0.182	0.118	0.061***	0.023	0.221**	0.105	-0.033	0.040
MAR	0.435***	0.117	0.182*	0.094	0.052	0.641	0.038	0.040	0.010	0.011	0.001	0.003
SHA	0.542	0.752	0.582	1.445	0.000	0.001	0.103	0.078	-0.084	0.126	0.005	0.048
CAP	0.113	0.098	0.764	0.467	0.007	0.064	-0.035	0.033	-0.067	0.146	0.023	0.014
HIG	0.983***	0.353	0.621***	0.256	0.774	1.009	-0.058	0.039	-0.047	0.111	0.006	0.045
ZHI	-0.005	0.034	-0.294	0.226	-0.171	0.968	-0.024***	0.012	0.077	0.051	0.011	0.040

续表

变量		经济发展水平较差地区小微企业						经济发展水平较高地区小微企业					
		创新投入		专利申请个数		创新收入		创新投入		专利申请个数		创新收入	
		系数	标准误	系数	标准误	系数	标准误	系数	标准误	系数	标准误	系数	标准误
融资环境变量	FOR	0.563	2.445	2.653	3.541	0.566***	0.144	0.025	0.022	0.099	0.123	0.002*	0.001
	INF	0.891	1.321	0.873	0.653	0.048	0.031	0.024	0.031	0.069	0.049	0.123*	0.062
	SAV	1.321	1.292	0.332	0.457	0.982	0.682	0.019	0.027	0.152	0.098	0.035	0.059
	DIS	-0.698	0.787	-0.123	2.356	-0.844	0.611	-0.018	0.030	-0.428	0.458	0.046	0.067
识别变量	WEY	—	—	—	—	—	—	—	—	—	—	—	—
	SRN	—	—	—	—	—	—	—	—	—	—	—	—
GPS		1.730***	0.321	0.764***	0.121	0.431***	0.012	0.724***	0.212	0.844***	0.265	0.697***	0.202
R^2		0.893		0.663		0.817		0.632		0.567		0.742	
F		9.329		9.599		6.468		14.661		8.332		20.421	

注：只列示了第二步回归方程的结果；*、**、*** 分别表示在10%、5%、1%统计性水平上显著。
资料来源：根据本书数据整理。

4.5 本 章 小 结

本章利用2018年山东省小微企业微观调研数据，在考虑小微企业信贷约束强度存在样本选择偏差导致的内生性问题的基础上，构建小微企业信贷约束强度指标及基于广义倾向得分匹配法构建连续处理效应模型，估计信贷约束强度对小微企业创新的影响，并进一步探讨了所有制类型、行业及小微企业所处地区经济发展水平对这一影响的调节效应。通过问题提出、研究假设、模型构建，并利用山东省小微企业微观调研数据实证分析完成。研究结果表明：①小微企业总体信贷约束强度约为30.28%；②小微企业信贷约束强度对企业创新造成负向影响且显著，且小微企业信贷约束强度每增加1个百分点，小微企业创新投入、专利申请个数及创新收入降低0.157%、0.179%、0.134%，并通过采用缩尾检验、替换和增加变量检验两种方式对估计结果进行了稳健性检验，进一步验证了估计结果的可靠性；③进一步分析表明，相对于国有小微企业、非高新技术小微企业、所在地区经济发展水平较高小微企业，信贷约束强度对小微企业创新的抑制作用在民营小微企业、高新技术小微企业、所在地区经济发展水平较差地区小微企业表现得更为显著。小微企业融资难是当前的重点和难点，也是如今小微企业发展过程中亟须解决的主要问题，本章通过构建信贷约束强度指标，基于广义倾向得分匹配构建连续处理效应模型，估计信贷约束强度对小微企业创新的影响，对于融资渠道有效、资金来源不稳定的小微企业具有一定的现实意义，为我国小微企业信贷约束问题的纾解对策提供可参考性建议。

第5章 不同渠道信贷约束与小微企业创新

5.1 问题提出

随着科技进步、数字金融的进一步发展，诸如影子银行、合会、民间借贷等非正规金融机构开始不断涌现，这些非正规金融机构能够为小微企业的进一步发展和创新提供更多的信贷融资渠道（Anderson & Malchow，2006；Banerjee & Duflo，2010；易小兰，2012；尹志超等，2015；宋全云等，2016；潘爽等，2021）。我国信贷市场上的资金供给者由正规金融机构和非正规金融机构组成，信贷需求者可以向正规金融机构申请贷款，但在正规金融机构信贷融资"碰壁"的情况下，可以向非正规信贷机构申请贷款，或者同时向两者申请贷款（Eric et al.，2012；白永秀和马小勇，2010；李成友和孙涛，2018；刘美玉和黄速建，2019；张乐柱和杨明婉，2020），非正规金融机构作为正规金融机构的有益补充，在促进我国小微企业生产经营和提高小微企业创新方面发挥着不可替代的作用。然而，随着经济的不断发展和社会结构的解体，以社会网络为基础的非正规金融借贷趋于弱化，非正规信贷支持的规模和作用都在下降，使得小微企业遭受非正规信贷约束（朱喜和李子奈，2006；梁虎和罗剑朝，2019）。此外，小微企业遭受正规信贷约束的同时，也有可能遭受非正规信贷约束，即遭受混合信贷约束。由以上分析可知小微企业面临的信贷约束情况根据信贷渠道可以分为遭受正规信贷约束、遭受非正规信贷约束以及遭受混合信贷约束。那么，如何对三种不同渠道信贷约束进行量化分析和比较？这三种不同渠道的信贷约束对小微企业创新的影响是否存在显著差异性？

然而，以往研究未能充分挖掘信贷约束相关的具体信息，目光仅局限于研究"正规信贷约束"的影响上，虽然以往有学者开始注意到信贷需求者可能遭受不同渠道的信贷约束，并有学者研究了不同渠道信贷约束的影响因素，但很少有学者对不同渠道信贷约束影响效应的差异性进行比较研究，更鲜有专门针对小微企业进行的研究。国内外仅有少数学者将农户遭受的信贷约束分为正规信贷约束和非正规信贷约束，并对两者各自的影响效果进行了分析（Park et al.，2002；董志勇和黄迈，2010；尹志超等，2020），但这忽略了小微企业在可能遭受正规信贷约束的同时，也遭受非正规信贷约束的情形，即遗漏了部分重要样本。另外，以往有关信贷约束影响的研究，大都使用经典多元线性 OLS 回归、面板门限模型、Heckman 两阶段模型等考察信贷约束的影响，但以往模型却无法对不同渠道信贷约束影响的差异性进行比较分析。因此，要想对不同渠道信贷约束影响的差异性进行比较分析，必须引入新的研究方法和计量模型。

因此，本章结合国内外学者们的最新研究成果，使用 2018 年山东省小微企业调研数据，将小微企业信贷约束按照信贷渠道分为正规信贷约束、非正规信贷约束以及混合信贷约束，并构建了三种不同渠道信贷约束指标，通过广义倾向得分匹配法构建多重处理效应模型，实证检验三种不同渠道信贷约束对小微企业创新影响的差异性。与以往学者的相比可能有以下几点贡献：第一，把小微企业的信贷约束情况分为正规信贷约束和非正规信贷约束及混合信贷约束三类，构建不同渠道信贷约束指标，进一步对不同渠道信贷约束对小微企业创新影响的差异性进行比较分析，能够为我国小微企业以后进行信贷融资提供经验事实依据。第二，拟以倾向得分匹配思想为基础，通过 PSM 方法控制特征变量，以克服因样本选择问题导致的估计偏误，实证检验不同渠道信贷约束对小微企业创新的影响。但是在研究过程中，由于得分匹配过程中信贷约束存在多个取值，所以 PSM 方法不再适用。造成这一结果的原因是 PSM 方法仅适用于对应变量是二值变量的情况（Wooldridge，2002），而本章的处理变量有四个取值（即遭受正规信贷约束、遭受非正规信贷约束、遭受混合信贷约束和未遭受信贷约束）。本书将使用广义倾向匹配得分构建多重处理效应模型，理论分析和实证检验不同渠道信贷约束对小微企业创新影响的差异，进一步优化以往的理论方法和模型，丰富相关理论文献研究。

5.2　研究假设

在以往有关信贷约束对企业影响的文献中，企业的信贷供给者仅仅是以银行为代表的正规金融机构或组织，随着我国小微企业的进一步发展，企业自身信贷资金需求量增加。然而，我国正规金融机构出于成本与利益的双重考虑，对小微企业的信贷供给不足，使得小微企业容易遭受正规信贷约束。小微企业遭受正规信贷约束，就没有足够的资金优化企业内部生产要素，阻碍了企业技术效率的提高，抑制了小微企业创新。这样一来，小微企业的研发创新项目信息不对称程度更高，金融机构或组织不能及时准确获悉所投资研发创新项目风险的变化，使得金融机构承担额外的投资风险。以银行为代表的正规金融机构若对小微企业提供信贷支持，必将严格限制资金使用方向和方式。具体而言，正规金融机构对小微企业的限制主要是从贷后相机治理机制以及提高信贷融资成本进行。一方面，企业的研发创新项目具有高风险、高回报的双重特征，但作为债权人的金融机构只能间接承担小微企业的投资风险，却难以分享目标企业的研发收益。因此，金融机构为保障自身收益，会对贷后的企业实施更为严格的监督政策（Nini et al.，2009；童盼和陆正飞，2005；吴雨等，2016；徐飞，2019）。例如，对信贷需求者的财务状况和经营状况进行定期监督，使用贷后相机治理机制对小微企业研发创新项目的资金投入方向进行限制或干涉，使得小微企业从正规金融机构获得的信贷资金专用性增强，而小微企业研发创新项目获得的信贷支持被削弱。另一方面，小微企业的研发创新涉及较多的商业机密，企业很少对相关的信息进行披露，以银行为代表的正规金融机构会投入更多的时间、精力搜集与企业研发创新项目有关的信息，并对小微企业所进行的研发创新项目的风险及其成功概率进行系统评估，金融机构对这方面的投入会随着企业信贷需求资金的提高而增加，并且最终转嫁于提出信贷需求的小微企业身上，使得小微企业外部信贷融资成本增加，进一步增加了研发创新项目面临的流动约束，限制了企业研发创新项目的资金投入(王贞洁，2016；徐飞，2019；韩宝山和李夏，2022)。由此可见，正规信贷约束能够影响到小微企业在研发创新项目的投资，进而影响到企业研发新产品、开拓新市场以及现有装备升级等生产经营活动，抑制了小微企业创新。据上，提出以下假设：

假设 5 - 1：正规信贷约束抑制小微企业创新。

小微企业在正规信贷约束"碰壁"的情况下，为满足其自身信贷需求，小微企业有可能向非正规信贷市场提出信贷申请，对于高风险、高收益的研发创新类项目也是如此。非正规金融机构能够通过人缘关系、地缘关系以及信贷供需双方的商业合作关系等方面获得小微企业相关的软信息(Banerjee & Duflo，2010；宋全云等，2017；尹志超等，2020；徐蕾和翟丽芳，2021)，且已有研究证实了非正规金融机构在担保机制、信贷融资成本及灵活性方面具有一定的优势(Park et al.，2002；Eric et al.，2012；刘西川等，2014；尹志超等，2015；吴雨等，2016)。由此可见，非正规金融机构能够有效应对小微企业研发创新项目的风险，在小微企业信贷融资需求上表现为更强的适应性，降低了小微企业的信贷资金缺口。然而非正规金融对小微企业风险的容忍并不是免费的，一般情况下，非正规金融会以较高的贷款利率对小微企业提供信贷支持，这意味着小微企业需要支付更高的信贷融资成本，增加了企业研发创新方面的流动性约束，削弱了小微企业参与研发创新的意愿。另外，由于研发创新项目的高风险性，非正规金融机构会利用自身搜集软信息方面所具有的优势，也会对信贷资金用途进行干涉或限制，削弱了小微企业参与研发创新项目的积极性。非正规金融是企业与个人、企业与企业之间基于社会信任机制形成的合同或契约，若其中一方违约，会导致违约方信任崩塌。然而，由于研发创新项目具有高风险性，小微企业为了维持与非正规金融机构之间的信贷关系，会谨慎地选择将获得的非正规信贷资金投入风险较低的研发创新项目(鞠晓生等，2013)。因此，小微企业与非正规金融机构彼此间的信贷关系形成的社会约束力越强，小微企业会更加重视未来的偿债能力，削弱了其参与研发创新项目的意愿，抑制了小微企业创新。据此，提出以下假设：

假设 5 - 2：非正规信贷约束抑制小微企业创新。

由以上分析可知，正规信贷约束和非正规信贷约束均能抑制小微企业创新，但当小微企业难以从正规金融机构获得信贷资金或者获得信贷资金难以满足其信贷需求时，非正规金融机构作为正规金融机构的有益补充能够缓解正规信贷约束对小微企业创新的抑制作用。然而，如果小微企业在遭受正规信贷约束的同时，又遭受了非正规信贷约束，即遭受混合信贷约束，混合信贷约束作为一种双重性信贷约束对小微企业创新的抑制作用会更加明显。企业的研发创新是企业未来发展的主要动力，当企业面临混合信贷约束时，会迫使企业留存更多的资金来应对未来经营过程中的不确定性，降低了企业在研发创新方面的投资，影响到企业在研发新产品、开拓新市场及现有装备升级等生产经营性活动，抑制了小微企业创新。据此，提出以下假设：

假设 5 - 3：混合信贷约束也能够抑制小微企业创新，且影响程度依次大于正规信贷约束、非正规信贷约束。

5.3 研究设计

5.3.1 数据来源

山东省小微企业数量居全国第三（居广东、江苏之后），小微企业产业类型齐全、数量众多、发展迅速，是我国小微企业大省。2018 年，山东省继续深化小微企业治理结构和产业结构"双升"战略，小微企业"双升"战略被纳入《山东省新旧动能转换重大工程的实施规划》中，推动小微企业加强质量管理，促进小微企业创新能力不断提升。据山东省市场监管局提供的信息，2018 年山东省小微企业数量达到 224.7 万户（不含个体工商户），占全省企业总数的 86%，占市场主体总数的 24.8%，实有注册资本 13.1 万亿元，实现营业收入 3.05 万亿元，户均收入 151.4 万元，吸纳就业 2658 万人，成为推动社会就业和全省经济稳定发展的主力军[①]。然而，山东省小微企业与全国小微企业一样也面临着比较严重的信贷约束，据《基于金融错配分析框架的中小企业融资

---

① 闪电新闻：《政府工作报告 14 次提及！山东三大关键领域助力中小微企业发展》，https：//baijiahao. baidu. com/s？ id = 1667901 844704376771&wfr = spider&for = pc。

难问题研究》（2017）课题组对山东省部分小微企业的调查显示：济南、潍坊、济宁等市只有 1% 的中小微企业的贷款需求得到全部满足，5% 的中小微企业贷款需求得到部分满足，贷款供应远远不能满足中小微企业的信贷需求，由此造成了中小微企业的信贷约束（邢乐成，2017）。由此可见，山东省为我国的经济强省，经济发展迅速，小微企业不断壮大，然而山东省小微企业如同全国小微企业一样也处于"强位弱势"的状态，其发展过程的信贷需求难以获得金融机构的资金支持，以"麦克米伦缺口"形式表现出来的信贷约束的持续存在可能会威胁到小微企业的生存、发展以及小微企业群体的转型升级，甚至影响到山东省产业结构的调整及其社会的稳定。本书所得到的主要结论与政策措施不仅能够为山东省小微企业发展提供思路和方法，而且也能够为同类省份以及落后地区小微企业发展提供有益的参考和借鉴，具有十分重要的现实意义。

在调研对象选择方面，本章主要针对山东省小型和微型企业进行调研。其中，各行业小微企业的界定以统计局联合各部委颁布的《统计上大中小微型企业划分办法（2017）》为划分标准。在数据来源选取方面，本章主要利用了 2019 年 3～9 月对 2018 年山东省小微企业信贷融资与创新情况相关的调查所得到的相关数据。在调研方法方面，本书选择了实地调研与问卷调查相结合的方式。实地调查工作开展于 2019 年 3～9 月期间，调研对象为山东省小型和微型企业。为了增强样本数据的典型性和可信度，采用了随机抽样的调研方法，根据山东省传统的地域划分标准和经济发展水平进行系统抽样，在各个区域内均抽取一定数量的小微企业，排除了抽样过程中存在的样本选择偏差问题。在抽样过程方面，本书采用了三阶段分层抽样的方法，其具体步骤为：首先，将山东省分为鲁东、鲁中、鲁西三个地区；其次，在每个地区的基础上，随机抽取两个市，具体为济南市、青岛市，泰安市、日照市，聊城市、德州市；再次，在每个市的基础上，随机抽取两个县级市（区、县），在每个县级市（区、县）的基础上随机抽取三个镇（乡、街道），在每个镇（乡、街道）的基础上随机抽取 30 个小微企业；最后，对所抽取的小微企业进行实地调研，共获得调研样本小微企业 947 家。其中，调研问卷的形成主要经历了文献整理、行业专家咨询、预调研、问卷信效度检验、正式问卷形成，问卷调研对象主要是小微企业主或主要负责人。在调研结果处理方面，通过对调研问卷进行逐份整理发现，在调研样本即小微企业中有部分企业数据严重缺失，为了方便后续内容分析，本书将该部分小微企业从样本总体中予以剔除。另外，本书在调研过程中还发现有部分问卷并不符合小微企业划分标准，因此对这些问卷予以剔除。最终，仅保留 838 家样本小微企业供分析使用，总的有效问卷回收率为 88.5%。最终获得的样本数据包括 2018 年山东省小微企业主基本情况、企业基本情况、企业内外部环境、企业信贷融资与创新情况等翔实数据，覆盖农、林、牧、渔业，制造业，建筑业，软件和信息服务业等各行业。表 3-1 给出了样本性质分布统计，从整体样本分布来看，涉及了不同规模、不同成长阶段等不同特征的小微企业，838 家小微企业的样本性质分布统计如表 3-1 所示。由表 3-1 可知，小微企业资产规模比较小，81.74% 的小微企业资产规模在 200 万元以下；企业成立时间较短，83.17% 的企业成立时间在 5 年以下；企业多处于初创期和成长期，占了总企业的 64.67%；企业员工人数集中在 200 人以下，占总企业的 79.83%。

5.3.2 甄别机制

与间接法和直接法相比，直接法在研究样本的可识别程度及分类的完备性优势逐渐体现出来，目前直接法已成为衡量信贷约束的一种主流方法，鉴于本章研究的实际情况，采用直接法估计小微企业不同渠道信贷约束情况，甄别机制的构建也基于直接法展开。在第 3 章信贷约束对小微企业创新影响研究的基础上，利用调查问卷询问"2018 年企业是否存在资金短缺问题"，根据调研问卷回答的"是"或"否"，将小微企业全样本分为有信贷需求样本和无信贷需求样本两组。对于那些无信贷需求的小微企业，根本谈不上是否遭受信贷约束。然后，对于那些有信贷需求的小微企业进一步考察：①在"小微企业没有向亲戚朋友、合会、民间金融等非正规金融机构申请过贷款"或者"小微企业向亲戚朋友、合会、民间金融等非正规金融机构申请贷款且信贷需求全部得到满足"时，如果"小微企业向银行、信用社等正规金融机构申请过贷款但信贷需求没有完全得到满足"时，则定义小微企业遭受正规信贷约束。②在"小微企业没有向银行、信用社等正规金融机构申请过贷款"

或"小微企业向银行、信用社等正规金融机构申请过贷款且信贷需求完全得到满足"时，如果"小微企业向亲戚朋友、合会、民间金融等非正规金融机构申请过贷款且信贷需求没有完全得到满足时"，则定义小微企业遭受非正规信贷约束。③在"小微企业向银行、信用社等正规金融机构申请过贷款且信贷需求没有完全得到满足"时，如果"小微企业向亲戚朋友、合会、民间金融等非正规金融机构申请过贷款且信贷需求也没有得到完全满足"时，则定义小微企业遭受混合信贷约束。④除去上述三种情形后，则定义小微企业未遭受信贷约束。具体如何判断小微企业是否遭受不同渠道的信贷约束，本书设计了五个选项供样本小微企业选择（见表5-1）。

表5-1　　　　　　　　　小微企业不同渠道信贷约束判断

序号	问卷题目设计	取值标准
1	2018年企业是否存在资金短缺问题	1为是，0为否
2	若存在资金短缺问题，2018年企业是否向银行、信用社等正规金融机构申请过贷款	不同渠道信贷约束判断标准根据正文①～④进行判断
3	若向银行、信用社等正规金融机构申请过贷款，最大一笔贷款申请金额和获得金额分别是多少	
4	若存在资金短缺问题，2018年企业是否向亲戚朋友、合会、民间金融等非正规金融组织申请过贷款	
5	若向亲戚朋友、合会、民间金融等非正规金融机构申请过贷款，最大一笔贷款申请的金额和获得金额分别是多少	

资料来源：根据本书数据整理。

图5-1给出了小微企业信贷约束渠道情况。在838家有效样本的小微企业中，无信贷需求的小微企业有142家，占有效样本小微企业的16.95%；有信贷需求的小微企业696家，占有效样本小微企业的83.05%。遭受正规信贷约束的小微企业有156家，占有信贷需求小微企业的22.41%；仅遭受非正规信贷约束的小微企业有87家，占有信贷需求小微企业的12.5%；遭受混合信贷约束的小微企业有69家，占有信贷需求小微企业的9.91%。这说明正规信贷约束仍然是小微企业所遭受信贷约束的主要形式。

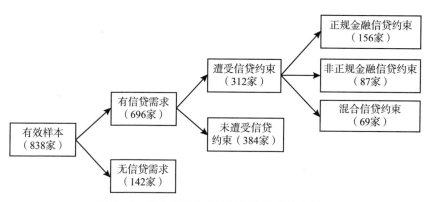

图 5 – 1 样本小微企业不同渠道信贷约束情况

资料来源：通过问卷整理而得。

5.3.3 变量选择

1. 被解释变量

创新变量。为研究不同渠道信贷约束对小微企业创新的影响，参考国内外有关研究（Hamamoto，2006；Ambec et al. ，2013；Rubashkina et al. ，2015；Rubashkina et al. ，2015；杨洋等，2015；张璇等，2017；杨亭亭等，2018），本书使用创新投入、专利申请个数、创新收入衡量小微企业创新。①创新投入，记为 INT，用企业一年的创新投入衡量，单位为万元；②专利申请个数，记为 PAT，用企业一年专利申请数量来衡量小微企业创新，单位为个；③创新收入，记为 INN，用企业一年的创新性收入衡量，单位为万元。

为了对小微企业不同渠道信贷约束与其创新的关系有直观简要了解，本书从统计学的角度对 312 家遭受信贷约束的小微企业进行简单分组，对比不同渠道小微企业信贷约束对创新影响的差异性。通过表 5 – 2 可以看出：未遭受信贷约束的小微企业的创新投入、专利申请数量及创新收入均值分别为 4.40 万元、0.85 个、8.42 万元，遭受正规信贷约束的小微企业的创新投入、专利申请数量及创新收入均值分别为 4.25 万元、0.68 个、8.05 万元，遭受非正规信贷约束的小微企业的创新投入、专利申请数量及创新收入均值分别为 4.28 万元、0.71 个、8.31 万元，遭受混合信贷约束的小微企业的创新投入、专利申请数量及创新收入均值分别为 4.15 万元、0.65 个、7.43 万元。与未遭受信贷约束的小微企业创新相比，遭受正规信贷约束、非正规信贷约束及混合信贷约束均能抑制小微企业创新，并且三种不同渠道的信贷约束对小微企业创新投入、专利申请个数及创新收入的影响存在一定的差异性。那么，三种不同渠道信贷约束对小微企业创新影响究竟如何？对于上述问题，本书借助以下估计方法及模型展开分析和研究。

表 5 - 2　　　　　　　小微企业不同渠道信贷约束创新均值比较

变量	遭受正规金融信贷约束	遭受非正规金融信贷约束	混合型金融信贷约束	未遭受信贷约束	信贷需求样本总体情况
样本小微企业	156	87	69	384	696
创新投入	4.25	4.28	4.15	4.40	4.33
专利申请个数	0.68	0.71	0.65	0.85	0.77
创新收入	8.05	8.31	7.43	8.42	8.22

资料来源：通过问卷整理而得。

2. 匹配变量

李庆海等（2014）研究中明确指出使用 GPS 法对影响效应进行估计时，所选择的匹配变量应该是影响小微企业所处三种不同渠道信贷约束情形及创新的协变量。对于小微企业所处三种不同渠道信贷约束情形，规定：①小微企业是否遭受正规信贷约束，用 GH 进行表示，1 为是，0 为否；②小微企业是否遭受非正规信贷约束，用 FE 进行表示，1 为是，0 为否；③小微企业是否遭受混合信贷约束，用 TO 表示，1 为是，0 为否。参考已有相关研究文献，本书选取的匹配变量主要有企业主基本特征变量、企业基本特征变量、企业融资环境特征变量（Cohen，2010；温军和冯根福，2018；陈思等，2017；李成友等，2020；张佳琦等，2021）。

（1）企业主基本特征变量。小微企业经营权和所有权一般集中于企业主个人手中，扁平化的组织结构使得小微企业的决策受企业主个人的影响比较大，企业主个人特质可以影响到小微企业的信贷可获得性。企业主年龄大、身体健康状况好、所受教育程度高及企业主是中共党员等，代表其阅历丰富，向银行传递了企业的积极信息，降低了小微企业与金融机构的信息不对称，容易获得金融机构的信任，有利于小微企业获得信贷融资，减少其信贷约束强度（Dai et al.，2017；Hetland & Mjos，2018；何灵和谌立平，2017；陈志刚等，2021），因此本书把企业主个人基本特征作为匹配变量，主要包括企业主年龄、企业主健康状况、企业主受教育程度以及企业主政治面貌等变量。①企业主年龄，对企业主年龄取自然对数，用 AGE 进行表示；②企业主受教育程度，用 EDU 进行表示，1 代表专科以下，2 代表专科，3 代表本科，4 代表硕士及以上；③企业主健康状况，用 HEA 进行表示，1 为健康，0 为否；④企业主政治面貌，用 MIA 进行表示，1 为中共党员或无党派人士，0 为否；⑤企业主是否在金融机构中有熟人，用 SRN 进行表示，1 代表企业主在金融机构有熟人，0 代表企业主在金融机构无熟人。⑥企业主创新能力，对小微企业主创新能力进行打分，用 CRE 表示，取值 1~7，1 代表企业主创新能力最弱，7 代表企业主创新能力最强。

（2）企业基本特征变量。小微企业的基本特征能够影响企业的信贷需求和信贷可获得性（Tong，2013；Huang et al.，2016；何灵、谌立平，2017）。因此本书把企业基本情况特征变量作为匹配变量，主要包括以下变量：①小微企业主与管理者是否两者合一，记为 IDD，是为 1，否为 0；②董事会，记为 BOA，企业有董事会为 1，否则为 0；③技术人员所占比重，记为 TEA，单位为%；④企业规模，用小微企业资产总额的自然对数衡量，记为 SIZE；⑤企业市场势力，记为 MAR，本书以企业销售额与生产成本之比的对数来衡量小微企业市场势力，取值越大，说明市场势力越强；⑥企业最大股东持股比例，记为 SHA，单位为%；⑦资本密集度，固定资产与员工人数的比值取对数，记为 CAP；⑧是否为高新技术企业，记为 HIG，是为 1，否为 0；⑨企业是否有重大项目支出，记为 ZHI，即用于设备厂房等固定资产投资或创办新机构支出等，1 为企业本年度有重大项目支出，0 为企业本年度无重大项目支出；⑩企业是否曾经发生过违约，用 WEY 进行表示，1 代表企业曾经发生过违约行为，0 代表企业曾经未发生过违约行为。

（3）企业融资环境特征变量。李成友和孙涛（2018）还指出信贷资金的供给方主要有正规金融机构和非正规金融机构两类，对有信贷需求的小微企业，可以选择向正规或非正规金融机构借款，或选择同时向两者借款，因此本书把企业融资环境基本特征变量作为匹配变量，主要包括企业是否曾获得正规金融机构贷款、企业是否曾获得非正规金融机构贷款等变量。①企业是否有银行存款，记为 SAV，1 为是，0 为否；②企业是否曾获得正规金融机构贷款，用 FOR 进行表示，1 为是，0 为否；③企业是否曾获得非正规金融机构贷款，用 INF 进行表示，1 为是，0 为否；④开车往返一次最近金融机构所需要的时间，用 DIS 进行表示，单位为分钟，稳健性检验中，企业离最近金融机构的距离作为替换变量。

3. 主要变量的描述性统计

本次调研所获得的 2018 年山东省的 838 家小微企业微观调研数据，包括企业主基本情况、企业基本情况、企业融资环境情况、不同渠道信贷约束与小微企业创新基本情况等翔实数据，表 5－3 给出了本章所涉及的主要变量定义及其描述性统计。由表 5－3 可知，创新投入平均值为 4.49，标准差为 1.67，说明小微企业样本中不同企业间创新投入存在着较大差异。专利申请个数均值为 0.74，标准差为 1.01，创新收入均值为 8.22，标准差为 3.20，说明小微企业样本中不同企业间创新产出存在着较大差异。正规信贷约束均值为 0.18，标准差为 0.39，非正规信贷约束均值为 0.10，标准差为 0.30，混合型信贷约束均值为 0.07，标准差为 0.25，说明小微企业样本中不同企业遭受的正规信贷约束、非正规信贷约束及混合信贷约束存在着较大差异。另外，本章控制变量的描述性统计在正常范围之内。

表 5－3　　　　　　　　　主要变量定义及描述性统计

变量	符号	定义	观测值	最小值	最大值	平均值	标准差
创新投入	INT	企业研发投入金额，单位万元	838	1.00	28.00	4.49	1.67
专利申请个数	PAT	2018 年专利申请个数，单位为个	838	0	5	0.74	1.01
创新收入	INN	新产品销售收入，单位为万元	838	0.00	12.95	8.22	3.20
正规信贷约束	GH	遭受正规信贷约束 = 1，否则为 0	838	0	1	0.18	0.39
非正规信贷约束	FE	遭受非正规信贷约束 = 1，否则为 0	838	0	1	0.10	0.30

续表

变量	符号	定义	观测值	最小值	最大值	平均值	标准差
混合信贷约束	TO	遭受混合信贷约束 = 1，否则为 0	838	0	1	0.07	0.25
年龄	AGE	企业主年龄取对数	838	2.77	4.38	3.76	0.22
学历	EDU	1 = 专科以下；2 = 专科；3 = 本科；4 = 本科及以上	838	1	4	1.23	0.49
政治面貌	MIA	企业主是否为党员或担任过人大代表、政协委员，是 = 1，否 = 0	838	0	1	0.14	0.34
健康	HEA	企业主身体是否健康，是 = 1，否 = 0	838	0	1	0.53	0.50
金融机构有熟人	SRN	企业主金融机构有熟人 = 1，无 = 0	838	0	1	0.40	0.49
创新能力	CRE	企业主个人创新能力进行打分，1 ~ 7 分，分值越高，创新能力越强	838	1	7	3.75	1.37
两者合一	IDD	企业主与管理者是否两者合一，是 = 1，否 = 0	838	0	1	0.91	0.29
董事会	BOA	有 = 1，否 = 0	838	0	1	0.21	0.41
技术人员比例	TEA	单位为%	838	0.00	90.00	14	0.20
企业规模	SIZE	企业固定资产的自然对数	838	6.91	17.22	13.67	2.36
市场势力	MAR	企业的营业收入/生产成本	838	0.01	100.00	10.72	11.80
最大股东持股比例	SHA	第一大股东持股比例，单位为%	838	11.00	67.33	31.45	0.14
资本密集度	CAP	固定资产与员工人数比值后取对数	838	2.02	6.90	4.96	0.72
高新技术企业	HIG	是 = 1，否 = 0	838	0	1	0.55	0.50
重大项目支出	ZHI	2018 年有重大项目支出，有 = 1，无 = 0	838	0	1	0.16	0.36
曾经发生过违约行为	WEY	2018 年曾经发生过违约行为，有 = 1，无 = 0	838	0	1	0.02	0.15

变量	符号	定义	观测值	最小值	最大值	平均值	标准差
有存款	FOR	有 =1，无 =0	838	0	1	0.21	0.41
曾获得正规金融机构贷款	INF	曾获得正规金融机构贷款 =1，无 =0	838	0	1	0.48	0.50
曾获得非正规金融机构贷款	SAV	曾获得非正规金融机构贷款 =1，无 =0	838	0	1	0.76	0.61
距离最近金融机构所花时间	DIS	开车往返最近金融机构需要的时间，单位为分钟	838	2.0	15.0	6.27	3.52

资料来源：根据本书数据整理。

4. 同源方差检验

由于本书中的小微企业调研问卷均是由小微企业主要负责人或者企业主填写的，有可能存在同源方差问题。本书采用哈曼单因素检测法对问卷中的所有题项进行探索性因子分析，以控制同源方差对本书数据质量的影响。根据分析结果，KMO 检验值为 0.876；限定抽取一个引子，未旋转因子结果显示，限定一个因子只解释总变异的 15.67%，且无任何单因子出现，本书所有的变量均负载到不同的因子上，因此同源方差对本书结论的可靠性不会造成实质性影响。

5.3.4 模型构建

1. 多元回归模型

为考察不同渠道信贷约束对小微企业创新影响的差异性，参考以往研究文献，结合本章研究目的，本书构建多元回归模型进行分析，以与利用 GPS 方法所得主要估计结果比较。以"未遭受信贷约束"的小微企业为基准组，以创新为因变量，构建以下多元回归模型：

$$Y_i = \delta_0 + \delta_1 GH_i + \delta_2 FE_i + \delta_3 \times TO_i + \delta_4 Z_i + Locate + Ind + \varepsilon \quad (5.1)$$

其中，Y_i 表示小微企业 i 的创新变量，主要包括企业创新投入、专利申请个数、创新收入；δ_0 表示常数项，GH_i、FE_i、TO_i 分别表示是小微企业 i 是否遭受正规信贷约束、是否遭受非正规信贷约束、是否遭受混合信贷约束的（0，1）虚拟变量，δ_1、δ_2、δ_3 分别表示 GH_i、FE_i、

TO$_i$ 相对应的系数；Z$_i$ 表示影响小微企业创新的外生解释向量，包括企业主基本特征、企业基本特征、企业融资环境特征，δ$_4$ 为其系数向量矩阵；此外，小微企业创新会受到其所在地区经济发展状况、政策法律环境以及所在行业技术发展水平的影响，因此加入行业虚拟变量和地区虚拟变量作为控制变量，Ind 为行业，Locate 为地区；ε 表示随机误差项。

2. 多重处理效应模型

在本书模型构建过程中，如果采用简单的 OLS 方法进行估计，样本选择性问题导致的估计偏误将无法被克服（Wooldridge，2002），因此需要引进新的计量模型与估计方法解决此问题。当前，大多数学者研究所采用的方法是 PSM 法，该方法最初由罗森鲍姆和鲁宾（Rosenbaum & Rubin，1983）提出，是基于控制匹配变量的研究方法，后来得到学者们广泛的应用。比如李庆海等（2014）使用 PSM 法估计信贷约束对农户福利水平的影响，以解决样本选择性问题所导致的估计偏误。然而，PSM 方法仅仅适合于处理变量为两个取值（如农户是否遭受信贷约束）的情形，但当处理变量为多个取值时 PSM 方法则无能为力（Feng et al.，2012）。对于本书，小微企业所处的信贷约束情形有四种，即处理变量为四个取值，PSM 方法对本书不再适合，而 GPS 方法可以较好地处理变量为两个以上取值时的问题（Imbens，2000；Wooldridge，2002）。因此本章基于广义倾向得分匹配法构建多重处理效应模型，对不同渠道信贷约束的影响进行估计，以比较不同渠道信贷约束影响的差异。

本书假设，小微企业所处信贷约束情形的集合为：T = {U，Z，F，W}。此时，处理变量 T 有四个取值：T = U 时，代表小微企业未遭受信贷约束；T = Z 时，代表小微企业遭受正规信贷约束；T = F 时，代表小微企业遭受非正规信贷约束；T = W 时，代表小微企业遭受混合信贷约束。与小微企业所处的四种信贷约束情形相对应，小微企业创新也有四种情形，记为：{Y^U，Y^Z，Y^F，Y^W} = {Y^t：t∈T}。对于任一小微企业 i 而言，其创新的实际观测值 y$_i$ 可表示为：

$$y_i = \sum_{t \in T} y_i^t I(T_i = t) \tag{5.2}$$

对于式（5.2），I(·) 为示性函数。对于任意两种不同的小微企业信贷约束情形（m，l∈T，m≠l），小微企业创新影响的差异可表示为：

$$ATE_{m,l} = E(Y^m) - E(Y^l) \tag{5.3}$$

对于式（5.3），ATE$_{m,l}$ 为相对于小微企业遭受信贷约束情形 l 而言，小微企业遭受信贷约束情形 m 的平均处理效应。然而，对任何一个小微企业 i 而言，在现实中要想观测到所有的情形是不可能的，仅能观测到四种情形 $\{y_i^U,\ y_i^Z,\ y_i^F,\ y_i^W\}$ 中的其中一种。要想利用式（5.3）的形式 $\bar{y}^m - \bar{y}^l = \frac{1}{n}\sum_{i=1}^{n}y_i^m - \frac{1}{n}\sum_{i=1}^{n}y_i^l$ 对 $\text{ATE}_{m,l}$ 进行估计，会因样本选择偏差导致估计偏误问题。

根据匹配变量进行匹配，可以解决样本选择偏差导致的估计偏误问题，匹配后的 $\text{ATE}_{m,l}$ 可表示为：

$$\text{ATE}_{m,l} = E(Y^m) - E(Y^l) = E[E(Y^m - Y^l \mid X)] \qquad (5.4)$$

对于式（5.4），X 表示匹配变量。借鉴因本思（Imbens，2000）和伍德里奇（Wooldridge，2002）的研究，根据匹配变量先估计出小微企业不同类型信贷约束情形的概率（倾向得分），再根据倾向得分进行匹配。此时，$\text{ATE}_{m,l}$ 可表示为：

$$\text{ATE}_{m,l} = E(Y^m) - E(Y^l) = E[E(Y^m - Y^l \mid p(m,\ X))] \qquad (5.5)$$

对于式（5.5），在给定匹配变量 X 时，$p(m,\ X) = P(T = m \mid X)$ 表示信贷约束情形 m 的条件概率，GPS 方法使用的关键是计算式（5.5）右端的条件期望。根据李庆海等（2014）的研究，上述式（5.5）改为式（5.6）：

$$\text{ATE}_{m,l} = E[E(Y^m - Y^l \mid p(m,\ X))] = E\left[\frac{Y \times I(T = m)}{p(m,\ X)}\right] - E\left[\frac{Y \times I(T = l)}{p(l,\ X)}\right] \qquad (5.6)$$

由于多值 Probit 模型适用性受到的限制比较多，国内外学者多采用多值 Logit 模型对广义倾向得分进行估计（Becker & Ichino，2002；郭申阳，2012）。因此，本书使用多值 Logit 模型估计小微企业所处信贷约束情形下广义倾向得分 $p(m,\ X)$，即用式（5.7）表示：

$$\text{Prob}(T = t) = \frac{e^{\beta'_t X}}{e^{\beta'_U X} + e^{\beta'_U X} + e^{\beta'_F X} + e^{\beta'_W X}},\ t \in T = \{U,\ Z,\ F,\ W\} \qquad (5.7)$$

对于式（5.7），X 表示匹配变量。通过式（5.7）多值 Logit 模型可以估计出相应的系数，将得到的系数代入模型中，即可得到小微企业处于不同情形下所对应的概率 $\hat{p}(m,\ X)$，即不同情形下的广义倾向得分估计值。

参照李庆海等（2014）的研究，下面给出利用 GPS 方法估计小微企业不同信贷约束情形对其创新影响差异的几个主要步骤：

（1）在给定信贷约束情形 $t \in T$ 时，利用多值 Logit 模型估计广义倾向得分：

$$\hat{p}(t, X_i) = P(T_i = t \mid X_i)，i = 1，\cdots，n \qquad (5.8)$$

（2）对于信贷约束情形 $t \in T$，利用式（5.6）的样本表达形式估计 $E(Y^t)$：

$$\hat{E}(Y^t) = \left[\sum_{i=1}^{n} \frac{Y_i I(T_i = t)}{\hat{p}(t, X_i)} \right] \cdot \left[\sum_{i=1}^{n} \frac{I(T_i = t)}{\hat{p}(t, X_i)} \right]^{-1} \qquad (5.9)$$

（3）计算信贷约束情形 m 相对于信贷约束情形 l 的平均处理效应（m，$l \in T$）：

$$\hat{ATE}_{m,l} = \hat{E}(Y^m) - \hat{E}(Y^l) \qquad (5.10)$$

5.4　实　证　分　析

5.4.1　多元回归分析估计结果

本节先不考虑内生性问题，而是使用传统的回归方法，即使用式（5.1）估计不同渠道信贷约束对小微企业创新的影响。表 5 - 4 列出了式（5.1）多元回归模型中信贷约束对小微企业创新的估计结果，且列示了以"未遭受信贷约束"小微企业为参照组时，其他三种类型信贷约束的估计结果，以与后面基于广义倾向得分匹配构建多重处理效应模型的估计结果相对比。

表 5 - 4　不同渠道信贷约束对小微企业创新影响的 OLS 估计结果

变量	创新投入		专利申请个数		创新收入	
	系数	标准误	系数	标准误	系数	标准误
正规信贷约束 vs 无信贷约束	- 0.877 ***	0.117	- 0.212 ***	0.070	- 1.481 ***	0.116
非正规信贷约束 vs 无信贷约束	- 0.691 **	0.094	- 0.195 ***	0.077	- 1.163 ***	0.066
混合信贷约束 vs 无信贷约束	- 0.904 ***	0.194	- 0.279 ***	0.024	- 1.614 ***	0.128

注：*、**、*** 分别表示在10%、5%、1%的统计性水平上显著。
资料来源：根据本书数据整理。

从表5-4中OLS的估计结果可以得出，相对于未遭受信贷约束的小微企业而言，遭受正规信贷约束使得企业创新性投入方面减少0.877万元且在1%的统计水平上显著，占未遭受信贷约束小微企业创新收入均值的19.93%；在申请专利个数方面减少0.212个且在1%的统计水平上显著，占未遭受信贷约束小微企专利申请个数均值的24.94%；在创新收入方面减少1.481万元且在1%的统计水平上显著，占未遭受约束信贷约束小微企业创新收入均值的17.59%。同时，由表5-4可知，相对于未遭受信贷约束的小微企业而言，遭受非正规信贷约束使得企业创新性投入方面减少0.691万元且在5%的统计水平上显著，占未遭受信贷约束小微企业创新投入均值的15.70%；在申请专利个数方面减少0.195个且在1%的统计水平上显著，占未遭受信贷约束小微企专利申请个数均值的22.94%；在创新收入方面减少1.163万元且在1%的统计水平上显著，占未遭受约束信贷约束小微企业创新收入均值的13.81%。另外，相对于未遭受信贷约束的小微企业而言，遭受混合信贷约束使得企业创新性投入方面减少0.904万元且在1%的统计水平上显著，占未遭受信贷约束小微企业创新投入均值的20.54%；在申请专利个数方面减少0.279个且在1%的统计水平上显著，占未遭受信贷约束小微企专利申请个数均值的32.82%；在创新收入方面减少1.614万元且在1%的统计水平上显著，占未遭受约束信贷约束小微企业创新收入均值的19.17%。由以上分析可知：小微企业遭受正规信贷约束、非正规信贷约束以及混合信贷约束均能对小微企业创新投入、专利申请个数及创新收入产生显著的负向作用，且混合信贷约束对小微企业创新的影响最为严重，其次为正规信贷约束。

5.4.2 多重处理效应估计结果

1. 估计结果

采取基于广义倾向得分匹配构建多重处理效应模型，对不同渠道信贷约束的影响进行估计，以比较不同渠道信贷约束影响的差异，估计结果如表5-5所示。其中，"正规信贷约束 vs 无信贷约束"代表相对于"未遭受信贷约束"的小微企业而言，小微企业遭受正规信贷约束对小微企业创新的影响；"非正规信贷约束 vs 无信贷约束"代表相对于"未遭受信贷约束"的小微企业而言，小微企业遭受非正规信贷约束对小微企业创新的影响；"混合信贷约束 vs 无信贷约束"代表相对于"未遭受信贷约束"的小微企业而言，小微企业遭受混合信贷约束对小微企业创新的影响；另外，将不同渠道信贷约束统一合并为"信贷约束""信贷约束 vs 无信贷约束"代表相对于"未遭受信贷约束"的小微企业而言，小微企业遭受信贷约束对小微企业创新的影响。

表 5 – 5　　　不同渠道信贷约束对小微企业创新影响的 MTE 估计结果

变量	创新投入		专利申请个数		创新收入	
	系数	标准误	系数	标准误	系数	标准误
正规信贷约束 vs 无信贷约束	– 0. 642 ***	0. 117	– 0. 191 ***	0. 064	– 1. 361 ***	0. 456
非正规信贷约束 vs 无信贷约束	– 0. 531 **	0. 244	– 0. 183 ***	0. 092	– 1. 045 ***	0. 323
混合信贷约束 vs 无信贷约束	– 0. 765 ***	0. 156	– 0. 224 ***	0. 079	– 1. 473 ***	0. 286
信贷约束 vs 无信贷约束	– 0. 717 ***	0. 125	– 0. 201 ***	0. 052	– 1. 398 ***	0. 521

注：*、**、*** 分别表示在10%、5%、1%的统计性水平上显著。
资料来源：根据本书数据整理。

　　通过表 5 – 5 可以看出，相对于未遭受信贷约束的小微企业而言，遭受正规信贷约束使得企业创新性投入方面减少 0. 642 万元且在 1% 的统计水平上显著，占未遭受信贷约束小微企业创新投入均值的 14. 59%；在申请专利个数方面减少 0. 191 个且在 1% 的统计水平上显著，占未遭受信贷约束小微企业专利申请个数均值的 22. 47%；在创新收入方面减少 1. 361 万元且在 1% 的统计水平上显著，占未遭受信贷约束小微企业创新收入均值的 16. 16%，假设 5 – 1 得到验证。同时，由表 5 – 5 可知，相对于未遭受信贷约束的小微企业而言，遭受非正规信贷约束使得企业创新性投入方面减少 0. 531 万元且在 5% 的统计水平上显著，占未遭受信贷约束小微企业创新投入均值的 12. 07%；在申请专利个数方面减少 0. 183 个且在 1% 的统计水平上显著，占未遭受信贷约束小微企专利申请个数均值的 21. 53%；在创新收入方面减少 1. 045 万元且在 1% 的统计水平上显著，占未遭受信贷约束小微企业创新收入均值的 12. 41%，假设 5 – 2 得到验证。另外，由表 5 – 5 可知，相对于未遭受信贷约束的小微企业而言，遭受混合信贷约束使得企业创新性投入方面减少 0.765 万元且在 1% 的统计水平上显著，占未遭受信贷约束小微企业创新投入均值的 17.39%；在申请专利个数方面减少 0.224 个且在 1% 的统计水平上显著，占未遭受信贷约束小微企业专利申请个数均值的 26.35%；在创新收入方面减少 1.473 万元且在 1% 的统计水平上显著，占未遭受信贷约束小微企业创新收入均值的 17.49%。由以上分析可知：小微企业遭受正规信贷约束、非正规信贷约束以及混合信贷约束均能对小微企业创新产生显著的负向作用，且混合信贷约束对小微企业创新的影响最为严重，其次为正规信贷约束，假设 5-3 得到验证。

另外，将不同渠道信贷约束统一合并为"信贷约束"，相对于未遭受信贷约束的小微企业而言，信贷约束使得企业创新性投入方面减少 0.717 万元且在 1% 的统计水平上显著，占未遭受信贷约束小微企业创新投入均值的 16.30%；在申请专利个数方面减少 0.201 个且在 1% 的统计水平上显著，占未遭受信贷约束小微企业专利申请个数均值的 23.65%；在创新收入方面减少 1.398 万元且在 1% 的统计水平上显著，占未遭受信贷约束小微企业创新收入均值的 16.60%。由以上分析可知，将不同渠道信贷约束笼统合并为"信贷约束"，会掩盖正规、非正规及混合信贷约束对小微企业创新影响的差异性，说明了进一步分析不同渠道信贷约束对小微企业创新影响的必要性。

表 5-5 中的估计结果与表 5-4 中的估计结果相对比发现，多元线性回归估计出的系数值更大且更具有显著性，说明两种方法得到的估计结果有一定的差异。多元线性回归会因样本选择问题导致一定的估计偏误，而 GPS 估计解决了样本选择偏差问题，因此本书使用 GPS 对不同渠道信贷约束创新影响的差异性进行估计会更为精确。

2. 平衡性检验

在使用广义倾向得分匹配法构建多重处理效应模型对不同渠道信贷约束影响效应进行估计时，需要对不同样本组间的平衡问题进行检验（Rosenbaum & Rubin, 1983；李云森, 2013）。其中，"遭受正规信贷约束"小微企业组和"未遭受信贷约束"小微企业组之间的平衡性检验结果如表 5-6 所示。

表 5 - 6　　　　　　　　　　　平衡性检验结果

变量	匹配前	均值		偏误变化		两组差异
指标	匹配后	处理组	控制组	偏误比例（%）	偏误降低比例（%）	t 统计值
GPS	U	0.688	0.631	8.285	84.20	2.924 ***
	M	0.688	0.679	1.308		0.591
AGE	U	4.011	3.428	14.535	97.94	0.036
	M	4.011	3.999	0.299		3.73 ***
EDU	U	1.185	1.379	− 16.371	94.33	− 3.710 ***
	M	1.185	1.196	− 0.928		− 1.15
MIA	U	0.112	0.152	− 35.714	92.50	− 4.914 ***
	M	0.112	0.115	− 2.679		− 1.236
HEA	U	0.487	0.589	− 20.945	93.14	− 2.334 ***
	M	0.487	0.494	− 1.437		− 1.231
SRN	U	0.308	0.505	− 63.961	97.97	− 12.631 ***
	M	0.308	0.312	− 1.299		− 0.782
CRE	U	3.341	3.921	− 17.360	98.79	− 5.175 ***
	M	3.341	3.348	− 0.210		− 1.332
IDD	U	0.937	0.522	44.290	96.87	12.144 ***
	M	0.937	0.924	1.387		1.442
BOA	U	0.238	0.163	31.513	90.67	11.291 ***
	M	0.238	0.231	2.941		1.252
TEA	U	23.561	8.523	63.826	94.29	2.563 ***
	M	23.561	22.703	3.642		0.345
SIZE	U	13.421	13.986	− 4.210	98.58	− 3.793 ***
	M	13.421	13.429	− 0.060		− 0.764
MAR	U	9.732	13.541	− 39.139	91.70	− 4.900 ***
	M	9.732	10.048	− 3.247		− 1.734
SHA	U	39.729	22.596	43.125	99.95	3.876 ***
	M	39.729	39.721	0.020		1.126

变量	匹配前	均值		偏误变化		两组差异
指标	匹配后	处理组	控制组	偏误比例（%）	偏误降低比例（%）	t统计值
CAP	U	4.108	5.447	-32.595	98.21	-2.163 **
	M	4.108	4.132	-0.584		-1.254
HIG	U	0.655	0.421	35.725	96.15	2.212 **
	M	0.655	0.646	1.374		1.236
ZHI	U	0.208	0.094	54.808	92.10	4.450 ***
	M	0.208	0.199	4.327		0.012
WEY	U	0.041	0.012	70.732	93.10	4.468 ***
	M	0.041	0.039	4.878		0.534
FOR	U	0.169	0.299	-74.853	94.52	-14.258 ***
	M	0.169	0.178	-4.094		-0.671
INF	U	0.371	0.675	-81.941	93.42	-9.980 ***
	M	0.371	0.391	-5.391		-1.098
SAV	U	0.691	0.861	-24.602	88.24	-2.190 **
	M	0.691	0.711	-2.894		-0.232
DIS	U	5.423	8.473	-56.242	97.01	-6.865 ***
	M	5.423	5.514	-1.678		-1.567

Abs（bias 的分布）

Mean abs（bias 的分布）	U	47.821				
	M	2.762				
LR chi^2	U	83.211 ***				
	M	0.378				

注：＊、＊＊、＊＊＊分别表示在10%、5%、1%的统计性水平上显著。
资料来源：根据本书数据整理。

由表5-6可以看出，在尚未进行广义倾向得分匹配时，两个样本组大部分变量之间存在着较大的偏误比例，但经过 GPS 方法进行匹配之后，两组样本间所有变量偏误降低比例均超过 80%，最低为 84.20%，最高为 99.95%。各个变量由匹配前的显著变为匹配后的不显著，说明"未遭受信贷约束"和"遭受正规信贷约束"两个样本组之间的匹配变量由匹配前的显著变为匹配后的不显著，即使用 GPS 方法匹配后两个样本组之间匹配变量上的差异进一步降低或者已不存在。所以，本书 GPS 方法估计能够满足平衡性检验要求①，减少了样本选择偏差导致的估计偏误问题。

5.4.3　稳健性检验

为了进一步检验不同渠道信贷约束对小微企业创新结果的可靠性，本书采用缩尾检验、替换和增加变量检验进行稳健性检验。具体如下：

1. 缩尾检验

奇异值的出现，有可能导致估计结果的不稳定，因此将样本中销售收入最高的 5% 的小微企业和销售收入最低的 5% 的小微企业进行剔除，然后再使用上述广义倾向得分匹配法重新构建多重处理效应模型，估计不同渠道信贷约束对小微企业创新的影响，得出相关估计结果如表 5 - 7 所示。与未遭受信贷约束的小微企业相比，遭受正规信贷约束的小微企业在创新投入、专利申请个数及创新收入分别降低 0.671 万元、0.184 个、1.426 万元，且分别在 1% 的统计水平上显著，分别占未遭受信贷约束小微企业创新均值的 15.25%、21.65%、16.94%；遭受非正规信贷约束的小微企业在创新投入、专利申请个数及创新收入分别降低 0.589 万元、0.168 个、1.221 万元，且均在 5%、1%、1% 的统计水平上显著，分别占未遭受信贷约束小微企业创新均值的 13.39%、19.76%、14.50%；遭受混合信贷约束的小微企业在创新投入、专利申请个数及创新收入分别降低 0.726 万元、0.204 个、1.512 万元，且分别在 1% 的统计水平上显著，分别占未遭受信贷约束小微企业创新均值的 16.5%、24%、17.96%。由以上分析可知，小微企业遭受正规信贷

---

① 其余不同样本组间的平衡性可以结合表 5 - 5 信息同样通过平衡性检验，这里不再列出。

约束、非正规信贷约束以及混合信贷约束均能对小微企业创新产生显著的负向作用，且混合信贷约束对小微企业创新的影响最为严重，其次为正规信贷约束。缩尾检验的估计结果与表 5 – 5 中的估计结果相比，不同渠道信贷约束对小微企业创新的影响无论在估计值大小还是显著性水平上均未发生显著变化，说明使用 GPS 方法的估计结果具有很好的稳健性。

表 5 – 7 　　　　　　　　　　稳健性检验一

变量	创新投入		专利申请个数		创新收入	
	系数	标准误	系数	标准误	系数	标准误
正规信贷约束 vs 无信贷约束	– 0. 671 ***	0. 131	– 0. 184 ***	0. 051	– 1. 426 ***	0. 326
非正规信贷约束 vs 无信贷约束	– 0. 589 **	0. 288	– 0. 168 **	0. 065	– 1. 221 ***	0. 263
混合信贷约束 vs 无信贷约束	– 0. 726 ***	0. 134	– 0. 204 ***	0. 046	– 1. 512 ***	0. 135
信贷约束 vs 无信贷约束	– 0. 721 ***	0. 123	– 0. 205 ***	0. 031	– 1. 471 ***	0. 113

注：* 、** 、*** 分别表示在10% 、5% 、1% 的统计性水平上显著。
资料来源：根据本书数据整理。

2. 替换和增加变量检验

国内外相关研究表明，如果变量选择不合适或遗漏重要变量，均会降低估计结果的精确性。因此本书用小微企业到最近金融机构的距离变量替换小微企业往返最近金融机构所需要的时间变量，这两个变量均能够反映小微企业信贷便利程度。增加小微企业主在本行业从业年限这一变量，企业主在本行业从业年限越长，在本行业中越具有一定的社会地位，进而会对小微企业信贷获取能力及其创新产生一定的影响。然后基于广义倾向得分匹配法重新构建多重处理效应模型，估计小微企业不同渠道信贷约束对企业创新影响效应的差异性，估计结果如表 5 – 8 所示。与未遭受信贷约束的小微企业相比，遭受正规信贷约束的小微企业在创新投入、专利申请个数及创新收入分别降低0. 683 万元、0. 179 个、1. 456 万元，且分别在 1% 的统计水平上显著，分别占未遭受信贷约束小微企业创新均值的 15. 52% 、13. 87% 、17. 29% ；遭受非正规信贷约束的小微企业在创新投入、专利申请个数及创新收入分别降低 0. 596 万元、0. 152 个、1. 135 万元，且分别在 5%、1%、1% 的统计水平上显著，分别占未遭受信贷约束小微企业创新均值的 13.55%、17.88%、13.48%；遭受混合信贷约束的小微企业在创新投入、专利申请个数及创新收入分别降低 0.699 万元、0.187 个、1.482 万元，且分别在 1% 的统计水平上显著，分别占未遭受信贷约束小微企业创新均值的 15.89%、22%、17.60%。由以上分析可知，小微企业遭受正规信贷约束、非正规信贷约束以及混合信贷约束均能对小微企业创新产生显著的负向作用，且混合信贷约束对小微企业创新的影响最为严重，其次为正规信贷约束。与表 5 - 5 估计结果相比，不同渠道信贷约束对小微企业创新的影响无论在估计值大小还是显著性水平上均未发生显著变化，说明本书使用 GPS 方法的估计结果具有很好的稳健性。

表 5 - 8　　　　　　　　　稳健性检验二

变量	创新投入		专利申请个数		创新收入	
	系数	标准误	系数	标准误	系数	标准误
正规信贷约束 vs 无信贷约束	- 0.683 ***	0.201	- 0.179 ***	0.038	- 1.456 ***	0.323
非正规信贷约束 vs 无信贷约束	- 0.596 **	0.278	- 0.152 ***	0.051	- 1.135 ***	0.061
混合信贷约束 vs 无信贷约束	- 0.725 ***	0.143	- 0.198 ***	0.062	- 1.563 ***	0.234
信贷约束 vs 无信贷约束	- 0.699 ***	0.091	- 0.187 ***	0.043	- 1.482 ***	0.032

注：*、**、*** 分别表示在 10%、5%、1% 的统计性水平上显著。
资料来源：根据本书数据整理。

5.4.4　企业异质性对不同渠道信贷约束创新影响的调节作用

1. 所有制类型对不同渠道信贷约束创新影响的调节作用

为考察不同所有制类型对不同渠道信贷约束创新影响的调节作用，本书将全样本分为国有小微企业和民营小微企业两组子样本，基于广义倾向得分匹配法构建多重处理效应模型分别估计国有小微企业和民营小微企业中不同渠道信贷约束对小微企业创新的影响，对子样本的估计结果如表 5 - 9 所示。表 5 - 9 的结果显示，正规信贷约束使得民营小微企业的创新投入、专利申请个数及创新收入分别降低 0.712 万元、0.197 个、1.401 万元，且均在 1% 的统计水平上显著，分别占未遭受信贷约束小微企业创新均值的 16.18%、23.18%、16.64%；而遭受正规信贷约束的国有小微企业在创新投入、专利申请个数及创新收入分别降低 0.589 万元、0.176 个、1.301 万元，且分别在 5%、5%、1% 的统计水平上显著，分别占未遭受信贷约束小微企业创新均值的 13.39%、20.71%、15.45%。根据上述分析结果可知，正规信贷约束对民营小微企业创新投入、专利申请个数及创新收入的影响无论在系数还是显著性水平上均高于对国有小微企业的影响。同时，由表 5 - 9 可知，非正规信贷约束使得民营小微企业的创新投入、专利申请个数及创新收入分别降低 0.557 万元、0.188 个、1.063 万元，且均在 1% 的统计水平上显著，分别占未遭受信贷约束小微企业创新均值的 12.66%、22.12%、12.62%；而遭受非正规信贷约束的国有小微企业在创新投入、专利申请个数及创新收入分别降低 0.488 万元、0.166 个、1.021 万元，且分别在 5% 的统计水平上显著，分别占未遭受信贷约束小微企业创新均值的 11.09%、19.53%、12.13%。根据上述分析结果可知，非正规信贷约束对民营小微企业创新投入、专利申请个数及创新收入的影响无论在系数还是显著性水平上均高于对国有小微企业的影响。另外，由表 5 - 9 可知，混合信贷约束使得民营小微企业的创新投入、专利申请个数及创新收入分别降低 0.812 万元、0.233 个、1.512 万元，且均在 1% 的统计水平上显著，分别占未遭受信贷约束小微企业创新均值的 18.45%、27.41%、17.96%；而遭受混合信贷约束的国有小微企业在创新投入、专利申请个数及创新收入分别降低 0.631 万元、0.203 个、1.425 万元，且分别在 5% 的统计水平上显著，分别占未遭受信贷约束小微企业创新均值的 14.34%、23.88%、16.92%。根据上述分析结果可知，混合信贷约束对民营小微企业创新投入、专利申请个数及创新收入的影响无论在系数还是显著性水平上均高于对国有小微企业的影响。由此可见，根据所有制对小微企业样本分组后，不同渠道信贷约束对民营小微企业创新的抑制作用比在国有小微企业创新的抑制作用水平高，且在民营小微企业组更具有显著性，即不同渠道信贷约束对小微企业创新的抑制作用在民营小微企业组更为显著。

表5－9　所有制类型对不同渠道信贷约束创新影响的调节作用

变量	民营小微企业						国有小微企业					
	创新投入		专利申请个数		创新收入		创新投入		专利申请个数		创新收入	
	系数	标准误	系数	标准误	系数	标准误	系数	标准误	系数	标准误	系数	标准误
正规信贷约束 vs 无信贷约束	-0.712***	0.233	-0.197***	0.053	-1.401***	0.016	-0.589**	0.275	-0.176**	0.081	-1.301***	0.332
非正规信贷约束 vs 无信贷约束	-0.557***	0.169	-0.188***	0.073	-1.063***	0.432	-0.488**	0.229	-0.166**	0.078	-1.021**	0.502
混合信贷约束 vs 无信贷约束	-0.812***	0.334	-0.233***	0.079	-1.512***	0.043	-0.631***	0.189	-0.203***	0.074	-1.425***	0.235
信贷约束 vs 无信贷约束	-0.731***	0.198	-0.198***	0.052	-1.356***	0.044	-0.667**	0.275	-0.194***	0.096	-1.267***	0.345

注：*、**、***分别表示在10%、5%、1%的统计性水平上显著。
资料来源：根据本书数据整理。

2. 行业对不同渠道信贷约束创新影响的调节作用

为考察是否为高新技术企业对不同渠道信贷约束创新影响的调节作用，本书将小微企业全样本根据行业划分为高新技术小微企业组和非高新技术小微企业组，分别计算高新技术小微企业和非高新技术小微企业不同渠道信贷约束对小微企业创新的影响，对于子样本的估计结果如表 5 – 10 所示。表 5 – 10 的估计结果显示，正规信贷约束使得高新技术小微企业在创新投入、专利申请个数及创新收入分别降低 0.689 万元、0.199 个、1.389 万元，且均在 1% 的统计水平上显著，各自占未遭受信贷约束小微企业创新均值的 15.66%、23.41%、16.50%；而遭受正规信贷约束使得非高新技术小微企业在创新投入、专利申请个数及创新收入分别降低 0.598 万元、0.177 个、1.321 万元，且分别在 5%、5%、1% 的统计水平上显著，各自占未遭受信贷约束小微企业创新均值的 13.59%、20.83%、15.69%。由以上分析结果可知，正规信贷约束对高新技术小微企业创新投入、专利申请个数及创新收入的影响无论在系数还是显著性水平上均高于对非高新技术小微企业的影响。同时，由表 5 – 10 可知，非正规信贷约束使得高新技术小微企业在创新投入、专利申请个数及创新收入分别降低 0.563 万元、0.187 个、1.068 万元，且均在 1% 的统计水平上显著，各自占未遭受信贷约束小微企业创新均值的 12.80%、22%、12.68%；而遭受非正规信贷约束使得非高新技术小微企业在创新投入、专利申请个数及创新收入分别降低 0.506 万元、0.165 个、0.986 万元，且分别在 5% 的统计水平上显著，各自占未遭受信贷约束小微企业创新均值的 11.5%、19.41%、11.71%。由以上分析结果可知，非正规信贷约束对高新技术小微企业创新投入、专利申请个数及创新收入的影响无论在系数还是显著性水平上均高于对非高新技术小微企业的影响。

另外，由表 5 – 10 可知，混合信贷约束使得高新技术小微企业在创新投入、专利申请个数及创新收入分别降低 0.799 万元、0.231 个、1.481 万元，且均在 1% 的统计水平上显著，各自占未遭受信贷约束小微企业创新均值的 18.16%、27.18%、17.59%；而遭受混合信贷约束使得非高新技术小微企业在创新投入、专利申请个数及创新收入分别降低 0.635 万元、0.216 个、1.382 万元，且分别在 1% 的统计水平上显著，各自占未遭受信贷约束小微企业创新均值的 14.43%、25.41%、

表5-10 行业对不同渠道信贷约束创新影响的调节作用

变量	高新技术小微企业						非高新技术小微企业					
	创新投入		专利申请个数		创新收入		创新投入		专利申请个数		创新收入	
	系数	标准误	系数	标准误	系数	标准误	系数	标准误	系数	标准误	系数	标准误
正规信贷约束 vs 无信贷约束	-0.689***	0.103	-0.199***	0.044	-1.389***	0.342	-0.598**	0.272	-0.177**	0.086	-1.321***	0.233
非正规信贷约束 vs 无信贷约束	-0.563***	0.124	-0.187***	0.052	-1.068***	0.234	-0.506**	0.249	-0.165**	0.077	-0.986**	0.487
混合信贷约束 vs 无信贷约束	-0.799***	0.184	-0.231***	0.023	-1.481***	0.421	-0.635***	0.104	-0.216***	0.066	-1.382***	0.346
信贷约束 vs 无信贷约束	-0.732***	0.225	-0.213***	0.087	-1.412***	0.352	-0.621**	0.308	-0.185***	0.079	-1.279***	0.089

注：*、**、***分别表示在10%、5%、1%的统计性水平上显著。
资料来源：根据本书数据整理。

16.41%。由以上分析结果可知，混合信贷约束对高新技术小微企业创新投入、专利申请个数及创新收入的影响无论是在系数还是显著性水平均高于对非高新技术小微企业的影响。由此可见，根据是否属于高新技术企业对小微企业样本分组后，不同渠道信贷约束对高新技术小微企业创新的抑制作用比在非高新技术小微企业创新的抑制作用水平高，且在高新技术小微企业组更具有显著性，即不同渠道信贷约束对小微企业创新的抑制作用在高新技术小微企业组更为显著。

3. 经济发展水平对不同渠道信贷约束创新影响的调节作用

为考察小微企业所处地区经济发展水平对不同渠道信贷约束创新影响的调节作用，本书将全样本划分为所在地区经济发展水平较高的小微企业组和所在地区经济发展水平较差的小微企业组两组子样本，对两组子样本估计结果如表 5-11 所示。

表 5-11 的估计结果显示，正规信贷约束使得经济发展水平较差地区小微企业在创新投入、专利申请个数及创新收入分别降低 0.775 万元、0.199 个、1.368 万元，且均在 1% 的统计水平上显著，各自占未遭受信贷约束小微企业创新均值的 17.61%、23.41%、16.25%；而正规信贷约束使得经济发展水平较高地区小微企业在创新投入、专利申请个数及创新收入分别降低 0.521 万元、0.186 个、1.269 万元，分别在 1%、5%、1% 的统计水平上显著，分别占未遭受信贷约束小微企业创新均值的 11.84%、21.88%、15.07%，这说明，正规信贷约束对小微企业创新的抑制作用在经济发展水平较差地区企业更为显著。同时，由表 5-11 可知，非正规信贷约束使得经济发展水平较差地区小微企业在创新投入、专利申请个数及创新收入分别降低 0.592 万元、0.188 个、1.051 万元，且均在 1% 的统计水平上显著，各自占未遭受信贷约束小微企业创新均值的 13.45%、22.12%、12.48%；而非正规信贷约束使得经济发展水平较高地区小微企业在创新投入、专利申请个数及创新收入分别降低 0.498 万元、0.177 个、1.011 万元，均在 5% 的统计水平上显著，分别占未遭受信贷约束小微企业创新均值的 11.32%、20.82%、12.01%，这说明，对经济发展水平较差地区小微企业创新投入、专利申请个数及创新收入的影响无论在系数还是显著性水平上均高于对经济发展水平较高地区小微企业的影响。另外，由表 5-11 可知，混合信贷约束使得经济发展水平较差地区小微企业在创新投入、专利申请个数及

表5-11　经济发展水平对不同渠道信贷约束创新影响的调节作用

变量	经济发展水平较差地区小微企业						经济发展水平较高地区小微企业					
	创新投入		专利申请个数		创新收入		创新投入		专利申请个数		创新收入	
	系数	标准误	系数	标准误	系数	标准误	系数	标准误	系数	标准误	系数	标准误
正规信贷约束 vs 无信贷约束	-0.775***	0.301	-0.199***	0.053	-1.368***	0.242	-0.521***	0.105	-0.186**	0.089	-1.269***	0.456
非正规信贷约束 vs 无信贷约束	-0.592***	0.183	-0.188***	0.056	-1.051***	0.308	-0.498**	0.233	-0.177**	0.087	-1.011**	0.478
混合信贷约束 vs 无信贷约束	-0.802***	0.145	-0.226***	0.045	-1.481***	0.186	-0.721***	0.123	-0.211***	0.067	-1.325***	0.457
信贷约束 vs 无信贷约束	-0.724***	0.188	-0.208***	0.063	-1.411***	0.332	-0.667***	0.144	-0.195***	0.033	-1.256**	0.593

注：*、**、*** 分别表示在10%、5%、1%的统计性水平上显著。
资料来源：根据本书数据整理。

创新收入分别降低 0.802 万元、0.226 个、1.481 万元，且均在 1% 的统计水平上显著，各自占未遭受信贷约束小微企业创新均值的 13.45%、22.12%、12.48%；混合信贷约束使得经济发展水平较高地区小微企业在创新投入、专利申请个数及创新收入分别降低 0.721 万元、0.211 个、1.325 万元，均在 1% 的统计水平上显著，分别占未遭受信贷约束小微企业创新均值的 16.39%、24.82%、15.74%，这说明，非正规信贷约束对经济发展水平较差地区小微企业创新投入、专利申请个数及创新收入的影响无论在系数还是显著性水平上均高于对经济发展水平较高地区小微企业的影响。由此可见，根据小微企业所处地区经济发展水平对样本进行分组后，不同渠道信贷约束对经济发展水平较差地区小微企业创新的抑制作用比在经济发展水平较高地区小微企业创新的抑制作用水平高，且在经济发展水平较差地区小微企业组更具有显著性，即不同渠道信贷约束对小微企业创新的抑制作用在经济发展较差地区小微企业组更为显著。

5.5 本章小结

本章利用 2018 年山东省小微企业微观调研数据，在考虑小微企业信贷约束存在样本选择偏差导致的内生性问题的基础上，将小微企业遭受的信贷约束按照信贷渠道分为正规信贷约束、非正规信贷约束以及混合信贷约束，构建小微企业三种不同渠道信贷约束指标，基于广义倾向得分匹配法构建多重处理效应模型，进而考察不同渠道信贷约束对小微企业创新影响的差异，能够解决因样本选择偏差导致的估计偏误问题。研究结果表明：①与未遭受信贷约束的小微企业相比，正规信贷约束对小微企业创新造成负向影响且显著，具体而言正规信贷约束使得小微企业创新投入、专利申请个数及创新收入分别降低 14.59%、22.47%、16.16%，且均在 1% 的水平上显著；②与未遭受信贷约束的小微企业相比，非正规信贷约束对小微企业创新造成负向影响且显著，具体而言非正规信贷约束使得小微企业创新投入、专利申请个数及创新收入分别降低 12.07%、21.53%、12.41%，分别在 5%、1%、1% 的统计水平上显著；③与未遭受信贷约束的小微企业相比，遭受混合信贷约束的小微企业在创新投入、专利申请个数及创新收入分别降低 17.39%、26.35%、17.49%，均在 1% 的统计水平上显著，由此可见混合信贷约束对小微企业创新的抑制作用更强，其次为正规信贷约束。④子样本分组分析表明，不同渠道信贷约束对小微企业创新的抑制作用在民营小微企业、高新技术小微企业、经济发展水平较差地区小微企业表现得更为显著。由以上分析可知，不同渠道的信贷约束均对小微企业创新造成显著的负向影响，且不同渠道信贷约束对小微企业创新影响存在显著性差异。因此，本书根据信贷渠道将小微企业遭受的信贷约束分为正规信贷约束、非正规信贷约束及混合信贷约束进行研究是有必要且具有一定研究价值的。进一步来看，混合信贷约束对小微企业创新的抑制作用最为严重，非正规金融机构的发展使得小微企业在遭受正规信贷约束时，会转向非正规金融机构申请贷款。综上，实现正规金融机构和非正规金融机构水平链接，使得两者各自发挥优势，有助于有效缓解我国小微企业信贷约束问题，提升小微企业创新。

第6章 不同类型信贷约束与小微企业创新

6.1 问题提出

对于信贷需求者而言，根据信贷需求者遭受的信贷约束是主动性选择还是被动性接受，将其所面临的信贷约束可以分需求型信贷约束（Demand-side Constrained）和供给型信贷约束（Supply-side Constrained）（程郁等，2009；张宁和张兵，2014；李成友和李庆海，2016）。通常情况下，需求型信贷约束由小微企业自身决策导致，是其主动选择的结果，小微企业有信贷需求，但由于种种原因并未向金融机构提出贷款申请。而供给型信贷约束是小微企业被动接受的，小微企业有信贷需求且向金融机构提出贷款申请，但由于种种原因只能获得部分贷款或者未获得贷款。一个自然的想法是，既然需求型信贷约束和供给型信贷约束有着不同的产生机制，不同的产生机制是否会导致对小微企业创新影响的差异性？如果对上述两种产生机制不同的信贷约束进行实证检验和比较，会使得估计结果和政策性建议更为准确，从而引起了学者们的普遍重视。

然而，以往研究仍存在很多不足之处：第一，尽管国内外已有学者开始注意到需求型信贷约束和供给型信贷约束两种不同类型信贷约束的存在，也有学者对这两种不同类型信贷约束影响因素进行了研究（程郁等，2009；张三峰等，2013；张宁和张兵，2014；任劼等，2015；李成友和李庆海，2016），但很少有学者比较不同类型信贷约束影响的差异；第二，虽有学者使用 Heckman 两阶段模型、面板门限模型、平均处理效应模型研究信贷约束对企业的影响，但忽略了那些有信贷需求但尚未提出贷款申请的企业，即使有学者注意到了那些有信贷需求但未提出贷款申请的企业，但却并未分别研究需求型和供给型两种不同的信贷约束对企业影响的差异性。因此，需要引入新的计量模型以无偏地估计出两种不同类型信贷约束对企业影响的差异。

本章以 2018 年山东省小微企业数据为研究对象，根据小微企业遭受的信贷约束是主动选择还是被动接受将信贷约束分为需求型信贷约束和供给型信贷约束两类，构建小微企业不同类型信贷约束指标，基于广义倾向得分匹配法构建多重处理效应模型，理论分析和实证检验需求型和供给型两种不同类型信贷约束对小微企业创新影响的差异。本书与以往的研究相比可能有以下几点贡献：第一，从微观企业视角丰富了企业融资相关的理论研究，同时深化了信贷约束理论的研究内容和范围，健全了信贷约束理论的研究体系。第二，丰富了信贷约束对企业影响的研究，也为信贷约束对企业创新的影响提供了新的经验证据。第三，国内外学者较少关注企业自身的信贷获取能力对小微企业创新的影响，本书把小微企业的信贷约束情况分为需求型信贷约束和供给型信贷约束两类，构建不同类型信贷约束指标，进一步对两种不同类型信贷约束对小微企业创新影响的差异性进行比较分析，能够为我国小微企业以后进行信贷融资提供经验事实依据。第四，拟以倾向得分匹配思想为基础，通过 PSM 方法控制特征变量，以克服因样本选择问题导致的估计偏误，实证检验不同类型信贷约束对小微企业创新的影响。但是在研究过程中，由于得分匹配过程中信贷约束存在多个取值，因此 PSM 方法不再适用。造成这一结果的原因是 PSM 方法仅仅适用于对应变量是二值变量的情况（Wooldridge，2002），而本章的处理变量有三个取值（即遭受需求型信贷约束、遭受供给型信贷约束和未遭受信贷约束）。本书将使用广义倾向匹配得分构建多重处理效应模型，理论分析和实证检验不同类型信贷约束对小微企业创新影响的差异，进一步优化以往的理论方法和模型，丰富了相关理论文献研究。

6.2　研究假设

在信贷市场上，信贷参与者包括信贷需求者和信贷供给者两类，且信贷需求者和信贷供给者的行动存在着先后顺序（余泉生和周亚虹，2014；李成友等，2019）。余泉生和周亚虹（2014）以及李成友等（2019）研究指出在农村信贷市场上信贷需求者先发出"信贷需求"信息，信贷供给者在看到"信贷需求"信息后，再进行是否对信贷需求者提供"信贷供给"的决策。由此可见，小微企业和金融机构之间的行动顺序如下：①小微企业发出"信贷需求"信息（$y_d = 0$ 表明小微企业没有信贷需求，$y_d = 1$ 表示小微企业有信贷需求）；②信贷者在看到小微企业信贷需求信息（$y_d = 1$）后，再决定是否给小微企业提供信贷供给（$y_s = 0$ 表示信贷供给者不给小微企业提供信贷支持，$y_s = 1$ 表示信贷供给者给予小微企业信贷支持）。因此，信贷需求者、信贷供给者的决策会出现以下三种结果：无信贷需求无信贷供给（0，0）；有信贷需求无信贷供给（1，0）；有信贷需求有信贷供给（1，1）。并且，小微企业的信贷约束问题是在小微企业有信贷需求（$y_d = 1$）的情况下，信贷供给者是否向小微企业提供信贷支持。由于小微企业在社会发展过程中处于"强位弱势"的地位，其自身发展过程中信贷需求量不断增加，但由于其本身缺乏优质的抵押资产，以银行为代表的金融机构明显偏向于向大中型企业提供信贷支持，这是由金融机构本身决策导致的资金配给，称为供给型信贷约束（Cole & Sokoly，2018；李成友等，2019）。小微企业有信贷需求且向金融机构或组织申请贷款，但没有获得信贷资金或者获得的信贷资金数量小于其信贷需求数量时，即遭受供给型信贷约束时，企业研发创新面临着一定的流动性约束（Kirschenmann，2016；张璇等，2017）。此时小微企业没有足够的资金优化生产要素，不利于其技术效率的提高，势必会抑制小微企业创新（Czarnitzki & Hall，2011；刘满凤和赵珑，2019）。根据以上分析，提出以下假设：

假设 6 – 1：供给型信贷约束抑制小微企业创新。

小微企业有信贷需求，但由于各种原因比如严格的贷款条件、过高的借贷成本、较高的贷款拒绝率，或者小微企业主自身缺乏对金融机构贷款流程、贷款产品及其相关小微企业融资政策的了解，导致了信贷需求者的"无信心申贷"或者产生了"信贷恐慌"，担心自己的信贷申请会被金融机构拒绝而没有向金融机构提出信贷申请，这就是"对向金融机构申请贷款望而却步的信贷需求者（Discouraged Borrowers）"（Kon & Storey，2003；Boucher et al.，2008），信贷需求者的"望而却步"抑制了其对信贷的参与度，信贷需求抑制而主动放弃申请贷款，这种由信贷需求者自身决策导致的信贷约束称为需求型信贷约束（Cole & Sokoly，2018；程郁等，2009；张宁和张兵，2014；李成友和李庆海，2016）。从需求型信贷约束产生的原因看，需求型信贷约束主要由于金融机构对信贷需求者甄别错误，信息不对称使得信贷需求者对金融机构的甄别机制存在着认知偏差，导致其产生了"信贷恐慌"而"无信心申贷"（Kon & Storey，2003；程郁等，2009；李成友等，2019）。这就是"对向金融机构申请贷款望而却步的信贷需求者"，信贷需求者的"望而却步"抑制了其对信贷的参与度（Kon & Storey，2003；Petrick，2004；李庆海等，2016）。又加上小微企业创新相对于其他投资项目具有更高的风险，使得企业减少在研发新产品、开拓新市场及现有装备升级等生产经营性活动投资，抑制了小微企业的创新。

　　信贷需求者面临的信贷约束可能源于金融机构的决策和信贷需求者的自主决策两个方面，即这两类信贷约束是基于信贷需求方是主动性选择还是被动性接受产生的（Kon & Storey，2003；Williamson，1986；程郁等，2009，李庆海等，2016）。供给型信贷约束是由金融机构本身决策导致的资金配给，强调信贷约束是信贷需求者被动接受的，而需求型信贷约束是需求方自身决策导致的信贷约束，强调信贷约束是信贷需求者主动选择的结果（Cole & Sokoly，2018；程郁等，2009；李成友、李庆海，2016）。李成友和李庆海（2016）指出农户遭受的信贷约束情形按照信贷约束程度分为需求型信贷约束、供给型信贷约束以及无信贷约束，且这三种情形的信贷约束程度是逐渐降低的。李成友等（2019）进一步研究了苏、鲁两省农户遭受需求型信贷约束和供给型信贷约束对农户福利水平影响的差异，研究发现需求型信贷约束的影响程度显著大于供给型信贷约束。信贷需求者自身信贷需求抑制而遭受需求型信贷约束，可以视作他们信贷信心的缺失而造成的"信贷恐慌"；由这种"信贷恐慌"造成的需求型信贷约束程度要比供给型信贷约束程度更强，且要承担更为严重的后果（Cole & Sokoly，2018；李成友和李庆海，2016；李成友等，2019；魏昊等，2020）。对于小微企业而言也是如此，遭受需求型信贷约束、遭受供给型信贷约束以及未遭受信贷约束的信贷约束程度是逐步降低的，且需求型信贷约束对小微企业创新的损失相对于供给型信贷约束会进一步恶化。因此，提出以下假设：

假设6－2：需求型信贷约束也能够抑制小微企业创新，且对企业创新的抑制程度大于供给型信贷约束。

6.3 研究设计

6.3.1 数据来源

山东省小微企业数量居全国第三（居广东、江苏之后），小微企业产业类型齐全、数量众多、发展迅速，是我国小微企业大省。2018年，山东省继续深化小微企业治理结构和产业结构"双升"战略，小微企业"双升"战略被纳入《山东省新旧动能转换重大工程的实施规划》中，推动小微企业加强质量管理，促进小微企业创新能力不断提升。据山东省市场监管局提供的信息，2018年山东省小微企业数量达到224.7万户（不含个体工商户），占全省企业总数的86%，占市场主体总数的24.8%，实有注册资本13.1万亿元，实现营业收入3.05万亿元，户均收入151.4万元，吸纳就业2658万人，成为推动社会就业和全省经济稳定发展的主力军[①]。然而，山东省小微企业与全国小微企业一样也面临着比较严重的信贷约束，据《基于金融错配分析框架的中小企业融资难问题研究》（2017）课题组对山东省部分小微企业的调查显示：济南、潍坊、济宁等市只有1%的中小微企业的贷款需求得到全部满足，5%的中小微企业贷款需求得到部分满足，贷款供应远远不能满足中小微企业的信贷需求，由此造成了中小微企业的信贷约束（邢乐成，2017）。由此可见，山东省为我国的经济强省，经济发展迅速，小微企业不断壮大，然而山东省小微企业如同全国小微企业一样也处于"强位弱势"的状态，其发展过程的信贷需求难以获得金融机构的资金支持，以"麦克米伦缺口"形式表现出来的信贷约束的持续存在可能会威胁到小微企业的生存、发展以及小微企业群体的转型升级，甚至影响到山

---

① 闪电新闻：《政府工作报告14次提及！山东三大关键领域助力中小微企业发展》，https://baijiahao.baidu.com/s? id=16679018 44704376771&wfr=spider&for=pc。

东省产业结构的调整及其社会的稳定。本书所得到的主要结论与政策措施不仅能够为山东省小微企业发展提供思路和方法，而且也能够为同类省份以及落后地区小微企业发展提供有益的参考和借鉴，具有十分重要的现实意义。

本章调研对象包括山东省小型和微型企业，主要于2019年3~9月对山东省小微企业信贷融资及企业创新情况进行调查。其中，各行业小微企业界定标准以2017年统计局联合各部委颁布的《统计上大中小微型企业划分办法（2017）》为标准。本书调研问卷的形成主要经过文献整理、专家咨询、预调研、问卷信效度检验及最终问卷形成，问卷主要由企业主或者企业主要负责人回答，采用实地调研和深度访谈相结合的方法以增加样本数据的典型性和代表性。另外，为避免所抽样本存在样本选择偏差问题，调研采用随机抽样的方法，即根据山东省以往传统的地域划分标准及经济发展水平进行系统抽样，在每个区域内分别抽取固定数量的小型和微型企业。抽样过程采用三阶段分成抽样：首先，山东省分为鲁东、鲁中、鲁西三个地区；其次，在鲁东、鲁中、鲁西三个地区分别随机抽取两个市，分别为济南市、青岛市、泰安市、日照市、聊城市和德州市；再次，在所抽取的六个市分别随机抽取两个县级市（区、县），每个县级市（区、县）随机抽取三个镇（乡、街道），每个镇（乡、街道）随机抽取30个小微企业；最后，对所抽取的小微企业进行实地调研和深度访谈，获得947家调研样本小微企业。此外，对每份调研问卷进行整理，对于存在数据缺失或者不符合小微企业划分标准的小微企业进行剔除，最终获得838家样本小微企业供研究分析使用，总的有效问卷回收率为88.5%。所获得的调研数据包括2018年山东省小微企业主基本情况、企业自身情况、企业融资及创新、企业内外部环境等数据，为本书进行分析提供了基础条件。表3-1给出了838家小微企业样本性质分布统计，从整体样本分布来看，涉及了不同规模、不同成长阶段等不同特征的小微企业。由表3-1可知，小微企业资产规模比较小，81.74%的小微企业资产规模在200万元以下；企业成立时间较短，83.17%的企业成立时间在5年以下；企业多处于初创期和成长期，占了总企业的64.67%；企业员工人数集中在200人以下，占总企业的79.83%。

6.3.2 甄别机制

与间接法和半直接法相比,直接法在研究样本的可识别程度及分类完备性的特别优势逐渐体现出来,目前直接法已成为衡量信贷约束的一种主流方法,鉴于本章研究的实际情况,采用直接法估计小微企业不同类型信贷约束情况,甄别机制的构建也基于直接法展开。对于调研样本小微企业遭受的不同类型信贷约束情形的判断,利用调查问卷询问"2018 年企业是否存在资金短缺问题",根据回答的"是"或"否",将全体样本小微企业分为有信贷需求和无信贷需求两组子样本。对于那些无信贷需求的小微企业,根本谈不上是否遭受信贷约束。对于那些有信贷需求的小微企业则进一步考察,使用"若存在资金短缺问题,2018年企业是否向金融机构申请过贷款"这一调研内容,若样本小微企业回答"否",则认为样本小微企业遭受需求型信贷约束;若样本小微企业回答"是",再使用"若向金融机构申请过贷款,最大一笔贷款的申请金额和实际获得金额分别是多少"这一调研内容,对申请金额和实际所得金额大小进行对比分析。若前者大于后者,则认为样本小微企业遭受供给型信贷约束,反之样本小微企业既未遭受供给型信贷约束也未遭受需求型信贷约束,即样本小微企业没有遭受信贷约束,本书设计了三个题项供小微企业选择(见表 6-1)。

表 6-1 小微企业不同类型信贷约束判断

序号	问卷题目设计	取值标准
1	2018 年企业是否存在资金短缺问题	1 为是;0 为否
2	若存在资金短缺问题,2018 年企业是否向金融机构申请过贷款	1 为是;0 为否,则遭受需求型信贷约束
3	若向金融机构申请过贷款,最大一笔贷款的申请金额和实际获得金额分别是多少	前者大于后者,则遭受供给型信贷约束

资料来源:根据本书数据整理。

图 6-1 给出小微企业信贷约束类型情况。在 838 家有效样本的小微企业中,无信贷需求的小微企业有 142 家,占有效样本小微企业的

16.95%；有信贷需求的小微企业有 696 家，占有效样本小微企业的
83.05%。其中，在有信贷需求的小微企业中，遭受需求信贷约束的小
微企业有 243 家，占有信贷需求小微企业的 34.91%；遭受供给型信贷
约束的小微企业有 312 家，占有信贷需求小微企业的 44.83%。因此，
通过以上分析可知，小微企业遭受了不同类型的信贷约束。

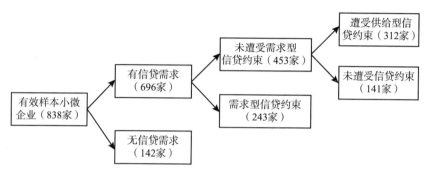

图 6 - 1　样本小微企业不同类型信贷约束情况

资料来源：根据本书数据整理。

6.3.3　变量选择

1. 被解释变量

创新变量。为研究不同类型贷约束小微企业创新的影响，参考国内
外有关研究（Hamamoto，2006；Ambec et al.，2013；Rubashkina et al.，
2015；杨洋等，2015；张璇等，2017；杨亭亭等，2018），本书使用创
新投入、专利申请个数、创新收入衡量小微企业创新，具体用以下三个
指标来衡量小微企业的创新：①创新投入，记为 INT，用企业一年的创
新投入衡量，单位为万元；②专利申请数量，记为 PAT，用企业一年专
利申请数量来衡量小微企业创新，单位为个；③企业创新收入，记为
INN，用企业一年的创新性收入衡量，单位为万元。

为了对不同类型信贷约束与小微企业创新的关系有直观简要的了解，
可以从统计学的角度对 696 家有信贷需求的小微企业进行简单分组，对比
小微企业不同类型信贷约束对创新影响的差异性。通过表 6 - 2 可以看
出：未遭受信贷约束的小微企业的创新投入、专利申请数量及创新收入
均值分别为 4.83 万元、1.17 个、9.21 万元，遭受供给型信贷约束的小

微企业的创新投入、专利申请数量及创新收入均值分别为 4.23 万元、0.68 个、7.98 万元，遭受需求型信贷约束的小微企业的创新投入、专利申请数量及创新收入均值分别为 4.16 万元、0.66 个、7.97 万元。由以上分析可知，与未遭受信贷约束的小微企业创新相比，遭受供给型信贷约束及需求型信贷约束的小微企业创新均有显著性下降，并且两种不同类型信贷约束对小微企业创新投入、专利申请个数及创新收入的影响存在一定的差异性。那么，不同类型信贷约束对小微企业创新的影响究竟如何？为解决上述问题，本书借助以下估计方法及模型展开分析和研究。

表 6 - 2　　　　　　　　小微企业不同类型信贷约束创新均值比较

变量	供给型信贷约束	需求型信贷约束	未遭受信贷约束	总体情况
样本小微企业（个）	312	243	141	696
创新投入（万元）	4.23	4.16	4.83	4.33
专利申请个数（个）	0.68	0.66	1.17	0.77
创新收入（万元）	7.98	7.96	9.21	8.22

资料来源：根据本书数据整理。

2. 匹配变量

李庆海等（2014）研究中明确指出使用 GPS 法对影响效应进行估计时，所选择的匹配变量应该是影响小微企业所处不同类型信贷约束情形及创新的协变量。对于小微企业所处两种不同类型信贷约束情形，规定：①小微企业是否遭受需求型信贷约束，用 DC 进行表示，1 为是，0 为否；②小微企业是否遭受供给型信贷约束，用 SC 进行表示，1 为是，0 为否。参考已有相关研究文献，本书选取的匹配变量主要有企业主基本特征变量、企业基本特征变量、企业融资环境特征变量（Cohen，2010；温军和冯根福，2018；陈思等，2017；李成友等，2020；张佳琦等，2021）。

（1）企业主基本特征变量。小微企业经营权和所有权一般集中于企业主个人手中，扁平化的组织结构使得小微企业的决策受到企业主个人影响比较大，企业主个人特质可以影响到小微企业的信贷可获得性。企业主年龄大、身体健康状况好、所受教育程度高及企业主是中共党员等，代表其阅历丰富，向银行传递了企业的积极信息，降低了小微企业与金融机构的信息不对称，容易获得金融机构的信任，有利于小微企业获得信贷融资，减少其信贷约束强度（Dai et al.，2017；Hetland & Mjos，2018；何灵和谌立平，2017；陈志刚等，2021），因此本书把企业主个人基本特征作为匹配变量，主要包括企业主年龄、企业主健康状况、企业主受教育程度以及企业主政治面貌等变量。①企业主年龄，对企业主年龄取自然对数，用 AGE 进行表示；②企业主受教育程度，用 EDU 进行表示，1 代表专科以下，2 代表专科，3 代表本科，4 代表硕士及以上；③企业主健康状况，用 HEA 进行表示，1 为健康，0 为否；④企业主政治面貌，用 MIA 进行表示，1 为中共党员或无党派人士，0 为否；⑤企业主是否在金融机构（组织）中有熟人，用 SRN 进行表示，1 代表企业主在金融机构（组织）有熟人，0 代表企业主在金融机构（组织）无熟人；⑥企业主创新能力，对小微企业主创新能力进行打分，用 CRE 表示，取值 1～7，1 代表企业主创新能力最弱，7 代表企业主创新能力最强。

（2）企业基本特征变量。小微企业的基本特征能够对信贷需求和信贷可获得性造成一定影响（Tong，2013；Huang et al.，2016；何灵和谌立平，2017）。因此本书把企业基本情况特征变量作为匹配变量，主要包括以下变量：①小微企业主与管理者是否两者合一，记为 IDD，是为 1，否为 0；②董事会，记为 BOA，企业有董事会为 1，否则为 0；③技术人员所占比重，记为 TEA，单位为%；④企业规模，记为 SIZE，用小微企业资产总额的自然对数衡量；⑤企业市场势力，记为 MAR，本书以企业销售额与生产成本之比的对数来衡量小微企业市场势力，取值越大，说明市场势力越强；⑥企业最大股东持股比例，记为 SHA，单位为%；⑦资本密集度，固定资产与员工人数的比值取对数，记为 CAP；⑧是否为高新技术企业，记为 HIG，是为 1，否为 0；⑨企业是否有重大项目支出，记为 ZHI，即用于设备厂房等固定资产投资或创办新机构支出等，1 为企业本年度有重大项目支出，0 为企业本年度无重大项目支出；⑩企业是否曾经发生过违约，用 WEY 进行表示，1 代表企业曾经发生过违约行为，0 代表企业曾经未发生过违约行为。

（3）企业融资环境特征变量。李成友和孙涛（2018）还指出信贷资金的供给方主要有正规金融机构和非正规金融机构两类，对有信贷需求的小微企业可以向正规或非正规金融机构借款，或同时向两者借款，因此本书把企业融资环境基本特征变量作为本书的匹配变量，主要包括企业是否曾获得正规金融机构贷款、企业是否曾获得非正规金融机构贷款等变量。①企业是否有银行存款，用 SAV 表示，1 为是，0 为否；②企业是否曾获得正规金融机构贷款，用 FOR 进行表示，1 为是，0 为否；③企业是否曾获得非正规金融机构贷款，用 INF 表示，1 为是，0 为否；④开车往返一次最近金融机构所需要的时间，用 DIS 表示，单位为分钟，稳健性检验中，企业离最近金融机构网点的距离作为替换变量。

3. 主要变量的描述性统计

本次调研所获得的 2018 年山东省的 838 家小微企业微观调研数据，包括企业主基本情况、企业自身基本情况、企业融资环境情况、不同类型信贷约束与小微企业创新等翔实数据，表 6 - 3 给出了本章所涉及的主要变量定义及其描述性统计。由表 6 - 3 可知，创新投入平均值为 4.49，标准差为 1.67，说明小微企业样本中不同企业间创新投入存在着较大差异。专利申请个数均值为 0.74，标准差为 1.01，创新收入均值为 8.22，标准差为 3.20，说明小微企业样本中不同企业间创新产出存在着较大差异。供给型信贷约束均值为 0.37，标准差为 0.48，需求型信贷约束均值为 0.29，标准差为 0.45，说明小微企业样本中不同企业遭受的供给型信贷约束与需求型信贷约束也存在着较大差异。另外，本章控制变量的描述性统计在正常范围之内。

表 6 - 3   主要变量定义及描述性统计

变量	符号	定义	观测值	最小值	最大值	平均值	标准差
创新投入	INT	企业研发投入金额，单位万元	838	1.00	28.00	4.49	1.67
专利申请个数	PAT	2018 年专利申请个数，单位为个	838	0	5	0.74	1.01
创新收入	INN	新产品销售收入，单位为万元	838	0.00	12.95	8.22	3.20

续表

变量	符号	定义	观测值	最小值	最大值	平均值	标准差
供给型信贷约束	SC	遭受供给型信贷约束 = 1，否则为 0	838	0	1	0.37	0.48
需求型信贷约束	DC	遭受需求型信贷约束 = 1，否则为 0	838	0	1	0.29	0.45
年龄	AGE	企业主年龄取对数	838	2.77	4.38	3.76	0.22
学历	EDU	1 = 专科以下；2 = 专科；3 = 本科；4 = 本科及以上	838	1	4	1.23	0.49
政治面貌	MIA	企业主是否为党员或担任过人大代表、政协委员，是 = 1，否 = 0	838	0	1	0.14	0.34
健康	HEA	企业主身体是否健康，是 = 1，否 = 0	838	0	1	0.53	0.50
金融机构有熟人	SRN	企业主金融机构有熟人 = 1，无 = 0	838	0	1	0.40	0.49
创新能力	CRE	企业主个人创新能力进行打分，1~7 分，分值越高，创新能力越强	838	1	7	3.75	1.37
两者合一	IDD	企业主与管理者是否两者合一，是 = 1，否 = 0	838	0	1	0.91	0.29
董事会	BOA	有 = 1，否 = 0	838	0	1	0.21	0.41
技术人员比例	TEA	单位为%	838	0.00	90.00	14	0.20
企业规模	SIZE	企业固定资产的自然对数	838	6.91	17.22	13.67	2.36
市场势力	MAR	企业的营业收入/生产成本	838	0.01	100.00	10.72	11.80
最大股东持股比例	SHA	第一大股东持股比例，单位为%	838	11.00	67.33	31.45	0.14
资本密集度	CAP	固定资产与员工人数比值后取对数	838	2.02	6.90	4.96	0.72
高新技术企业	HIG	是 = 1，否 = 0	838	0	1	0.55	0.50

变量	符号	定义	观测值	最小值	最大值	平均值	标准差
重大项目支出	ZHI	2018年有重大项目支出，有=1，无=0	838	0	1	0.16	0.36
曾经发生过违约行为	WEY	2018年曾经发生过违约行为，有=1，无=0	838	0	1	0.02	0.15
有存款	FOR	有=1，无=0	838	0	1	0.21	0.41
曾获得正规金融机构贷款	INF	曾获得正规金融机构贷款=1，无=0	838	0	1	0.48	0.50
曾获得非正规金融机构贷款	SAV	曾获得非正规金融机构贷款=1，无=0	838	0	1	0.76	0.61
距离最近金融机构所花时间	DIS	开车往返最近金融机构需要的时间，单位为分钟	838	2.0	15.0	6.27	3.52

资料来源：根据本书数据整理。

4. 同源方差检验

由于本书中的小微企业调研问卷均是由小微企业主要负责人或者企业主填写的，因此有可能存在同源方差问题。本书采用哈曼单因素检测法对问卷中的所有题项进行探索性因子分析，以控制同源方差对本书数据质量的影响。根据分析结果，KMO检验值为0.937；限定抽取一个引子，未旋转因子结果显示，限定一个因子只解释总变异的14.32%，且无任何单因子出现，本书所有的变量均负载到不同的因子上，因此同源方差对本书结论的可靠性不会造成实质性影响。

6.3.4 模型构建

1. 多元回归模型

为考察不同类型信贷约束对小微企业创新影响的差异性，参考以往研究文献，结合本章研究目的，构建多元回归模型进行分析，以与利用GPS方法所得主要估计结果比较。以"未遭受信贷约束"的小微企业为基准组，以创新为因变量，构建以下多元回归模型：

$$Y_i = \alpha_0 + \alpha_1 DC_i + \alpha_2 SC_i + Z_i \gamma + Locate + Ind + \varepsilon \qquad (6.1)$$

其中，α_0 表示常数项；Y_i 表示小微企业的 i 的创新变量，主要包括企业创新投入、专利申请个数、创新收入；DC_i、SC_i 分别表示是小微企业 i 是否遭受需求型信贷约束、是否遭受供给型信贷约束的虚拟变量，α_1、α_2 分别表示上述两个变量相对应的系数；Z_i 表示影响小微企业创新的外生解释向量，包括企业主基本特征、企业基本特征及企业所处金融环境特征，γ 为其系数向量矩阵；此外，小微企业所在行业技术发展水平及所在地区经济发展水平均会对小微企业创新造成一定影响，因此加入行业虚拟变量和地区虚拟变量作为控制变量，Ind 为行业，Locate 为地区；ε 表示随机误差项。

2. 多重处理效应模型

在本书模型构建的过程中，如果采用简单的 OLS 方法进行估计，样本选择性问题导致的估计偏误将无法被克服（Wooldridge，2002），需要引进新的计量模型与估计方法解决此问题。当前，大多数学者研究所采用的方法是 PSM 法，该方法最初由罗森鲍姆和鲁宾（Rosenbaum & Rubin，1983）提出，是基于控制匹配变量的研究方法，后来得到学者们广泛的应用。比如李庆海等（2014）采用 PSM 法估计信贷约束对农户福利水平的影响，以解决样本选择性问题所导致的估计偏误（李庆海等，2014）。然而，PSM 方法仅仅适合于处理变量为两个取值时（比如农户是否遭受信贷约束）的情形，但当处理变量为多个取值时 PSM 方法无能为力（Feng et al.，2012）。就本书而言，小微企业所处的信贷约束情形有三种，即处理变量为三个，PSM 方法对本书不再适合，而 GPS 方法可以较好地处理变量为两个以上取值时的问题（Imbens，2000；Wooldridge，2002）。因此，本书选择 GPS 方法用以估计多重处理效应模型。

本书假设，小微企业所处信贷约束情形的集合为：$T = \{U, D, S\}$。其中，T 表示处理变量，T 有三个取值：$T = U$ 表示未遭受信贷约束，$T = D$ 表示遭受需求型信贷约束，$T = S$ 表示遭受供给型信贷约束。变量 Y 表示小微企业创新，与小微企业所处的信贷约束情形对应，小微企业创新有三种情形：$\{Y^U, Y^D, Y^S\} = \{Y^t : t \in T\}$，分别表示未遭受信贷约束、遭受需求型信贷约束和遭受供给型信贷约束时小微企业创新。对于任一小微企业 i，其创新的实际观测值 y_i 可表示为：

165

$$y_i = \sum_{t \in T} y_i^t I(T_i = t) \tag{6.2}$$

对于式（6.2），$I(\cdot)$ 为示性函数。对于任意两种不同的小微企业信贷约束情形（m，$l \in T$，$m \neq l$），小微企业创新影响的差异可表示为：

$$ATE_{m,l} = E(Y^m) - E(Y^l) \tag{6.3}$$

对于式（6.3），$ATE_{m,l}$ 为相对于遭受信贷约束情形 l 而言，小微企业遭受信贷约束情形 m 的平均处理效应。然而，对任一小微企业 i 而言，在现实中要想观测到所有的情形是不可能的，仅能观测到三种情形 $\{y_i^U,$ $y_i^D,$ $y_i^S\}$ 中的一种。要想利用式（6.3）形式 $\bar{y}^m - \bar{y}^l = \frac{1}{n}\sum_{i=1}^{n} y_i^m - \frac{1}{n}\sum_{i=1}^{n} y_i^l$ 对 $ATE_{m,l}$ 进行估计，必定会引起因样本选择偏差导致的估计偏误问题。

根据匹配变量进行匹配，可以解决样本选择偏差导致的估计偏误问题，匹配后的 $ATE_{m,l}$ 可表示为：

$$ATE_{m,l} = E(Y^m) - E(Y^l) = E[E(Y^m - Y^l \mid X)] \tag{6.4}$$

对于式（6.4），X 表示匹配变量。借鉴因本思（Imbens，2000）和伍德里奇（Wooldridge，2002）的研究，根据匹配变量先估计出小微企业不同类型信贷约束情形的概率（倾向得分），再根据倾向得分进行匹配。此时，$ATE_{m,l}$ 可表示为：

$$ATE_{m,l} = E(Y^m) - E(Y^l) = E[E(Y^m - Y^l \mid p(m, X))] \tag{6.5}$$

对于式（6.5），在给定匹配变量 X 时，信贷约束情形 m 的条件概率用 $p(m, X) = P(T = m \mid X)$ 表示，GPS 方法使用的关键是计算式（6.5）右端的条件期望。根据李庆海等（2014）的研究，上述式（6.5）改为式（6.6）：

$$ATE_{m,l} = E[E(Y^m - Y^l \mid p(m, X))] = E\left[\frac{Y \times I(T=m)}{p(m, X)}\right] - E\left[\frac{Y \times I(T=1)}{p(1, X)}\right] \tag{6.6}$$

由于多值 Probit 模型适用性受到的限制比较多，国内外学者多采用多值 Logit 模型对广义倾向得分进行估计（Becker & Ichino，2002；郭申阳，2012；Li et al.，2021）。因此，本书使用多值 Logit 模型估计小微企业所处信贷约束情形下广义倾向得分 $p(m, X)$，即用式（6.7）表示：

$$Prob(T = t) = \frac{e^{\beta'_t X}}{e^{\beta'_U X} + e^{\beta'_D X} + e^{\beta'_S X}}, \quad t \in T = \{U, D, S\} \tag{6.7}$$

对于式（6.7），X 表示匹配变量。通过式（6.7）多值 Logit 模型可以估计出相应的系数，将得到的系数代入模型中，即可得到小微企业处于不同情形下所对应的概率 $\hat{p}(m, X)$，即不同情形下的广义倾向得分估计值。

参照李庆海等（2014）的研究，下面给出利用 GPS 方法估计小微企业不同信贷约束情形对其创新影响差异的几个主要步骤：

（1）在给定信贷约束情形 $t \in T$，利用多值 Logit 模型估计广义倾向得分：

$$\hat{p}(t, X_i) = P(T_i = t \mid X_i), \ i = 1, \cdots, n$$

（2）对于信贷约束情形 $t \in T$，利用式（6.6）的样本表达形式估计 $E(Y^t)$：

$$\hat{E}(Y^t) = \left[\sum_{i=1}^{n} \frac{Y_i I(T_i = t)}{\hat{p}(t, X_i)} \right] \cdot \left[\sum_{i=1}^{n} \frac{I(T_i = t)}{\hat{p}(t, X_i)} \right]^{-1} \tag{6.8}$$

（3）计算信贷约束情形 m 相对于信贷约束情形 l 的平均处理效应（m, l ∈ T）：

$$\hat{ATE}_{m,l} = \hat{E}(Y^m) - \hat{E}(Y^l) \tag{6.9}$$

6.4　实证分析

6.4.1　多元回归分析估计结果

本节先不考虑内生性问题，而是使用传统的回归方法，即使用式（6.1）估计不同类型信贷约束对小微企业创新影响的差异性。表 6-4 列出了式（6.1）多元回归模型中不同类型信贷约束对小微企业创新的估计结果，且表 6-4 只列出了以"未遭受信贷约束"为参照组，需求型信贷约束和供给型信贷约束对小微企业创新影响的估计结果，并用"需求型信贷约束 vs 无信贷约束"和"供给型信贷约束 vs 无信贷约束"进行表示，以与基于广义倾向得分匹配法多重处理效应模型的估计结果相对比。

表 6 - 4   不同类型信贷约束对小微企业创新影响的 OLS 估计结果

变量	创新投入		专利申请个数		创新收入	
	系数	标准误	系数	标准误	系数	标准误
需求型信贷约束 vs 无信贷约束	- 1. 102 ***	0. 41	- 0. 241 ***	0. 095	- 1. 867 ***	0. 421
供给型信贷约束 vs 无信贷约束	- 0. 825 ***	0. 138	- 0. 207 **	0. 101	- 1. 506 ***	0. 731

注：＊、＊＊、＊＊＊分别表示在 10%、5%、1%的统计性水平上显著。
资料来源：根据本书数据整理。

从表 6 - 4 中 OLS 的估计结果可以得出，与未遭受信贷约束的小微企业相比，遭受需求型信贷约束的小微企业在创新投入方面降低 1. 102 万元且在 1%的统计水平上显著，占未遭受信贷约束小微企业创新投入均值的 20.82%；在专利申请个数方面降低 0. 241 个且在 1%的统计水平上显著，占未遭受信贷约束小微企业专利申请个数均值的 20.60%；在创新收入方面降低 1. 867 万元且在 1%的统计水平上显著，占未遭受信贷约束小微企业创新收入均值的 20. 27%。另外，由表 6 - 4 可知，与未遭受信贷约束的小微企业相比，遭受供给型信贷约束的小微企业在创新投入方面降低 0. 825 万元且在 5%的统计水平上显著，占未遭受信贷约束小微企业创新投入均值的 17.08%；在专利申请个数方面降低 0. 207 个且在 1%的统计水平上显著，占未遭受信贷约束小微企业专利申请个数均值的 17.69%；在创新收入方面降低 1. 506 万元且在 1%的统计水平上显著，占未遭受信贷约束小微企业创新收入均值的 16.35%。由以上分析可知，需求型信贷约束和供给型信贷约束均对小微企业创新投入、专利申请个数及创新收入具有显著负向影响，且相对供给型信贷约束而言，需求型信贷约束对小微企业创新投入、专利申请个数及创新收入的影响系数更大，且更为显著。

6.4.2 多重处理效应估计结果

1. 估计结果

采取基于广义倾向得分匹配法构建多重处理效应模型，对不同类型信贷约束的影响进行估计以比较不同类型贷约束影响的差异，表 6 - 5 给出不同类型信贷约束对小微企业创新的影响。此外，本书还将需求型信贷约束和供给型信贷约束统称为"信贷约束",运用广义倾向得分匹配法分析信贷约束对小微企业创新的影响。其中,表 6 – 5 中"需求型信贷约束 vs 无信贷约束"代表相对于未遭受信贷约束的小微企业而言,小微企业遭受需求型信贷约束对其创新影响的平均处理效应,"供给型信贷约束 vs 无信贷约束"代表相对于未遭受信贷约束的小微企业而言,小微企业遭受供给型信贷约束对其创新影响的平均处理效应。

表 6 – 5 不同类型信贷约束对小微企业创新影响的 MTE 估计结果

变量	创新投入		专利申请个数		创新收入	
	系数	标准误	系数	标准误	系数	标准误
需求型信贷约束 vs 无信贷约束	– 0.914 ***	0.141	– 0.204 ***	0.065	– 1.546 ***	0.421
供给型信贷约束 vs 无信贷约束	– 0.726 ***	0.138	– 0.189 **	0.091	– 1.471 *	0.831
信贷约束 vs 无信贷约束	– 0.833 ***	0.314	– 0.194 **	0.096	– 1.495 **	0.734

注: * 、** 、*** 分别表示在 10% 、5% 、1% 的统计性水平上显著。
资料来源:根据本书数据整理。

通过表 6 – 5 可以看出,相对于未遭受信贷约束的小微企业而言,与未遭受信贷约束的小微企业相比,遭受需求型信贷约束的小微企业在创新投入方面降低 0.914 万元且在 1% 的统计水平上显著,占未遭受信贷约束小微企业创新投入均值的 18.92%;在专利申请个数方面降低 0.204 个且在 1% 的统计水平上显著,占未遭受信贷约束小微企业专利申请个数均值的 17.43%;在创新收入方面降低 1.546 万元且在 1% 的统计水平上显著,占未遭受信贷约束小微企业创新收入均值的 16.79%。同时,由表 6 – 5 可知,与未遭受信贷约束的小微企业相比,遭受供给型信贷约束的小微企业在创新投入方面降低 0.726 万元且在 1% 的统计水平上显著,占未遭受信贷约束小微企业创新投入均值的 15.03%;在专利申请个数方面降低 0.189 个且在 5% 的统计水平上显著,占未遭受信贷约束小微企业专利申请个数均值的 16.15%;在创新收入方面降低 1.471 万元且在 10% 的统计水平上显著,占未遭受信贷约束小微企业创新收入均值的 15.97%。综上可以发现,需求型信贷约束与供给型信贷约束均会对小微企业创新产生负面影响,尤以需求型信贷约束的影响程度更为严重,假设 6 – 1 和假设 6 – 2 得到验证。这就意味着,在需求型信贷约束演变为小微企业主要信贷约束形式的今天，小微企业创新损失不仅未能得到有效改善，反而遭到进一步恶化。

另外，将不同类型信贷约束统一合并为"信贷约束"，相对于未遭受信贷约束的小微企业而言，小微企业遭受信贷约使得创新投入降低0.833万元，且在1%的统计水平上显著，占未遭受信贷约束小微企业创新投入均值的17.24%；在专利申请个数方面降低0.194个且在5%的统计水平上显著，占未遭受信贷约束小微企业专利申请个数均值的16.58%；在创新收入方面降低1.495万元且在5%的统计水平上显著，占未遭受信贷约束小微企业创新收入均值的16.23%。由以上分析可知，将不同类型的信贷约束统一合并为"信贷约束"，会掩盖需求型、供给型信贷约束对小微企业创新影响的差异。这也说明了本书按照信贷需求者是主动选择还是被动接受，将小微企业遭受的信贷约束分为需求型、供给型信贷约束进行研究的必要性。

表6-4中的估计结果与表6-3中的估计结果相对比发现，多元线性回归估计出的系数值更大且更具有显著性。这主要是因为多元线性回归会因样本选择问题导致存在一定的估计偏误，而GPS估计解决了样本选择偏差问题，使得估计结果更为精确，因此本书使用GPS对不同类型信贷约束对小微企业创新影响的差异性进行估计更具合理性。

2. 平衡性检验

在使用广义倾向得分匹配法构建多重处理效应模型对不同类型信贷约束影响效应进行估计时，需要对不同样本组间的平衡问题进行检验（Rosenbaum & Rubin，1983；李云森，2013）。其中，"遭受需求型信贷约束"小微企业组和"未遭受信贷约束"小微企业组之间的平衡性检验结果如表6-6所示。

表6-6　　　　　　　　　　　平衡性检验结果

变量	匹配前	均值		偏误变化		两组差异 t统计值
指标	匹配后	处理组	控制组	偏误比例（%）	偏误降低比例（%）	
GPS	U	0.722	0.632	12.457	91.32	4.149**
	M	0.722	0.714	1.081		0.417

变量	匹配前	均值		偏误变化		两组差异
指标	匹配后	处理组	控制组	偏误比例（%）	偏误降低比例（%）	t 统计值
AGE	U	4.217	3.328	21.081	98.20	1.279
	M	4.217	4.201	0.379		0.238
EDU	U	1.089	1.372	-25.987	95.76	-2.148*
	M	1.089	1.101	-1.102		-0.868
MIA	U	0.103	0.149	-44.660	80.43	-3.154**
	M	0.103	0.112	-8.738		-0.292
HEA	U	0.494	0.591	-19.636	94.85	-1.569
	M	0.494	0.499	-1.012		-0.499
SRN	U	0.322	0.485	-50.621	95.71	-12.631***
	M	0.322	0.329	-2.174		-0.782
CRE	U	3.134	3.806	-21.442	90.03	-3.868**
	M	3.134	3.201	-2.138		-0.878
IDD	U	0.974	0.522	46.407	97.35	2.127*
	M	0.974	0.962	1.232		0.397
BOA	U	0.298	0.13	56.376	93.45	1.986*
	M	0.298	0.287	3.691		0.628
TEA	U	25.623	11.523	55.029	98.90	2.03**
	M	25.623	25.468	0.605		0.277
SIZE	U	12.224	13.915	-13.833	98.76	-2.07**
	M	12.224	12.245	-0.172		-0.188
MAR	U	7.781	13.732	-76.481	98.87	-2.49***
	M	7.781	7.848	-0.861		-0.587
SHA	U	41.232	31.592	23.380	98.85	3.21***
	M	41.232	41.121	0.269		0.094
CAP	U	4.827	5.447	-12.844	91.13	-3.07***
	M	4.827	4.882	-1.139		-0.185

续表

变量	匹配前	均值		偏误变化		两组差异
指标	匹配后	处理组	控制组	偏误比例（%）	偏误降低比例（%）	t 统计值
HIG	U	0.634	0.442	30.284	93.23	2.62 ***
	M	0.634	0.621	2.050		0.189
ZHI	U	0.367	0.144	60.763	95.52	2.06 **
	M	0.367	0.357	2.725		0.247
WEY	U	0.022	0.011	50.000	90.91	4.468 ***
	M	0.022	0.021	4.545		0.534
FOR	U	0.194	0.309	− 59.278	93.91	− 2.09 **
	M	0.194	0.201	− 3.609		− 0.371
INF	U	0.378	0.675	− 78.571	98.99	− 3.76 ***
	M	0.378	0.381	− 0.794		− 0.113
SAV	U	0.391	0.861	− 120.205	97.87	− 2.190 **
	M	0.391	0.401	− 2.558		− 0.232
DIS	U	5.562	10.473	− 88.296	94.87	− 2.065 *
	M	5.562	5.814	− 4.208		− 0.241

Abs（bias 的分布）

Mean abs（bias 的分布）	U	51.368				
	M	3.546				
LR chi^2	U	93.109 ***				
	M	0.421				

注：* 、** 、*** 分别表示在 10%、5%、1% 的统计性水平上显著。
资料来源：根据本书数据整理。

由表 6 - 6 可以看出，在尚未进行倾向得分匹配时，遭受需求型信贷约束的小微企业与未遭受信贷约束的小微企业组之间的大部分变量之间存在着较大的偏误比例，但经过 GPS 方法进行匹配之后，两组样本间绝大部分变量的偏误比例都降低到 5% 以下，且所有变量的偏误降低的比例最低的比值为 90.91%，最高的比值为 98.99%。小微企业主受教育水平、企业主身体健康状况两个样本组之间的匹配前差异不显著，但是经匹配后，遭受需求型信贷约束样本组和未遭受信贷约束样本组差异的 t 统计量的绝对值都明显减小，样本选择性问题的改善促使匹配后两个样本组在这些匹配变量上的差异不再显著。由此可知，"遭受需求型信贷约束"和"未遭受信贷约束"两个样本组之间的匹配变量由匹配前的显著变为匹配后的不显著，即使用 GPS 方法匹配后两个样本组之间匹配变量上的差异进一步降低或者已不存在。所以，本书 GPS 方法估计能够满足平衡性检验要求①，减少了样本选择偏差导致的估计偏误问题。

6.4.3　稳健性检验

为了进一步检验不同类型信贷约束对小微企业创新结果的可靠性，本书采用缩尾检验、替换和增加变量检验进行稳健性检验，具体如下：

1. 缩尾检验

奇异值的出现，有可能导致估计结果的不稳定，因此将样本中销售收入最高的 5% 的小微企业和销售收入最低的 5% 的小微企业进行剔除，然后再使用上述广义倾向得分匹配法重新构建多重处理效应模型，估计不同类型信贷约束对小微企业创新的影响，得出相关估计结果如表 6 - 7 所示。相对于未遭受信贷约束的小微企业而言，遭受需求型信贷约束的小微企业在创新投入、专利申请个数及创新收入分别降低 0.933 万元、0.213 个、1.601 万元，且均在 1% 的统计水平上显著，各自占未遭受信贷约束小微企业创新平均值的 19.32%、18.21%、17.38%。同时，由表 6 - 7 可知，遭受供给型信贷约束的小微企业在创新投入、专利申请个数及创新收入分别降低 0.698 万元、0.191 个、1.505 万元，且分别在 1%、5%、5% 的统计水平上显著，各自占未遭受信贷约束小微企业创新平均值的 14.45%、16.32%、16.34%。另外，由表 6 - 7 可知，将不同类型信贷约束统一合并为"信贷约束"，相对于未遭受信贷约束的小微企业而言，小微企业遭受信贷约束使得创新投

---

① 其余不同样本组间的平衡性可以结合表 6 - 5 信息同样通过平衡性检验，这里不再列出。

入、专利申请个数及创新收入分别降低0.821万元、0.196个、1.543万元，且分别在1%、5%、5%的统计性水平上显著，各自占未遭受信贷约束小微企业创新均值的16.70%、16.75%、16.75%。由以上分析可知，缩尾检验后的估计结果与表6-4中的估计结果相比，不同类型信贷约束对小微企业创新的影响无论在估计值大小还是显著性水平上均未发生显著变化，说明本书使用GPS方法的估计结果具有很好的稳健性。

表6-7　　　　　　　　　　　　稳健性检验一

变量	创新投入		专利申请个数		创新收入	
	系数	标准误	系数	标准误	系数	标准误
需求型信贷约束 vs 无信贷约束	-0.933***	0.155	-0.213***	0.044	-1.601***	0.192
供给型信贷约束 vs 无信贷约束	-0.698***	0.122	-0.191**	0.095	-1.505**	0.731
信贷约束 vs 无信贷约束	-0.821***	0.234	-0.196**	0.088	-1.543**	0.721

注：*、**、***分别表示在10%、5%、1%的统计性水平上显著。
资料来源：根据本书数据整理。

2. 替换和增加变量检验

国内外相关研究表明，如果变量选择不合适或遗漏重要变量，均会降低估计结果的精确性。因此本书用小微企业到最近金融机构的距离变量替换小微企业往返最近金融机构所需的时间变量，这两个变量均能够反映小微企业信贷便利程度；与此同时，增加小微企业主在本行业从业年限这一变量，一般情况下，企业主在本行业从业年限长，表明小微企业主会在本行业中具有一定的社会地位，企业主的社会地位会对小微企业信贷获取能力及其创新有一定的影响。基于广义倾向得分匹配重新构建多重处理效应模型，估计小微企业不同类型信贷约束对企业创新的影响效应的差异性，估计结果如表6-8所示。相对于未遭受信贷约束的小微企业而言，遭受需求型信贷约束的小微企业在创新投入、专利申请个数及创新收入分别降低0.897万元、0.199个、1.578万元，且均在1%的统计水平上显著，各自占未遭受信贷约束小微企业创新平均值的18.57%、17.01%、17.13%。同时，由表6-8可知，遭受供给型信贷约束的小微企业在创新投入、专利申请个数及创新收入分别降低0.647

万元、0.178 个、1.463 万元，且分别在 1%、5%、10% 的统计水平上
显著，各自占未遭受信贷约束小微企业创新平均值的 13.40%、
15.21%、15.88%。另外，由表 6 - 8 可知，将不同类型信贷约束统一
合并为"信贷约束"，相对于未遭受信贷约束的小微企业而言，小微企
业遭受信贷约使得创新投入、专利申请个数及创新收入分别降低 0.794
万元、0.184 个、1.514 万元，且分别在 1%、5%、5% 的统计性水平上
显著，各自占未遭受信贷约束小微企业创新均值的 16.44%、15.73%、
16.44%。综上，通过表 6 - 8 估计结果可以发现，其与表 6 - 5 估计结
果相比，不同类型信贷约束对小微企业创新的影响无论在估计值的大小
还是在显著性水平方面均未发生显著性变化，说明本书使用 GPS 方法
的估计结果具有很好的稳健性。

表 6 - 8　　　　　　　　　稳健性检验二

变量	创新投入		专利申请个数		创新收入	
	系数	标准误	系数	标准误	系数	标准误
需求型信贷约束 vs 无信贷约束	- 0.897 ***	0.102	- 0.199 ***	0.034	- 1.578 ***	0.321
供给型信贷约束 vs 无信贷约束	- 0.647 ***	0.1233	- 0.178 **	0.088	- 1.463 *	0.811
信贷约束 vs 无信贷约束	- 0.794 ***	0.256	- 0.184 **	0.087	- 1.514 **	0.721

注：*、**、*** 分别表示在 10%、5%、1% 的统计性水平上显著。
资料来源：根据本书数据整理。

6.4.4　企业异质性对不同类型信贷约束创新影响的调节作用

1. 所有制对不同类型信贷约束创新影响的调节作用

为考察所有制对不同类型信贷约束创新影响的调节作用，本书将全
样本分为国有小微企业组和民营小微企业组两组子样本，基于广义倾向
得分匹配法重新构建多重处理效应模型分别估计国有小微企业和民营小
微企业组不同类型信贷约束对小微企业创新的影响，对子样本的估计结
果如表 6 - 9 所示。

176

表6-9　　　　所有制类型对不同类型信贷约束创新影响的调节作用

变量	民营小微企业						国有小微企业					
	创新投入		专利申请个数		创新收入		创新投入		专利申请个数		创新收入	
	系数	标准误	系数	标准误	系数	标准误	系数	标准误	系数	标准误	系数	标准误
需求型信贷约束 vs 无信贷约束	-1.123***	0.014	-0.231***	0.054	-1.683***	0.535	-0.832***	0.045	-0.187***	0.021	-1.431***	0.365
供给型信贷约束 vs 无信贷约束	-0.789***	0.167	-0.196**	0.092	-1.497***	0.079	-0.698***	0.221	-0.161**	0.074	-1.235**	0.581
信贷约束 vs 无信贷约束	-0.931***	0.021	-0.201***	0.056	-1.511***	0.034	-0.745***	0.289	-0.174*	0.097	-1.347**	0.643

注：*、**、*** 分别表示在10%、5%、1%的统计性水平上显著。
资料来源：根据本书数据整理。

表 6 - 9 的结果显示，需求型信贷约束使得民营小微企业在创新投入、专利申请个数及创新收入分别降低 1. 123 万元、0. 231 个、1. 683 万元，且均在 1% 的统计性水平上显著，各自占未遭受信贷约束小微企业创新均值的 23. 25%、19. 74%、18. 27%；而需求型信贷约束使得国有小微企业在创新投入、专利申请个数及创新收入分别降低 0. 832 万元、0. 187 个、1. 431 万元，均在 1% 的统计水平上显著，分别占未遭受信贷约束小微企业创新均值的 17. 23%、15. 98%、15. 54%。由以上分析结果可知，需求型信贷约束对民营小微企业创新投入、专利申请个数及创新收入的影响无论在系数还是显著性水平上均高于对国有小微企业的影响。同时由表 6 - 9 可知，供给型信贷约束使得民营小微企业在创新投入、专利申请个数及创新收入分别降低 0. 789 万元、0. 196 个、1. 497 万元，分别在 1%、5%、1% 的统计性水平上显著，各自占未遭受信贷约束小微企业创新均值的 16. 34%、16. 75%、16. 25%；而供给型信贷约束使得国有小微企业在创新投入、专利申请个数及创新收入分别降低 0. 698 万元、0. 161 个、1. 235 万元，分别在 1%、5%、1% 的统计水平上显著，分别占未遭受信贷约束小微企业创新均值的 14. 45%、13. 76%、13. 41%。由以上分析结果可知，供给型信贷约束对民营小微企业创新投入、专利申请个数及创新收入的影响无论在系数还是显著性水平上均高于对国有小微企业的影响。由此可见，根据所有制类型对小微企业样本分组后，不同类型信贷约束对民营小微企业创新的抑制作用比在国有小微企业创新的抑制作用水平高，且在民营小微企业组更具有显著性，即不同类型信贷约束对小微企业创新的抑制作用在民营小微企业组更为显著。

2. 行业对不同类型信贷约束创新影响的调节作用

为考察行业对不同类型信贷约束与小微企业创新影响的差异性，本书将全样本按照行业划分为高新技术小微企业组和非高新技术小微企业组，基于广义倾向得分匹配法重新构建多重处理效应模型，分别计算不同类型信贷约束对高新技术小微企业组和非高新技术小微企业组创新的影响，对于子样本的估计结果如表 6 - 10 所示。表 6 - 10 的估计结果显示，需求型信贷约束使得高新技术小微企业在创新投入、专利申请个数及创新收入分别降低 0. 983 万元、0. 219 个、1. 703 万元，且均在 1% 的统计水平上显著，各自占未遭受信贷约束小微企业创新均值的 20. 35%、

表6-10　行业对不同类型信贷约束创新影响的调节作用

变量	高新技术小微企业						非高新技术小微企业					
	创新投入		专利申请个数		创新收入		创新投入		专利申请个数		创新收入	
	系数	标准误	系数	标准误	系数	标准误	系数	标准误	系数	标准误	系数	标准误
需求型信贷约束 vs 无信贷约束	-0.983***	0.178	-0.219***	0.036	-1.703***	0.326	-0.705***	0.221	-0.173**	0.081	-1.401***	0.055
供给型信贷约束 vs 无信贷约束	-0.801***	0.045	-0.193***	0.025	-1.431***	0.024	-0.632*	0.336	-0.148**	0.071	-1.321*	0.681
信贷约束 vs 无信贷约束	-0.827***	0.219	-0.207***	0.006	-1.586***	0.043	-0.728	0.361	-0.165**	0.077	-1.347**	0.643

注：*、**、*** 分别表示在10%、5%、1% 的统计性水平上显著。

资料来源：根据本书数据整理。

18.72%、18.49%；而需求型信贷约束使得非高新技术小微企业在创新投入、专利申请个数及创新收入分别降低0.705万元、0.173个、1.401万元，且分别在1%、5%、1%的统计水平上显著，各自占未遭受信贷约束小微企业创新均值的14.60%、14.79%、15.21%。由以上分析结果可知，需求型信贷约束对高新技术小微企业创新投入、专利申请个数及创新收入的影响无论在系数还是显著性水平上均高于对非高新技术小微企业的影响。同时，由表6-10可知，供给型信贷约束使得高新技术小微企业在创新投入、专利申请个数及创新收入分别降低0.801万元、0.193个、1.431万元，分别在1%的统计性水平上显著，各自占未遭受信贷约束小微企业创新均值的16.58%、15.50%、15.54%；而供给型信贷约束使得非高新技术小微企业在创新投入、专利申请个数及创新收入分别降低0.632万元、0.148个、1.321万元，分别在10%、5%、10%的统计水平上显著，分别占未遭受信贷约束小微企业创新均值的13.08%、12.65%、14.34%。由以上分析结果可知，供给型信贷约束对高新技术小微企业创新投入、专利申请个数及创新收入的影响无论在系数还是显著性水平上均高于对非高新技术小微企业的影响。由此可见，根据是否属于高新技术企业对小微企业样本分组后，不同类型信贷约束对高新技术小微企业创新的抑制作用比在非高新技术小微企业创新的抑制作用水平高，且在高新技术小微企业组更具有显著性，即不同类型信贷约束对小微企业创新的抑制作用在高新技术小微企业组更为显著。

3. 经济发展水平对不同类型信贷约束创新影响的调节作用

为考察小微企业所处地区经济发展水平对不同类型信贷约束与小微企业创新影响的差异性，本书将全样本划分为经济发展水平较高的小微企业组和经济发展水平较差的小微企业组两组子样本，对两组子样本估计结果如表6-11所示。表6-11的估计结果显示，需求型信贷约束使得经济发展水平较差地区小微企业在创新投入、专利申请个数及创新收入分别降低1.102万元、0.223个、1.635万元，且均在1%的统计水平上显著，各自占未遭受信贷约束小微企业创新均值的22.82%、19.06%、17.76%；而需求型信贷约束使得经济发展水平较高地区小微企业在创新投入、专利申请个数及创新收入分别降低0.801万元、0.176个、1.287万元，并且在1%、5%、1%的统计性水平上显著，分别占未遭受信贷

表6-11　经济发展水平对不同类型信贷约束创新影响的调节作用

变量	经济发展水平较差地区小微企业						经济发展水平较高地区小微企业					
	创新投入		专利申请个数		创新收入		创新投入		专利申请个数		创新收入	
	系数	标准误	系数	标准误	系数	标准误	系数	标准误	系数	标准误	系数	标准误
需求型信贷约束 vs 无信贷约束	-1.102***	0.041	-0.223***	0.051	-1.635***	0.098	-0.801***	0.243	-0.176***	0.048	-1.287***	0.531
供给型信贷约束 vs 无信贷约束	-0.879***	0.154	-0.197***	0.005	-1.492***	0.033	-0.543*	0.306	-0.152**	0.075	-1.114*	0.592
信贷约束 vs 无信贷约束	-0.931***	0.235	-0.211***	0.013	-1.576***	0.348	-0.638**	0.289	-0.161***	0.069	-1.193**	0.543

注：*、**、*** 分别表示在10%、5%、1%的统计性水平上显著。

资料来源：根据本书数据整理。

约束小微企业创新均值的 16.58%、15.04%、13.97%。由以上分析可知，需求型信贷约束对经济发展水平较差地区小微企业创新投入、专利申请个数及创新收入的影响无论在系数还是显著性水平上均高于对经济发展水平较高地区小微企业的影响。同时，由表6-11可知，供给型信贷约束使得经济发展水平较差地区小微企业在创新投入、专利申请个数及创新收入分别降低 0.879 万元、0.197 个、1.492 万元，分别在 1% 的统计性水平上显著，各自占未遭受信贷约束小微企业创新均值的 18.20%、16.84%、16.20%；而供给型信贷约束使得经济发展水平较高地区小微企业在创新投入、专利申请个数及创新收入分别降低 0.543 万元、0.152 个、1.114 万元，分别在 1%、5%、1% 的统计水平上显著，分别占未遭受信贷约束小微企业创新均值的 11.24%、12.99%、12.10%。由以上分析结果可知，供给型信贷约束对经济发展水平较差地区小微企业创新投入、专利申请个数及创新收入的影响无论在系数还是显著性水平上均高于对经济发展水平较高地区小微企业的影响。由此可见，根据小微企业所处地区经济发展水平对样本进行分组后，不同类型信贷约束对经济发展水平较差地区小微企业创新的抑制作用比在经济发展水平较高地区小微企业创新的抑制作用水平高，且在经济发展水平较差地区小微企业组更具有显著性，即不同类型信贷约束对小微企业创新的抑制作用在经济发展较差地区小微企业组更为显著。

6.5　本　章　小　结

本章利用 2018 年山东省小微企业微观调研数据，在考虑小微企业信贷约束存在样本选择偏差导致的内生性问题基础上，根据信贷需求者遭受的信贷约束是被动性接受还是主动性选择将小微企业信贷约束分为需求型信贷约束和供给型信贷约束，构建小微企业两种不同类型信贷约束指标，基于广义倾向得分匹配法构建多重处理效应模型进一步研究不同类型信贷约束对小微企业创新影响的差异，能够解决因样本选择偏差导致的估计偏误问题。研究结果表明：①遭受需求型信贷约束使得小微企业创新投入、专利申请个数及创新收入分别降低 18.92%、17.43%、16.79%，分别在 1% 的统计水平上显著；②遭受供给型信贷约束的小微企业在创新投入、专利申请个数及创新收入分别降低 15.03%、16.15%、15.97%，分别在 1%、5%、10% 的统计水平上显著。③子样本分组分析表明，不同类型信贷约束对小微企业创新的抑制作用在民营小微企业、高新技术小微企业、经济发展水平较差地区小微企业表现得更为显著。由以上分析可知，需求型信贷约束和供给型信贷约束两种不同类型的信贷约束均对小微企业创新造成显著负向影响，然而不同类型信贷约束对小微企业创新的影响存在着显著差异，因此本书将小微企业遭受的信贷约束分为需求型信贷约束和供给型信贷约束是非常有必要和有价值的。进一步来看，需求型信贷约束对小微企业创新的抑制作用要大于供给型信贷约束，即需求型信贷约束的影响程度更为严重。这就意味着，小微企业仍然遭受普遍的信贷约束，并由被动性接受（即供给型信贷约束）转移到主动性选择（即需求型信贷约束）上，与此同时，在需求型信贷约束演变为小微企业主要信贷约束形式的今天，小微企业的创新损失不仅未能得到有效改善反而出现进一步恶化。

第7章 研究结论、建议及展望

本章根据上述理论分析和实证研究的基础上，对全书内容进行总结，得出本书的研究结论，以结论为依据提出一些相应的对策性建议，并进一步探讨本书存在的局限，并对后续深入研究的方向进行展望。

7.1 研 究 结 论

随着我国经济结构的转型升级，创新成为当今时代发展的潮流，而小微企业在创新方面发挥着重要作用，是我国重要的创新微观主体。然而，小微企业的发展壮大过程中离不开资金支持，我国虽然出台了一系列政策支持我国小微企业的发展，但已有相关研究表明我国小微企业发展过程的信贷需求难以获得金融机构的资金支持，信贷约束问题比较严重。与此同时，小微企业还面临着创新资源短缺、运营成本上升等问题，导致小微企业生存压力大。当小微企业打算参与创新时，其面临的信贷约束作为企业创新的"拦路虎"，不能满足其参与创新所需要的外源融资，抑制小微企业创新（Hall et al. , 2015；张璇等，2017）。而国内外学者有关信贷约束与企业创新的相关文献大都以大中型企业为对象进行研究，缺乏针对小微企业的研究，且相应的理论模型和分析方法尚未完备，研究的广度和深度有待进一步加强。因此，本书利用2018年山东省小微企业微观调研数据为样本，在考虑小微企业样本选择偏差导致的内生性问题基础上，构建相应的理论模型，研究了信贷约束对小微企业创新的影响、信贷约束对小微企业创新的分位数影响，以及从不同侧面和角度研究了不同强度、不同渠道、不同类型信贷约束对小微企业创新的影响；并进一步探讨了企业所有制类型、行业及企业所在地区经济发展水平对上述影响的调节作用。本书主要的研究结论如下：

（1）在考虑小微企业信贷约束存在样本选择偏差导致的内生性问题基础上，本书基于倾向得分匹配法，运用平均处理效应模型估计了信贷约束对小微企业创新的平均效应，运用分位数处理效应模型估计了信贷约束的分位数影响，并进一步探讨了所有制类型、行业及企业所在地区经济发展水平对上述影响的调节效应。研究发现：信贷约束抑制小微企业创新，即信贷约束对小微企业创新投入、专利申请个数及创新收入具有显著的负向影响；信贷约束对小微企业创新的绝对影响随着企业创新分位点的提高而增加，但其相对影响随着创新分位点的提高呈现出"倒 U 型"关系。此外，在民营小微企业、高新技术小微企业及经济发展水平较差地区小微企业，信贷约束对小微企业创新的抑制作用更为显著。

（2）构建小微企业信贷约束强度指标及基于广义倾向得分匹配法构建连续处理效应模型，估计信贷约束强度对小微企业创新的影响，避免传统回归方法由于样本选择性引起的估计偏误以及倾向得分匹配方法仅适用于处理变量为二值离散变量的情况。研究结果表明：小微企业信贷约束强度每增加 1 个百分点，小微企业创新投入、专利申请个数及创新收入降低 0.283%、0.333%、0.306%；并进一步探讨了所有制、是否高新技术企业及企业所在地区经济发展水平对上述影响的调节效应，研究结果表明，相对于国有小微企业、非高新技术小微企业及经济发展水平较高地区的小微企业，信贷约束强度对小微企业创新的抑制作用在民营小微企业、高新技术小微企业及经济发展水平较差地区小微企业表现得更为显著。

（3）将小微企业按照信贷渠道分为正规信贷约束、非正规信贷约束以及混合型贷约束，构建小微企业不同渠道信贷约束指标，基于广义倾向得分匹配法构建多重处理效应模型，进而考察不同渠道信贷约束对小微企业创新影响的差异，避免传统回归方法由于样本选择性引起的估计偏误以及倾向得分匹配方法仅适用于处理变量为二值离散变量的情况。研究结果表明：不同渠道信贷约束均对小微企业创新造成显著的负向影响，且混合信贷约束对小微企业创新的抑制作用最为严重，其次为正规信贷约束；进一步分析表明，不同渠道信贷约束对小微企业创新的抑制作用在民营小微企业、高新技术小微企业以及经济发展水平较差地区小微企业表现得更为显著。

（4）根据信贷需求者遭受的信贷约束是被动性接受（即供给型信贷约束）还是主动性选择（即需求型信贷约束），将信贷约束分为需求型信贷约束和供给型信贷约束两类，构建小微企业不同类型信贷约束指标，基于广义倾向得分匹配法构建多重处理效应模型，进而考察不同类型信贷约束对小微企业创新影响的差异，避免传统回归方法由于样本选择性引起的估计偏误以及倾向得分匹配方法仅适用于处理变量为二值离散变量的情况。研究结果表明：不同类型信贷约束均对小微企业创新造成显著的负向影响，且需求型信贷约束影响程度更为严重；进一步分析表明，不同类型信贷约束对小微企业创新的抑制作用在民营小微企业、高新技术小微企业、经济发展水平较差地区小微企业表现得更为显著。

7.2　政　策　建　议

小微企业创新是我国创新驱动发展战略实施、经济结构转型和产业升级的关键，然而小微企业存在严重的信贷约束问题，抑制了小微企业创新，为了有效缓解小微企业信贷约束以及其对创新产生的负面影响，本书从企业、政府及金融机构三个层面提出纾解小微企业信贷约束问题的对策性建议和措施。

7.2.1　企业着力修炼内功，奠定融资基础

虽然改善小微企业面临的金融生态环境是缓解小微企业信贷约束的重要手段，然而对小微企业而言，小微企业作为信贷融资活动的主要参与主体，如果希望以较低的信贷成本获得较多的信贷支持，就不能仅仅依赖国家对小微企业的信贷支持政策，也不能只是寄希望于银行减少信贷歧视或者放松信贷条件，最主要的还是从自身做起，努力提高自身在金融机构获得信贷融资砝码。因此，自身信贷融资能力是解决小微企业信贷约束的关键，小微企业必须着力修炼内功，提高企业自身资质，夯实自身信贷融资能力，为小微企业信贷融资奠定基础。

第一，企业内部建立自身规范机制，规范管理是其获得信贷融资的

185

必然要求。小微企业多以家族管理模式为主，具有发展多样性、灵活性等特点，但小微企业内部制度不健全已成为阻碍小微企业发展的主要障碍和瓶颈。小微企业应该正视自身制度机制的不足，制定一系列措施努力提高其自身制度机制规范化，小微企业只有规范管理，建立一套完善高效的内部管理制度，才能彻底摆脱家族式管理模式的制约。①越优质的企业越容易在信贷市场获得信贷支持，"财大"才能"气粗"，实力雄厚的小微企业是其获得信贷融资的保证，因此小微企业要加强自身的管理能力和经营能力，增强企业经济实力，进而提升企业的盈利能力；②清晰划分小微企业内部各个治理主体的权利和职责，各个治理主体间做到各司其职、各负其责、有效制衡、协调运作；③小微企业应该规范自身发展，健全企业财务相关的信息，加强企业内部财务制度控制，企业内部设置一套完整、科学、合理且可行的规章制度，使得当前的规章制度能够满足企业未来发展需要，并与当前经济发展相适应，促进小微企业向健康可持续性方向发展；④进一步完善企业内部监督机制，并尽可能多地向金融机构提供能够反映企业真实经营情况的信息，以得到金融机构更多的信贷支持。

第二，努力挖掘小微企业自身创新发展新动能。创新动能是企业树立品牌价值、谋求长远发展的关键要素，而先进的生产技术是企业创新发展的必要条件，然而小微企业产业链末端、技术含量稍微偏低，小微企业迫切需要技术革新。首先，小微企业应该以市场为导向，以创新为动力，充分挖掘市场潜在需求，加大企业内部技术研发动力，增强企业技术创新能力，使用先进的生产技术提高企业内部生产效率；其次，小微企业要着力打造企业和增加企业产品品牌价值，增加企业无形资产总额，利用地缘优势和自身运作灵活等特点，力求产品种类新颖，走自身特色发展道路；最后，小微企业应该将人才补充和培养纳入企业发展规划，引进高尖技术人才，进行专门的技术创新能力培育，加速传统产业转型升级，培育发展新兴产业。

第三，小微企业主动加强金融知识和技能的学习，提高小微企业主自身运营素质。小微企业的经营权和所有权一般集中于企业主手中，以及扁平化的组织结构使得小微企业的决策受小微企业主个人影响比较大。而在调研的过程中发现小微企业主文化水平相对较低，缺乏对金融知识以及有关信贷政策、流程的了解，不利于小微企业从金融机构获得信贷支持。因此，小微企业主应该加强对金融知识和技能的学习，熟悉国家有关对小微企业信贷支持有关的政策，充分了解银行信贷评估机制及授信相关的程序与标准，减少小微企业特别是小微企业主自身"知识缺口"，减少小微企业因"信贷恐慌"而导致的自我信贷需求抑制，避免企业遭受"需求型信贷约束"。另外，小微企业主的个人特质可以影响到小微企业的信贷可获得性，小微企业主自身运营素质越高，容易获得金融机构的信任，与此同时提高了企业的信用水平，有利于小微企业获得信贷融资。因此，小微企业主应该加强金融知识相关的学习，努力提高自身运营素质，丰富自身知识储备，自身具有一定的战略眼光，能够准确把握市场信息，科学预测未来的管理决策能力。

第四，小微企业应加强企业信用体系建设，提高信用水平。金融机构或组织为了规避风险，会通过具体的量化标准对每个小微企业的资信能力进行严格评估，计算企业的资信信用等级，以确定是否给小微企业发放贷款，所以小微企业自身必须加强内部信用意识。首先，要维持良好的信用记录，在与金融机构合作的过程中，要严格履行合同要求，按时足额还贷，及时解决不良记录，主动累积在银行等金融机构的良好信用记录；其次，企业内部还要加强诚信文化建设，树立全员诚信意识，营造企业诚信文化氛围，把诚信转化为全体员工内心的自我意识和自主行动；最后，建立企业诚信管理机制，自觉完善企业内部信用档案，主动参与企业征信体系建设，实现政府、金融机构（组织）与小微企业信息共享，降低小微企业与金融机构或组织之间的信息不对称程度，使得金融机构或组织能够对企业风险做出正确的评价，缓解小微企业的信贷约束问题。

第五，小微企业要主动与金融机构（组织）建立长期稳定的关系，加强信息共享，降低金融机构对小微企业的认知风险。企业与金融机构（组织）建立关系的数量越多以及建立的关系越长就越容易获得金融机构的信贷支持，进而降低企业的信贷约束。一方面，小微企业与金融机构定期进行对话沟通，金融机构可以及时了解企业的经营情况，提高金融机构的信任度；另一方面，小微企业要积极配合金融机构对小微企业展开的调查，提供健全且真实的财务报表，获得贷款后按期履行还款义务，降低金融机构对小微企业的认知风险，有助于提高金融机构的信任，更愿意为小微企业提供贷款。由此可见，小微企业与金融机构建立长期稳定的合作关系，彼此间了解越充分越有利于金融机构对小微企业的信息加以收集和识别，能够有效降低双方信息不对称的程度，减少贷款违约现象的发生，避免信贷约束的形成。有利于金融机构对小微企业投资的回报率识别，识别越准确就越容易实现博弈双方的有效均衡，降低小微企业信贷约束。

7.2.2　政府落实融资政策，改善融资环境

小微企业因自身"小"和"微"的特点，在信贷融资过程中遭受不公平的待遇，这与其对经济发展所做出的贡献极其不对称。想要改善小微企业不公平待遇，政府要抓紧落实国家各项小微企业信贷融资优惠政策，改善小微企业融资环境，实行统一的市场准入条件，打破多年来困扰我国民营企业发展的"弹簧门""玻璃门""陷阱门"等障碍，就能够在很大程度上缓解小微企业信贷融资贵和难的问题，保障小微企业等非公有制主体在市场经济中公平参与竞争的机会。

第一，加快制定与小微企业相关的扶持政策，完善相关的法律法规。给予小微企业更多的税收优惠政策或者政府补贴，以推动我国小微企业做强做大，鼓励小微企业从事更多的创新；另外，政府应该进一步倾斜对民营小微企业、高新技术小微企业及经济发展水平较差地区小微企业的信贷支持力度，提高这些小微企业自主创新水平；与此同时，政府应该出台相关政策，鼓励金融机构为小微企业创新与发展提供更多的信贷资金，提高金融机构对这些小微企业的支持力度，降低小微企业信贷约束。

第二，建立有效衔接机制，实现正规金融机构和非正规金融机构优势互补。民间金融机构具有小额、分散、快速、有效的经营特点，能够更好地为小微企业提供信贷融资服务。政府要进一步放宽金融机构和组织的市场准入条件，在大力发展正规金融机构的同时，加大对非正规金融组织的规范和引导，积极扶持非正规金融机构的发展，特别是金融服务不完善、不健全地区要加大对非正规金融机构的扶持力度。与此同时，对于非正规金融机构政府要建立统一的市场准入和退出机制，使非正规金融组织成为正规金融机构的有益补充，充分发挥其对小微企业的服务功能。另外，政府要着力完善相关的法律法规制度，构建民间借贷

相关的管理办法，使得民间借贷有法可依、依法行事，使得民间借贷在相关法律的约束下能够成为小微企业主要的信贷融资平台。

第三，增强全国小微企业信用信息归集共享。政府整合住房公积金缴纳、税务、司法、市场监管等领域的信用信息，依托全国信用信息共享平台，完善我国小微企业信用信息平台建设，构建小微企业信用综合指标评价体系，打通部门间的"信息孤岛"，有效缓解金融机构和小微企业之间的信息不对称问题，进而能够降低金融机构信息收集成本。

第四，完善多层次的资本市场建设。形成以政府为主导，"政府 + 银行 + 企业"的多层次、多方位的合作模式，加强小微企业与金融机构之间的联系，以政府担保的形式打通小微企业融资渠道，使得小微企业融资更加方便的同时，也降低了金融机构的放贷风险。

7.2.3　金融机构高效服务，优化融资选择

第一，从治本上下功夫。对于金融机构而言，要从增量、降价、提质和扩面四个方面做好小微企业融资服务。增量，就是普惠型小微企业贷款增速高于其他各项贷款增速，以及有贷款余额的小微企业数量高于上年水平；降价，就是降低小微企业贷款成本；提质，就是提高小微企业信用贷款及长期贷款比重，对于信用良好的小微企业金融机构要进行续贷；扩面，就是提高首贷率，即新增贷款要尽可能地投向首次获得金融机构信贷支持的小微企业。

第二，提高小微企业金融服务质效。对于金融机构而言，一方面要想办法把小微企业信贷审批手续简单化，简化信贷审批流程，加快资金到位时间，降低小微企业贷款门槛，加大对小微企业的信贷支持力度，真正用心服务小微企业；另一方面要积极创新管理方式，利用人工智能、大数据等新技术提高小微企业金融服务质效，提高对小微企业金融产品和服务方式的创新力度，建立健全小微企业信贷体系，构建多层次、和谐发展的融资制度结构，满足小微企业多层次及个性化的信贷需求。

第三，加强对小微企业的金融知识普及力度，推广其信贷业务。从问卷调查中可以发现小微企业主受教育程度普遍较低，缺乏对金融知识

和信贷政策的了解，因此金融机构应该深入小微企业中去，通俗地向小微企业介绍信贷产品的流程、准入条件等，减少小微企业的"信贷恐慌"，使更多有信贷需求的小微企业向金融机构提出信贷申请，帮助小微企业减少需求型信贷约束；同时，金融机构应该适当加强对小微企业金融法律知识、科技金融及互联网金融等方面的宣传教育，增强小微企业的信用意识和对科技金融和互联网金融的认可度；另外，金融机构应该将自身的信息优势和丰富的管理经验用于帮助小微企业加强财务管理、网上银行以及现金管理等增值服务。

第四，对于创新分位点较高的小微企业创新投资，内部资金需求难以满足，需要从外部金融机构或组织申请贷款，但金融机构往往难以满足其信贷需求。对于这些小微企业而言，需要注重商业模式的创新，通过移动支付、互联网金融及智能手机等平台降低交易风险和成本，拓展普惠金融服务的深度和广度，提高创新较高的小微企业享受金融服务的便利性。对于处在创新中位数附近的小微企业而言，理论上金融机构能够满足其信贷需求，然而金融机构往往将有限的资金倾向于创新较高的小微企业，这类小微企业信贷需求无法获得满足。金融机构要注重内部管理模式创新，要以可接受的成本将金融服务提供给这类小微企业，保证商业上的可持续性，适度放松贷款审核和抵押要求，对这些小微企业开展风险管理和成本管理创新。对于处于创新分位点较低的小微企业而言，小微企业资产规模和营业收入一般也比较低，信贷需求虽然比较低，但难以得到金融机构的信贷供给，可以通过"普惠金融"脱离贫困状态。对于创新分位点较低的小微企业而言，金融机构应该注重产品和服务模式的创新，强化低门槛信贷产品、降低信贷门槛，使得小微企业能够享受普惠金融服务。

7.3　研究不足及未来展望

本书的研究因笔者时间、经历、学识等主观因素及数据可获得性的客观因素以及样本限制等因素，存在一定的局限和不足，需要进一步改善和优化，这也是未来继续研究的方向。研究的不足及未来研究展望如下：

第一，本书主要通过问卷设计、对小微企业调研的形式得出主要结论，问卷设计虽然采用规范实证，但限于人力物力，研究样本仅限于山东省地区，虽然覆盖了各行各业，但尚未覆盖全国区域，样本量的覆盖范围存在一定的局限性。这也是未来继续研究的出发点。

第二，本书采用倾向得分匹配法或者广义倾向得分匹配法控制了小微企业因样本选择偏误而导致的内生性问题，但采用的是横截面静态数据，在时间序列数据方面存在不足，未来的研究可以采用动态面板数据或时间序列数据，以更好地研究信贷约束与小微企业创新之间的动态关系。

第三，本书研究了信贷约束及不同强度、不同渠道及不同类型信贷约束对小微企业创新的影响，以及不同所有制类型、行业及小微企业所在地区经济发展水平对上述影响的调节作用，对这种影响的作用路径仅是在理论分析部分结合以往学者的研究做了理论分析，未来研究可进一步拓展信贷约束对小微企业创新影响的作用路径，特别是不同渠道、不同类型信贷约束的作用机制有何不同。

第四，在理论模型方面已有解释大中型企业信贷约束的理论及模型，但不一定完全适合我国小微企业这一特殊群体。我国小微企业信贷约束的形成具有特殊性，需要在借鉴国内外相关理论研究的基础上，结合我国小微企业内部信贷需求的现实情况，构建更具深度和解释力的理论模型对我国小微企业信贷约束形成的机理进行详细解释和分析。

附　　录

问卷编号_____

关于小微企业信贷融资与创新情况调查问卷

尊敬的企业负责人：

　　您好！现开展小微企业信贷融资与创新情况相关的问卷调查，您的答案无对错之分，请您不要有任何顾虑，告诉我们您的真实情况与想法，此调研数据仅用于科学研究，并对相关调查信息严格保密。大概需要您 20 分钟的时间，衷心感谢您的支持与配合！

════════════════ **A 企业基本情况** ════════════════

　　A1 企业所处城市基本信息：____市____县

　　A2 企业所属行业 （　　）

　　（1）工业　　　　　　　　　（2）农、林、牧、渔业

　　（3）建筑业　　　　　　　　（4）交通运输仓储和邮政业

　　（5）批发和零售业　　　　　（6）住宿和餐饮业

　　（7）房地产业　　　　　　　（8）租赁和商务服务业

　　（9）软件和信息技术服务业　（10）其他非金融服务业

　　A3 企业成立时间____年____月

　　A4 2018 年底企业固定资产____元，负债____元

　　A5 企业员工人数____人，技术人员____人，员工中大专及以上学历____人

　　A6 企业最大股东持股比例____%

　　A7 企业所有制特征 （　　）

　　（1）国有企业　　（2）民营企业　　（3）外资企业　　（4）其他

A8 企业要素类型（　　　）

（1）劳动密集型　　　　　　　（2）资本密集型

（3）技术密集型　　　　　　　（4）其他

A9 企业类型（　　　）

（1）初创期　　（2）成长期　　（3）成熟期　　（4）衰退期

A10 企业是否有董事会？（　　　）

（1）有　　　　（2）无

A11 企业是否高新技术企业？（　　　）

（1）是　　　　（2）否

A12 企业是否出口？（　　　）

（1）是　　　　（2）否

A13 企业生产销售的主要产品市场竞争激烈程度（　　　）

（1）不激烈　　　　　　　　　（2）比较不激烈

（3）一般　　　　　　　　　　（4）比较激烈

（5）非常激烈

A14 企业目前信用等级（　　　）

（1）无认证与 C 级　　　　　　（2）B（BB）级

（3）A（BBB）级　　　　　　　（4）AA 级

（5）AAA 级

A15 企业是否加入以下协会（　　　）

（1）乡镇企业协会　　　　　　（2）中小企业协会

（3）中小微企业家联谊会　　　（4）民营企业家协会

（5）个体劳动者协会　　　　　（6）其他

（7）没有加入

============ **B 企业主基本情况** ============

B1 企业主与总经理是否两者合一（　　　）

（1）是　　　　　（2）否

B2 企业主年龄＿＿＿岁

B3 企业主性别（　　　）

（1）男　　　　（2）女

B4 企业主文化程度（　　　）

（1）专科以下　　（2）专科　　　　（3）本科　　　　（4）硕士及以上

B5 企业主婚姻状况（　　　）

（1）已婚　　　（2）未婚

B6 企业主健康程度如何（　　　）

（1）健康　　（2）否

B6 企业主在本行业的工作年限＿＿＿年

B7 企业主有无亲戚、朋友为乡镇以上干部或者金融机构领导（　　　）

（1）有　　　（2）无

B8 企业主是否为党员或担任过人大代表、政协委员或工商联成员（　　　）

（1）是　　　　（2）否

B9 企业主个人创新能力如何（　　　）（1～7 打分，分值越高代表创新能力越强）

C 企业融资环境及其融资情况

C1 企业创业时最主要的资金来源渠道（　　　）

（1）企业主自有资金　　　　　　（2）私人借贷

（3）民间金融组织借贷　　　　　（4）银行或信用社贷款

（5）政府贷款　　　　　　　　　（6）其他

C2 目前企业是否有银行存款（　　　）

（1）有　　　（2）无

C3 2018 年企业是否有重大项目支出？（　　　）

（1）有　　　（2）无

C4 企业所在的社区或乡镇，金融机构（银行、农信社网点）有＿＿＿家

C5 企业与金融机构关系的密切程度（　　　）

（1）十分密切　　（2）比较密切　　（3）一般　　　　（4）很少联系

（5）从未联系

C6 近三年与公司建立借贷关系的金融机构的数量＿＿＿家

C7 企业有无亲戚、朋友为乡镇以上干部或者金融机构领导（　　　）

（1）有　　　（2）无

C8 企业距离最近金融机构的距离＿＿km，开车往返一趟需要的时间大概为＿＿分钟

C9 目前企业与金融机构之间是否曾经发生过违约行为（　　　）

（1）有　　　　　（2）无

C10 2018 年以前企业是否曾经获得银行、信用社等正规金融机构贷款？（　　　）

（1）有　　　　　（2）无

C11 2018 年以前企业是否曾经获得亲戚朋友、合会、民间金融组织等非正规金融机构贷款？（　　　）

（1）有　　　　　（2）无

C12 2018 年企业是否存在资金短缺问题（　　　）

（1）是　　　　　（2）否

C13 若存在资金短缺问题，2018 年企业是否向金融机构申请过贷款（　　　）

（1）是　　　　　（2）否

C14 若向金融机构申请过贷款，最大一笔贷款申请金额＿＿元，实际获得金额＿＿元

C15 若存在资金短缺问题，2018 年企业是否向银行、信用社等正规金融机构申请过贷款（　　　）

（1）是　　　　　（2）否

C16 若向银行、信用社等正规金融机构申请过贷款，最大一笔贷款申请金额＿＿元，实际获得金额＿＿元

C17 若存在资金短缺问题，2018 年企业是否向亲戚朋友、合会、民间金融机构等非正规金融机构申请过贷款（　　　）

（1）是　　　　　（2）否

C18 若向亲戚朋友、合会、民间金融机构等非正规金融机构申请过贷款，最大一笔贷款申请金额＿＿元，实际获得金额＿＿元

C19 企业有信贷需求，但未向金融机构申请贷款的原因（　　　）

（1）认为申请会被拒　　　　　（2）信贷成本高

（3）不知道如何申请　　　　　（4）申请过程麻烦

（5）金融机构无熟人　　　　　（6）其他

C20 企业从金融机构贷款的难易程度（　　　）

（1）不存在困难　　　　　　　（2）比较容易获得

（3）困难，但可以争取　　　　（4）很困难

C21 目前企业最乐于接受的担保方式为（　　　）

（1）信用贷款　　　　　　　　（2）质押和抵押贷款

（3）企业担保贷款　　　　　　（4）政府担保贷款

（5）其他

C22 目前企业能够接受的信贷融资利率为基准利率的基础上上浮（　　　）

（1）10%~20%　　　　　　　　（2）20%~30%

（3）30%~40%　　　　　　　　（4）40%以上

（5）其他

C23 企业希望的贷款期限（　　　）

（1）1年以内　　　　　　　　（2）1~3年（含）

（3）3年以上

C24 企业贷款得不到满足的主要原因是（　　　）

（1）利率高　　　　　　　　　（2）期限太短

（3）额度不能满足需要　　　　（4）贷款手续复杂

（5）服务较差　　　　　　　　（6）没有抵押物

（7）有不良信用记录　　　　　（8）政策原因

（9）里面没有熟人　　　　　　（10）其他

C25 企业融资资金主要用于（　　　）

（1）流通资金　　　　　　　　（2）建厂房

（3）新技术、新产品研发　　　（4）购买仪器设备

（5）其他

======== D 企业财务及创新情况 ========

D1 企业的财务报表是否健全？（　　　）

（1）是　　　　（2）否

D2 企业是否有抵押物？（　　　）

（1）是　　　　（2）否

D3 2018 年企业销售收入____元

D4 2018 年企业生产所需原材料成本___元

D5 2018 年企业是否享受到研发与创新方面的税收优惠政策？（　　　）

（1）是　　　　　（2）否

D6 2018 年企业享受到研发与创新方面的税收优惠的总额是___元

D7 2018 年企业的研发与创新，是否享受过政府补贴？（　　　）

（1）是　　　　　（2）否

D8 2018 年企业享受到研发与创新政府补贴的金额是___元

D9 2018 年企业是否有产品或技术上的研发与创新？（　　　）

（1）是　　　　　（2）否

D10 2018 年企业研发与创新经费总支出___元

D11 2018 年新产品的销售收入___元，出口所占比重___%

D12 2018 年企业是否成功申请到专利？（　　　）

（1）是　　　　　（2）否

D13 2018 年企业申请专利数___个

问卷到此结束，对您的合作再次表示由衷的感谢！

参 考 文 献

［1］安然、杨雷鸣：《应用"区块链＋银税互动"促进小微企业融资的研究》，载于《税务研究》2021年5期。

［2］白俊红、李婧：《政府R&D资助与企业技术创新——基于效率视角的实证分析》，载于《金融研究》2011年第6期。

［3］白俊、连立帅：《信贷资金配置差异：所有制歧视抑或禀赋差异?》，载于《管理世界》2012年第6期。

［4］白永秀、马小勇：《农户个体特征对信贷约束的影响：来自陕西的经验证据》，载于《中国软科学》2010年第9期。

［5］曹伟、冯颖姣、余晨阳、万谍：《人民币汇率变动、企业创新与制造业全要素生产率》，载于《经济研究》2022年第2期。

［6］陈爱贞、陈凤兰、何诚颖：《产业链关联与企业创新》，载于《中国工业经济》2021年第9期。

［7］陈爱贞、张鹏飞：《并购模式与企业创新》，载于《中国工业经济》2019年第12期。

［8］陈彪、罗鹏飞、杨金强：《银税互动、融资约束与小微企业投融资》，载于《经济研究》2021年第12期。

［9］陈红、张玉、刘东霞：《政府补助、税收优惠与企业创新绩效——不同生命周期阶段的实证研究》，载于《南开管理评论》2019年第3期。

［10］陈钦源、马黎珺、伊志宏：《分析师跟踪与企业创新绩效——中国的逻辑》，载于《南开管理评论》2017年第3期。

［11］陈瑞华、周峰、刘莉亚：《僵尸企业与企业创新：银行竞争的视角》，载于《经济管理》2020年第12期。

［12］陈思、何文龙、张然：《风险投资与企业创新：影响和潜在机制》，载于《管理世界》2017年第1期。

［13］陈啸：《农村中小企业的融资意愿实证》，载于《中国人口·资源与环境》2013年第3期。

［14］陈志刚、吴丽萍：《政府采购、信贷约束与企业技术创新》，载于《科技管理研究》2021年第6期。

［15］成力为、邹双：《风险投资后期进入对企业创新绩效的影响研究——选择效应抑或增值效应？》，载于《管理评论》2020年第1期。

［16］程六兵、刘峰：《银行监管与信贷歧视——从会计稳健性的视角》，载于《会计研究》2013年第1期。

［17］程兴华：《信托私募融资与中小民营企业可持续发展——以浙江为例》，载于《经济管理》2007年第1期。

［18］程郁、韩俊、罗丹：《供给配给与需求压抑交互影响下的正规信贷约束：来自1874户农户金融需求行为考察》，载于《世界经济》2009年第5期。

［19］程远、庄芹芹、郭明英、陈雷：《融资约束对企业创新的影响——基于中国工业企业数据的经验证据》，载于《产业经济评论》2021年第3期。

［20］迟国泰、张亚京、石宝峰：《基于Probit回归的小企业债信评级模型及实证》，载于《管理科学学报》2016年第6期。

［21］邓可斌、曾海舰：《中国企业的融资约束：特征现象与成因检验》，载于《经济研究》2014年第2期。

［22］丁一兵、傅缨捷、曹野：《融资约束、技术创新与跨越"中等收入陷阱"：基于产业结构升级视角的分析》，载于《产业经济研究》2014年第3期。

［23］董晓林、吕沙、汤颖梅：《"信贷联结型"银保互动能否缓解农户信贷配给——基于选择实验法的实证分析》，载于《农业技术经济》2018年第6期。

［24］董志勇、黄迈：《信贷约束与农户消费结构》，载于《经济科学》2010年第5期。

［25］樊勇、王蔚：《市场化程度与企业债务税盾效应——来自中国上市公司的经验证据》，载于《财贸经济》2014年第2期。

［26］方军雄：《所有制、制度环境与信贷资金配置》，载于《经济研究》2007年第12期。

[27] 冯晓菲、张琳：《自然人保证担保是否降低了小微企业融资成本与违约风险》，载于《世界经济》2020 年第 7 期。

[28] 冯兴元、何梦笔、何广文：《试论中国农村金融的多元化——一种局部知识范式视角》，载于《中国农村观察》2004 年第 5 期。

[29] 冯业栋、黄爽、章琦：《融资方式与小微企业创新——基于中国小微企业调查的实证研究》，载于《重庆大学学报（社会科学版）》2021 年第 5 期。

[30] 甘犁、秦芳、吴雨：《小微企业增值税起征点提高实施效果评估——来自中国小微企业调查（CMES）数据的分析》，载于《管理世界》2019 年第 11 期。

[31] 高楠，马媛媛，何青：《融资需求、信贷约束与经济诈骗》，载于《世界经济》2022 年第 4 期。

[32] 高艳慧、万迪昉、蔡地：《政府研发补贴具有信号传递作用吗？——基于我国高技术产业面板数据的分析》，载于《科学学与科学技术管理》2012 年第 1 期。

[33] 辜胜阻、庄芹芹：《缓解实体经济与小微企业融资成本高的对策思考》，载于《江西财经大学学报》2015 年第 5 期。

[34] 郭沛瑶、尹志超：《小微企业自主创新驱动力——基于数字普惠金融视角的证据》，载于《经济学动态》2022 年第 2 期。

[35] 郭申阳：《倾向值分析：统计方法与应用》，重庆大学出版社2012 年版。

[36] 郭晓丹、何文韬、肖兴志：《战略性新兴产业的政府补贴、额外行为与研发活动变动》，载于《宏观经济研究》2011 年第 11 期。

[37] 海本禄、杨君笑、尹西明、李政：《外源融资如何影响企业技术创新——基于融资约束和技术密集度视角》，载于《中国软科学》2021 年第 3 期。

[38] 韩剑、严兵：《中国企业为什么缺乏创造性破坏——基于融资约束的解释》，载于《南开管理评论》2013 年第 4 期。

[39] 韩莉、宋路杰、张杨林、赵睿：《金融科技如何助力小微企业融资——文献评析与展望》，载于《中国软科学》2021 年第 3 期。

[40] 郝盼盼、张信东、贺亚楠：《CEO 研发工作经历对企业研发活动的影响研究》，载于《软科学》2019 年第 8 期。

[41] 何灵、谌立平：《农村小微企业融资行为影响因素分析》，载于《上海经济研究》2017 年第 4 期。

[42] 何韧、刘兵勇、王婧婧：《银企关系、制度环境与中小微企业信贷可得性》，载于《金融研究》2012 年第 11 期。

[43] 胡振兴、邹晓月、王豪：《互联网金融发展、内部控制质量与中小企业融资约束》，载于《财会通讯》2019 年第 7 期。

[44] 黄少安、钟卫东：《股权融资成本软约束与股权融资偏好——对中国公司股权融资偏好的进一步解释》，载于《财经问题研究》2012 年第 12 期。

[45] 黄速建、刘美玉：《不同类型信贷约束对小微企业创新的影响有差异吗》，载于《财贸经济》2020 年第 9 期。

[46] 黄速建、刘美玉、王季：《新疆边远地区贫困农户土地流转决策及其福利水平差异分析》，载于《统计与信息论坛》2019 年第 4 期。

[47] 黄速建、刘美玉、张启望：《竞争性国有企业混合所有制改革模式选择及影响因素》，载于《山东大学学报（哲学社会科学版）》2020 年第 3 期。

[48] 黄宇虹、黄霖：《金融知识与小微企业创新意识、创新活力——基于中国小微企业调查（CMES）的实证研究》，载于《金融研究》2019 年第 4 期。

[49] 黄宇虹、弋代春、揭梦吟：《中国小微企业员工流动现状、作用及其影响因素分析》，载于《管理世界》2016 年第 12 期。

[50] 贾俊生、伦晓波、林树：《金融发展、微观企业创新产出与经济增长——基于上市公司专利视角的实证分析》，载于《金融研究》2017 年第 1 期。

[51] 姜长云：《农业结构调整的金融支持研究——以制度分析为重点的考察》，载于《经济研究参考》2004 年第 3 期。

[52] 蒋祝仙：《农村小微企业融资困局与破解》，载于《农业经济》2016 年第 2 期。

[53] 焦勇：《数字经济赋能制造业转型：从价值重塑到价值创造》，载于《经济学家》2020 年第 6 期。

[54] 焦勇、杨蕙馨：《政府干预、两化融合与产业结构变迁——

基于 2003～2014 年省际面板数据的分析》，载于《经济管理》2017 年第 6 期。

[55] 鞠晓生、卢荻、虞义华：《融资约束、营运资本管理与企业创新可持续性》，载于《经济研究》2013 年第 1 期。

[56] 康传坤、文强、楚天舒：《房子还是儿子？——房价与出生性别比》，载于《经济学（季刊）》2020 年第 3 期。

[57] 康志勇：《融资约束、政府支持与中国本土企业研发投入》，载于《南开管理评论》2013 年第 10 期。

[58] 孔丹凤、陈志成：《结构性货币政策缓解民营、小微企业融资约束分析——以定向中期借贷便利为例》，载于《中央财经大学学报》2021 年第 2 期。

[59] 孔祥智：《新型农业经营主体的地位和顶层设计》，载于《改革》2014 年第 5 期。

[60] 赖烽辉、李善民，王大中：《企业融资约束下的政府研发补贴机制设计》，载于《经济研究》2021 年第 11 期。

[61] 雷新途、林素燕、祝锡萍：《民间借贷缓解了中小微企业融资约束吗？——来自温州的证据》，载于《审计与经济研究》2015 年第 6 期。

[62] 黎翠梅、陈桂英、陈思寓：《农村小微企业融资行为影响因素实证分析——基于湘潭农村小微企业的调查》，载于《农业现代化研究》2016 年第 1 期。

[63] 黎文靖、郑曼妮：《实质性创新还是策略性创新？——宏观产业政策对微观企业创新的影响》，载于《经济研究》2016 年第 4 期。

[64] 李成友、李庆海：《农户信贷需求视角下的信贷配给程度决定分析——基于 OPSS 模型的实证研究》，载于《统计与信息论坛》2016 年第 6 期。

[65] 李成友、刘安然、袁洛琪、康传坤：《养老依赖、非农就业与中老年农户耕地租出——基于 CHARLS 三期面板数据分析》，载于《中国软科学》2020 年第 7 期。

[66] 李成友、孙涛、焦勇：《要素禀赋、工资差距与人力资本形成》，载于《经济研究》2018 年第 10 期。

[67] 李成友、孙涛：《渠道信贷约束、非正规金融与农户福利水

平》，载于《改革》2018年第10期。

[68] 李成友、孙涛、王硕：《人口结构红利、财政支出偏向与中国城乡收入差距》，载于《经济学动态》2021年第1期。

[69] 李春涛、宋敏：《中国制造业企业的创新活动：所有制和CEO激励的作用》，载于《经济研究》2010年第5期。

[70] 李春涛、闫续文、宋敏、杨威：《金融科技与企业创新——新三板上市公司的证据》，载于《中国工业经济》2020年第1期。

[71] 李丹、张兵、胡雪枝：《农村中小企业融资需求与信贷可获性》，载于《金融论坛》2014年第1期。

[72] 李桂兰、聂思璇：《基于银企博弈的农村小微企业融资障碍研究》，载于《会计之友》2017年第23期。

[73] 李昊楠、郭彦男：《小微企业减税、纳税遵从与财政可持续发展》，载于《世界经济》2021年第10期。

[74] 李后建、刘思亚：《银行信贷、所有权性质与企业创新》，载于《科学学研究》2015年第7期。

[75] 李华民、刘芬华、唐松、赵丹妮：《金融危机下的珠江三角洲区域经济发展困局与破解——"一个信用集群视角下的江门市中小企业融资对策"例析》，载于《中国软科学》2010年第2期。

[76] 李汇东、唐跃军、左晶晶：《用自己的钱还是用别人的钱创新？——基于中国上市公司融资结构与公司创新的研究》，载于《金融研究》2013年第2期。

[77] 李建强、高宏：《结构性货币政策能降低中小企业融资约束吗？———基于异质性动态随机一般均衡模型的分析》，载于《经济科学》2019年第6期。

[78] 李良志、王祺：《新冠疫情下银企关系对小微企业融资缺口缓解作用研究——兼论政策效应影响》，载于《金融论坛》2022年第4期。

[79] 李琳、粟勤：《银行规模优势、关系建构与中小企业贷款的可获得性》，载于《改革》2011年第3期。

[80] 李庆海、吕小锋、孙光林：《农户信贷配给：需求型还是供给型？——基于双重样本选择模型的分析》，载于《中国农村经济》2016年第1期。

[81] 李庆海、孙瑞博、李锐：《农村劳动力外出务工模式与留守

儿童学习成绩——基于广义倾向得分匹配法的分析》，载于《中国农村经济》2014 年第 10 期。

[82] 李锐、朱喜：农户金融抑制及其福利损失的计量分析，载于《经济研究》2007 年第 7 期。

[83] 李瑞晶、王丽丽、程京京：《信贷资金、融资担保与小微企业融资约束——银行贷款与民间借贷的比较分析》，载于《上海金融》2021 年第 4 期。

[84] 李万福、林斌、宋璐：《内部控制在公司投资中的角色：效率促进还是抑制?》，载于《管理世界》2017 年第 2 期。

[85] 李文贵、余明桂：《民营化企业的股权结构与企业创新》，载于《管理世界》2015 年第 4 期。

[86] 李鑫、王宝明：《农村中小企业信贷融资制约因素的实证研究——基于济南市农村中小企业的问卷调查》，载于《农业技术经济》2010 年第 9 期。

[87] 李杨：《金融危机下中小企业如何生存与发展》，载于《合作经济与科技》2014 年第 6 期。

[88] 李毅：《我国中小企业融资现状及建议》，载于《合作经济与科技》2012 年第 3 期。

[89] 李毅、向党：《中小企业信贷融资信用担保缺失研究》，载于《金融研究》2008 年第 12 期。

[90] 李云森：《自选择、父母外出与留守儿童学习表现——基于不发达地区调查的实证研究》，载于《经济学（季刊）》2013 年第 3 期。

[91] 李仲飞、黄金波：《我国小微企业融资困境的动态博弈分析》，载于《华东经济管理》2016 年第 2 期。

[92] 厉启晗、张明之、魏博文：《信贷政策结构性变化下的企业融资难问题——基于民营经济发达地区企业用信率的视角》，载于《南京大学学报（哲学·人文科学·社会科学）》2019 年第 2 期。

[93] 梁虎、罗剑朝：《供给型和需求型信贷配给及影响因素研究——基于农地抵押背景下 4 省 3459 户数据的经验考察》，载于《经济与管理研究》2019 年第 1 期。

[94] 梁杰、高强：《不同规模农户信贷约束类型及其影响因素实证分析—基于 720 个农户微观调查数据》，载于《暨南学报（哲学社会

科学版)》2020 年第 6 期。

［95］林汉川、夏敏仁：《企业信用评级理论与实务》，对外经济贸易大学出版社 2003 年版。

［96］林毅夫、李永军：《中小金融机构发展与中小企业融资》，载于《经济研究》2001 年第 1 期。

［97］林毅夫、孙希芳：《信息、非正规金融与中小企业融资》，载于《经济研究》2005 年第 7 期。

［98］刘惠好、焦文妞：《银行业竞争、融资约束与企业创新投入——基于实体企业金融化的视角》，载于《山西财经大学学报》2021 年第 10 期。

［99］刘景东、朱梦妍：《技术创新网络惯例的治理功能及维度构建》，载于《管理科学》2019 年第 3 期。

［100］刘莉、杨宏睿：《数字金融、融资约束与中小企业科技创新——基于新三板数据的实证研究》，载于《华东经济管理》2022 年第 5 期。

［101］刘凌：《河北定州农村小微企业绿色转型过程性研究》，载于《广西民族大学学报（哲学社会科学版）》2017 年第 6 期。

［102］刘满凤、赵珑：《互联网金融视角下小微企业融资约束问题的破解》，载于《管理评论》2019 年第 3 期。

［103］刘美玉、胡叶琳、黄速建：《上级发展性反馈能否削弱阻碍性压力源对员工创造力的影响?》，载于《经济与管理研究》2021 年第 4 期。

［104］刘美玉、黄速建：《信贷约束强度与农村企业绩效水平——基于广义倾向得分方法的经验分析》，载于《中国农村经济》2019 年第 12 期。

［105］刘美玉、姜磊：《高管内部薪酬差距、股权激励与投资效率》，载于《经济问题》2019 年第 6 期。

［106］刘美玉、王季：《谦逊领导如何影响员工创造力？——员工归因和心理安全的双重视角》，载于《经济管理》2020 年第 3 期。

［107］刘素坤、燕玲：《融资结构视角下货币政策对企业创新的影响》，载于《首都经济贸易大学学报》2021 年第 5 期。

［108］刘西川、杨奇明、陈立辉：《农户信贷市场的正规部门与非

正规部门：替代还是互补?》，载于《经济研究》2014 年第 11 期。

[109] 刘晓光、刘嘉桐：《劳动力成本与中小企业融资约束》，载于《金融研究》2020 年第 9 期。

[110] 刘鑫、林建：《农村小微企业融资偏好及其影响因素分析——基于 A 市农村小微企业的调查》，载于《上海经济研究》2015 年第 6 期。

[111] 刘忠璐：《提高银行资本能缓解小微企业融资难问题吗——基于小微企业贷款风险权重降低改革的讨论》，载于《经济理论与经济管理》2018 年第 4 期。

[112] 卢峰、姚洋：《金融压抑下的法治、金融发展和经济增长》，载于《中国社会科学》2004 年第 1 期。

[113] 卢亚娟、褚保金：《农村中小企业融资影响因素分析》，载于《经济学动态》2009 年第 8 期。

[114] 鲁丹、肖华荣：《银行市场结构、信息生产和中小企业融资》，载于《金融研究》2008 年第 5 期。

[115] 路晓蒙、吴雨：《转入土地、农户农业信贷需求与信贷约束——基于中国家庭金融调查（CHFS）数据的分析》，载于《金融研究》2021 年第 5 期。

[116] 罗长远、陈琳：《融资约束会导致劳动收入份额下降吗?——基于世界银行提供的中国企业数据的实证研究》，载于《金融研究》2012 年第 3 期。

[117] 罗蜀新、王翔祥：《基于价值创造的小微企业商业模式创新路径》，载于《管理世界》2016 年第 8 期。

[118] 罗正英、李益娟、常昀：《民营企业的股权结构对 R&D 投资行为的传导效应研究》，载于《中国软科学》2014 年第 3 期。

[119] 罗正英、周中胜、王志斌：《金融生态环境、银行结构与银企关系的贷款效应——基于中小企业的实证研究》，载于《金融评论》2011 年第 2 期。

[120] 罗仲伟、任国良、文春晖：《为什么小微企业融资缺口越来越大：一个理论分析》，载于《经济管理》2012 年第 9 期。

[121] 马光荣、李力行：《金融契约效率、企业退出与资源误置》，载于《世界经济》2014 年第 10 期。

[122] 马光荣、刘明、杨恩艳：《银行授信、信贷紧缩与企业研

发》，载于《金融研究》2014 年第 7 期。

[123] 马晶梅、赵雨薇、王成东、贾红宇：《融资约束、研发操纵与企业创新决策》，载于《科研管理》2020 年第 12 期。

[124] 马九杰、董琦：《中小企业信贷约束的成因与衡量：理论背景及分析框架》，载于《中国软科学》2004 年第 3 期。

[125] 马九杰、吴本健：《利率浮动政策、差别定价策略与金融机构对农户的信贷配给》，载于《金融研究》2012 年第 4 期。

[126] 马燕妮、霍学喜：《专业化农户正规信贷需求特征及其决定因素分析——基于不同规模专业化苹果种植户的对比视角》，载于《农业技术经济》2017 年第 8 期。

[127] 马忠富：《农村信用合作社改革成本及制度创新》，载于《金融研究》2001 年第 4 期。

[128] 潘爽、魏建国、胡绍波：《互联网金融与家庭正规信贷约束缓解——基于风险偏好异质性的检验》，载于《经济评论》2020 年第 3 期。

[129] 彭澎、吕开宇：《农户正规信贷交易成本配给识别及其影响因素——来自浙江省和黑龙江省 466 户农户调查数据分析》，载于《财贸研究》2017 年第 3 期。

[130] 彭澎、吴承尧、肖斌卿：《银保互联对中国农村正规信贷配给的影响——基于 4 省 1014 户农户调查数据的分析》，载于《中国农村经济》2018 年第 8 期。

[131] 齐兰、王业斌：《国有银行垄断的影响效应分析——基于工业技术创新视角》，载于《中国工业经济》2013 年第 7 期。

[132] 钱水土、吴卫华：《信用环境、定向降准与小微企业信贷融资——基于合成控制法的经验研究》，载于《财贸经济》2020 年第 2 期。

[133] 任海云：《股权结构与企业 R&D 投入关系的实证研究——基于 A 股制造业上市公司的数据分析》，载于《中国软科学》2010 年第 5 期。

[134] 任劼、孔荣：《农户信贷风险配给识别及其影响因素——来自陕西 730 户农户调查数据分析》，载于《中国农村经济》2015 年第 3 期。

［135］任曙明、吕镯：《融资约束、政府补贴与全要素生产率——来自中国装备制造企业的实证研究》，载于《管理世界》2014年第11期。

［136］施建军、栗晓云：《政府补助与企业创新能力：一个新的实证发现》，载于《经济管理》2021年第3期。

［137］石华军、贾倩仪、楚尔鸣：《经济政策不确定性、企业融资与资本配置效率——来自深沪上市公司的经验证据》，载于《苏州大学学报（哲学社会科学版）》2021年第1期。

［138］宋佳琪、白子玉、刘俊杰：《数字金融发展背景下农户信贷约束影响因素实证分析——基于传统信贷和数字信贷的比较》，载于《世界农业》2022年第3期。

［139］宋全云、吴雨、尹志超：《金融知识视角下的家庭信贷行为研究》，载于《金融研究》2017年第6期。

［140］苏会侠：《我国农村中小企业融资面临的困境及对策出路研究》，载于《农村经济》2016年第1期。

［141］宿玉海、孙晓芹、李成友：《收入分配与异质性消费结构——基于中等收入群体新测度》，载于《财经科学》2021年第9期。

［142］孙早、许薛璐：《前沿技术差距与科学研究的创新效应——基础研究与应用研究谁扮演了更重要的角色》，载于《中国工业经济》2017年第3期。

［143］谭之博、赵岳：《银行集中度、企业储蓄与经常账户失衡》，载于《经济研究》2012年第12期。

［144］谭智佳、张启路、朱武祥、李浩然：《从金融向实体：流动性风险的微观传染机制与防范手段——基于中小企业融资担保行业的多案例研究》，载于《管理世界》2022年第3期。

［145］唐清泉、巫岑：《基于协同效应的企业内外部R&D与创新绩效研究》，载于《管理科学》2014年第5期。

［146］唐清泉、徐欣：《企业R&D投资与内部资金——来自中国上市公司的研究》，载于《中国会计评论》2010年第3期。

［147］唐未兵、傅元海、王展祥：《技术创新、技术引进与经济增长方式转变》，载于《经济研究》2014年第7期。

［148］陶厚永、章娟、李玲：《中小民企创新投资驱动力：政府补贴还是信贷融资——来自深市中小板企业的经验证据》，载于《科技进

步与对策》2015 年第 22 期。

［149］田晓霞：《小企业融资理论及实证研究综述》，载于《经济研究》，2004 年第 5 期。

［150］田秀娟：《我国农村中小企业融资渠道选择的实证研究》，载于《金融研究》2009 年第 7 期。

［151］童盼、陆正飞：《负债融资、负债来源与企业投资行为——来自中国上市公司的经验证据》，载于《经济研究》2005 年第 5 期。

［152］汪辉、邓晓梅、杨伟华、冯珂：《中小企业信用再担保体系演化稳定条件分析》，载于《中国管理科学》2016 年第 7 期。

［153］王超发、孙静春：《货币政策、不同企业的信贷约束和研发生产项目投资决策》，载于《管理评论》2017 年第 11 期。

［154］王聪聪、党超、徐峰，等：《互联网金融背景下的金融创新和财富管理研究》，载于《管理世界》2018 年第 12 期。

［155］王建平、吴晓云：《制造企业知识搜寻对渐进式和突破式创新的作用机制》，载于《经济管理》2017 年第 12 期。

［156］王晶、毕盛、李芸，等：《正规信贷约束对农户粮食生产的影响分析》，载于《农业技术经济》2018 年第 5 期。

［157］王娟、孙早：《股权融资是否抑制了上市公司的创新投入——来自中国制造业的证据》，载于《现代财经（天津财经大学学报）》2014 年第 8 期。

［158］王满四、徐朝辉：《银行债权治理与公司内部治理间的互动效应》，载于《社会科学文摘》2018 年第 3 期。

［159］王媚莎：《小微企业会计制度设计的原则、方法及路径探析》，载于《管理世界》2015 年第 1 期。

［160］王茹婷、彭方平、李维、王春丽：《打破刚性兑付能降低企业融资成本吗?》，载于《管理世界》2022 年第 4 期。

［161］王山慧：《管理者过度自信与企业技术创新投入关系研究》，载于《科研管理》2013 年第 5 期。

［162］王淑敏、王涛：《积累社会资本何时能提升企业自主创新能力——一项追踪研究》，载于《南开管理评论》2017 年第 5 期。

［163］王维、李宏扬：《新一代信息技术企业技术资源、研发投入与并购创新绩效》，载于《管理学报》2019 年第 3 期。

［164］王伟同、李秀华、陆毅：《减税激励与企业债务负担——来自小微企业所得税减半征收政策的证据》，载于《经济研究》2020年第8期。

［165］王文娜、刘戒骄、张祝恺：《研发互联网化、融资约束与制造业企业技术创新》，载于《经济管理》2020年第9期。

［166］王永萍、王琦、杨迎、郭明曦：《科技型中小企业创新能力与知识产权质押融资意愿》，载于《中国软科学》2021年第7期。

［167］王贞洁：《信贷歧视、债务融资成本与技术创新投资规模》，载于《科研管理》2016年第10期。

［168］魏昊、夏英、李芸、吕开宇、王海英：《信贷需求抑制对农户耕地质量提升型农业技术采用的影响——基于农户分化的调节效应分析》，载于《资源科学》2020年第2期。

［169］温军、冯根福：《风险投资与企业创新："增值"与"攫取"的权衡视角》，载于《经济研究》2018年第2期。

［170］文丰安：《全面深化改革中的我国小微企业发展与政府职能转变》，载于《管理世界》2014年第11期。

［171］文红星：《数字普惠金融破解中小企业融资困境的理论逻辑与实践路径》，载于《当代经济研究》2021年第12期。

［172］文学舟、蒋海芸、张海燕：《多方博弈视角下违约小微企业融资担保圈各主体间信任修复策略研究》，载于《预测》2020年第2期。

［173］文学舟、张海燕、蒋海芸：《小微企业融资中银企信任机制的形成及演化研究——基于信用担保介入的视角》，载于《经济体制改革》2019年第3期。

［174］吴画斌、许庆瑞、李杨：《创新引领下企业核心能力的培育与提高——基于海尔集团的纵向案例分析》，载于《南开管理评论》2019年第5期。

［175］吴敏、林乐芬：《银行业市场集中度、主体异质性与中小企业信贷可获得性》，载于《金融论坛》2015年第3期。

［176］吴娜、于博、孙利军：《商业信用融资与银行信贷融资的多重结构突变——基于面板门限的非线性关系分析》，载于《南开管理评论》2017年第4期。

[177] 吴婷婷：《农村中小企业商业信用融资情况的调查研究——基于江苏高淳、溧水两县中小企业的问卷分析》，载于《农村经济》2013 年第 12 期。

[178] 吴信科：《经济新常态下农村小微企业的融资困境与战略纾解》，载于《农业经济》2016 年第 11 期。

[179] 吴翌琳、黄实磊：《融资效率对企业双元创新投资的影响研究——兼论产品市场竞争的作用》，载于《会计研究》2021 年第 12 期。

[180] 吴勇：《农村中小企业信贷融资问题博弈分析》，载于《管理世界》2015 年第 1 期。

[181] 吴雨、宋全云、尹志超：《农户正规信贷获得和信贷渠道偏好分析——基于金融知识水平和受教育水平视角的解释》，载于《中国农村经济》2016 年第 5 期。

[182] 武立东、范家瑛、王凯：《收益分配政策与国有企业创新》，载于《经济管理》2022 年第 4 期。

[183] 武利超、刘莉莉：《信贷约束对企业中间品进口的影响研究——基于世界银行微观企业调研数据的实证考察》，载于《经济学动态》2018 年第 3 期。

[184] 夏冠军、陆根尧：《资本市场促进了高新技术企业研发投入吗——基于中国上市公司动态面板数据的证据》，载于《科学学研究》2012 年第 9 期。

[185] 肖斌卿、杨旸、李心丹、李昊骅：《基于模糊神经网络的小微企业信用评级研究》，载于《管理科学学报》2016 年第 11 期。

[186] 肖虹、邹冉：《资本监管制度与贷款损失准备计提会计准则的协调性——小微企业信贷诱导有效性视角》，载于《会计研究》2019 年第 6 期。

[187] 肖兰华、杨刚强：《不对称信息下农村中小企业信贷融资配给问题及对策研究》，载于《财贸经济》2008 年第 7 期。

[188] 肖兴志、王海：《哪种融资渠道能够平滑企业创新活动？——基于国企与民企差异检验》，载于《经济管理》2015 年第 8 期。

[189] 解维敏、方红星：《金融发展、融资约束与企业研发投入》，载于《金融研究》2011 年第 5 期。

[190] 解维敏、唐清泉、陆姗姗：《政府 R&D 资助，企业 R&D 支

出与自主创新——来自中国上市公司的经验证据》，载于《金融研究》2009 年第 6 期。

[191] 解维敏、唐清泉：《企业研发投入与实际绩效：破题 A 股上市公司》，载于《改革》2011 年第 3 期。

[192] 解学梅、韩宇航：《本土制造业企业如何在绿色创新中实现"华丽转型"？——基于注意力基础观的多案例研究》，载于《管理世界》2022 年第 3 期。

[193] 谢家平、董国姝、张为四、杨光：《基于税盾效应的供应链贸易信用融资优化决策研究》，载于《中国管理科学》2018 年第 5 期。

[194] 谢家智、刘思亚、李后建：《政治关联、融资约束与企业研发投入》，载于《财经研究》2014 年第 8 期。

[195] 辛大楞、李建萍：《业主金融知识与小微企业出口——基于中国小微企业调查（CMES）数据的理论与实证研究》，载于《金融评论》2020 年第 5 期。

[196] 邢道均、叶依广：《农村小额贷款公司缓解农村中小企业正规信贷约束了吗？——基于苏北五市的调查研究》，载于《农业经济问题》2011 年第 8 期。

[197] 邢乐成：《金额错配与中小企业融资》，山东人民出版社2017 年版。

[198] 徐飞：《银行信贷与企业创新困境》，载于《中国工业经济》2019 年第 1 期。

[199] 徐洪水：《金融缺口和交易成本最小化：中小企业融资难题的成因研究与政策路径——理论分析与宁波个案实证研究》，载于《金融研究》2001 年第 11 期。

[200] 徐蕾、翟丽芳：《金融支持小微企业发展路径的研究综述及展望》，载于《经济社会体制比较》2021 年第 5 期。

[201] 鄢波、王华、杜勇：《地方上市公司数量、产权影响与政府的扶持之手》，载于《经济管理》2014 年第 7 期。

[202] 严若森、陈静、李浩：《基于融资约束与企业风险承担中介效应的政府补贴对企业创新投入的影响研究》，载于《管理学报》2020 年第 8 期。

[203] 阳佳余、徐敏：《融资多样性与中国企业出口持续模式的选

择》，载于《世界经济》2015 年第 4 期。

[204] 杨丰来、黄永航：《企业治理结构、信息不对称与中小企业融资》，载于《金融研究》2006 年第 5 期。

[205] 杨亭亭、罗连化、许伯桐：《政府补贴的技术创新效应："量变"还是"质变"？》，载于《中国软科学》2018 年第 10 期。

[206] 杨洋、魏江、罗来军：《谁在利用政府补贴进行创新？——所有制和要素市场扭曲的联合调节效应》，载于《管理世界》2015 年第 1 期。

[207] 杨盈盈、叶德珠：《"老赖"是如何形成的？——基于银企规模结构匹配失调的视角》，载于《暨南学报（哲学社会科学版)》2021 年第 7 期。

[208] 杨震宁、侯一凡、李德辉、吴晨：《中国企业"双循环"中开放式创新网络的平衡效应——基于数字赋能与组织柔性的考察》，载于《管理世界》2021 年第 11 期。

[209] 杨宗昌、田高良：《浅析中小企业融资难的原因与对策》，载于《会计研究》2001 年第 4 期。

[210] 姚耀军、董钢锋：《中小企业融资约束缓解：金融发展水平重要抑或金融机构重要？——来自中小企业板上市公司的经验证据》，载于《金融研究》2014 年第 4 期。

[211] 姚铮、胡梦婕、叶敏：《社会网络增进小微企业贷款可得性作用机理研究》，载于《管理世界》2013 年第 4 期。

[212] 叶江峰、顾远东：《校企非正式个人联结如何促进企业突破式创新？》，载于《经济管理》2019 年第 7 期。

[213] 叶莉、朱煜晟、沈悦：《科技型小微企业融资模式创新：泛融资模式的构建》，载于《科技管理研究》2020 年第 6 期。

[214] 叶祥松、刘敬：《政府支持、技术市场发展与科技创新效率》，载于《经济学动态》2018 年第 7 期。

[215] 易朝辉、张承龙：《科技型小微企业绩效提升的跨层次传导机制——基于大别山地区的多案例研究》，载于《南开管理评论》2018 年第 4 期。

[216] 易小兰：《农户正规借贷需求及其正规贷款可获性的影响因素分析》，载于《中国农村经济》2012 年第 2 期。

[217] 尹鸿飞、张兵、郝云平：《信贷约束与农村家庭创业绩效：影响效应及损失估算》，载于《华中农业大学学报（社会科学版）》2021年第6期。

[218] 尹志超、郭沛瑶、张琳琬：《"为有源头活水来"：精准扶贫对农户信贷的影响》，载于《管理世界》2020年第2期。

[219] 尹志超、吴雨、甘犁：《金融可得性、金融市场参与和家庭资产选择》，载于《经济研究》2015年第3期。

[220] 余传鹏、林春培、张振刚、叶宝升：《专业化知识搜寻、管理创新与企业绩效：认知评价的调节作用》，载于《管理世界》2020年第1期。

[221] 余明桂、郝博、张江涛：《金融市场化、融资约束和民营企业创新》，载于《珞珈管理评论》2015年第1期。

[222] 余明桂、潘红波：《政治关系、制度环境与民营企业银行贷款》，载于《管理世界》2008年第8期。

[223] 余泉生、周亚虹：《信贷约束强度与农户福祉损失——基于中国农村金融调查截面数据的实证分析》，载于《中国农村经济》2014年第3期。

[224] 俞兆云、陈飞翔：《对中小企业信贷融资约束及其影响因素的实证研究》，载于《统计与决策》2010年第8期。

[225] 喻平、豆俊霞：《数字普惠金融、企业异质性与中小微企业创新》，载于《当代经济管理》2020年第12期。

[226] 袁建国、范文林、程晨：《税收优惠与企业技术创新——基于中国上市公司的实证研究》，载于《税务研究》2016年第10期。

[227] 原盼盼、丁竞男、卢爽：《外币债务融资促进企业创新了吗？——来自中国上市公司的经验证据》，载于《现代财经（天津财经大学学报）》2022年第4期。

[228] 詹宇波、孙鑫、曾军辉：《信贷约束、盈利能力与创新决策——来自中国高科技企业的面板证据》，载于《上海经济研究》2018年第11期。

[229] 张春海、王冉冉：《银行竞争、制度环境与融资约束》，载于《金融经济》2021年第7期。

[230] 张佳琦、杨馥嘉、李志玲：《住房价格、信贷约束和中国家

庭债务风险》，载于《社会科学战线》2021 年第 10 期。

［231］张杰、芦哲、郑文平，等：《融资约束、融资渠道与企业 R&D 投入》，载于《世界经济》2012 年第 10 期。

［232］张杰、谢晓雪、张淑敏：《中国农村金融服务：金融需求与制度供给》，载于《西部金融》2006 年第 3 期。

［233］张杰、翟福昕、周晓艳：《政府补贴、市场竞争与出口产品质量》，载于《数量经济技术经济研究》2015 年第 4 期。

［234］张乐柱、杨明婉：《农户正规信贷约束动因：基于交易费用视角》，载于《经济与管理评论》2020 年第 2 期。

［235］张敏：《政治关联与信贷资源配置效率——来自我国民营上市公司的经验证据》，载于《管理世界》2010 年第 11 期。

［236］张铭心、谢申祥、强皓凡、郑乐凯：《数字普惠金融与小微企业出口：雪中送炭还是锦上添花》，载于《世界经济》2022 年第 1 期。

［237］张宁、张兵：《非正规高息借款：是被动接受还是主动选择——基于江苏 1202 户农村家庭的调查》，载于《经济科学》2014 年第 5 期。

［238］张瑞娟、李雅宁：《农村中小企业正规金融机构融资充分性实证分析——基于四县农村中小企业问卷调查数据》，载于《农业技术经济》2011 年第 4 期。

［239］张三峰、卜茂亮、杨德才：《信用评级能缓农户正规金融信贷配给吗——基于全国 10 省农户借贷资料的经验研究》，载于《经济科学》2013 年第 2 期。

［240］张晓磊、徐林萍：《房价上涨与中小微企业融资成本——基于江苏省中小微企业调研数据的实证》，载于《中国软科学》2020 年第 4 期。

［241］张璇、刘贝贝、汪婷，等：《信贷寻租、融资约束与企业创新》，载于《经济研究》2017 年第 5 期。

［242］张一林、龚强、荣昭：《技术创新、股权融资与金融机构转型》，载于《管理世界》2016 年第 11 期。

［243］张一林、郁芸君、陈珠明：《人工智能、中小企业融资与银行数字化转型》，载于《中国工业经济》2021 年第 12 期。

［244］张玉明、迟冬梅：《互联网金融、企业家异质性与小微企业

创新》，载于《外国经济与管理》2018 年第 9 期。

[245] 章元、程郁、佘国满：《政府补贴能否促进高新技术企业的自主创新？——来自中关村的证据》，载于《金融研究》2018 年第 10 期。

[246] 赵国宇、梁慧萍：《董事高管责任保险促进企业创新吗？——基于信贷寻租与融资约束的视角》，载于《外国经济与管理》2022 年第 3 期。

[247] 郑法川、学良：《开发区有助于小微企业创新吗——来自中国小微企业调查的经验证据》，载于《现代经济探讨》2021 年第 8 期。

[248] 郑骏川、李筱勇：《农村小微企业融资渠道偏好研究——以三峡库区重庆段 316 个农村小微企业为样本》，载于《湖北社会科学》2018 年第 3 期。

[249] 郑志刚、朱光顺、李倩、黄继承：《双重股权结构、日落条款与企业创新——来自美国中概股企业的证据》，载于《经济研究》2021 年第 12 期。

[250] 钟凯、程小可、肖翔，等：《宏观经济政策影响企业创新投资吗——基于融资约束与融资来源视角的分析》，载于《南开管理评论》2017 年第 6 期。

[251] 周开国、卢允之、杨海生：《融资约束、创新能力与企业协同创新》，载于《经济研究》2017 年第 7 期。

[252] 周铭山、张倩倩：《"面子工程"还是"真才实干"？——基于政治晋升激励下的国有企业创新研究》，载于《管理世界》2016 年第 12 期。

[253] 周妮笛、肖雨晴、杨彩林：《农村小微企业融资制约因素质性研究——对湖南 7 名农村小微企业主的深度访谈分析》，载于《中南林业科技大学学报（社会科学版）》2013 年第 5 期。

[254] 周月书、李桂安、杨军：《农村金融机构类型与中小企业信贷可获性分析》，载于《农业技术经济》2013 年第 8 期。

[255] 周月书、杨军：《农村中小企业融资障碍因素分析——来自江苏吴江和常熟的问卷调查》，载于《中国农村经济》2009 年第 7 期。

[256] 周中胜、罗正英、段姝：《网络嵌入、信息共享与中小企业信贷融资》，载于《中国软科学》2015 年第 5 期。

[257] 周宗安、夏飞飞、周婧：《银行市场环境、信贷约束与中小

企业创新》，载于《东岳论丛》2017 年第 8 期。

［258］朱琳、伊志宏：《资本市场对外开放能够促进企业创新吗？——基于"沪港通"交易制度的经验证据》，载于《经济管理》2020 年第 2 期。

［259］朱喜、李子奈：《我国农村正式金融机构对农户的信贷配给——一个联立离散选择模型的实证分析》，载于《数量经济技术经济研究》2006 年第 3 期。

［260］庄芹芹、林瑞星、罗伟杰：《宽容失败与企业创新——来自国有企业改革的证据》，载于《经济管理》2022 年第 4 期。

［261］邹伟、凌江怀：《普惠金融与中小微企业融资约束——来自中国中小微企业的经验证据》，载于《财经论丛》2018 年第 6 期。

［262］Acharya V V, Baghai R P, Subramanian K V, Wrongful discharge laws and innovation. *Review of Financial Studies*, Vol. 27, No. 1, January 2014, pp. 301 – 346.

［263］Acharya V V, Xu Z, Financial dependence and innovation: The case of public versus private firms. *Elsevier*, Vol. 124, No. 2, February 2016, pp. 223 – 243.

［264］Adams R, Bessant J, Phelps R, Innovation management measurement: A review. *International Journal of Management Reviews*, Vol. 8, No. 1, January 2006, pp. 21 – 47.

［265］Adler B E, An equity agency solution to the bankruptcy priority puzzle. *Journal of Legal Studies*, Vol. 22, 1993, pp. 73 – 98.

［266］Aghion P, Angeletos G M, Banerjee A, Manova K, Volatility and growth: Credit constraints and the composition of investment. *Journal of Monetary Economics*, Vol. 57, No. 3, March 2010, pp. 246 – 265.

［267］Aghion P, Van Reenen J, Zingales L, Innovation and institutional ownership. *The American Economic Review*, Vol. 103, No. 1, January 2013, pp. 277 – 304.

［268］Akerlof G A, The market for "Lemons": Quality uncertainty and the market mechanism. *The Quarterly Journal of Economics*, Vol. 84, 1970, pp. 175 – 188.

［269］Allen F, Qian J, Qian M, Law, finance, and economic

growth in China. *Journal of Financial Economics*, Vol. 77, No. 1, January 2005, pp. 57 – 116.

[270] Amore M D, Schneider C, Zaldokas A, Credit supply and corporate innovation. *Journal of Financial Economics*, Vol. 109, No. 3, March 2013, pp. 835 – 855.

[271] Anderson T, Malchow N, Strategic interaction in undeveloped credit market. *Journal of Development Economics*, Vol. 80, No. 2, Febuary 2006, pp. 275 – 298.

[272] Angelini P, Salvo R D, Ferri G, Availability and cost of credit for small business: Customer relationships and credit cooperatives. *Journal of Banking and Finance*, Vol. 22, No. 8, August 1998, pp. 925 – 954.

[273] Ang J S, On the theory of finance for privately held firms. *Journal of Small Business Finance*, Vol. 1, No. 5, May 1992, pp. 185 – 203.

[274] Ang J S, Small business uniqueness and the theory of financial management. *Journal of Small Business Finance*, Vol. 1, No. 1, January 1991, pp. 1 – 13.

[275] Arrow K J, Uncertainty and the welfare economics of medical care. *The American Economic Review*, Vol. 53, No. 5, May 1963, pp. 941 – 973.

[276] Arvanitis S, Stucki T, The impact of venture capital on the persistence of innovation activities of Swiss start-ups. *Small Business Economics*, Vol. 42, No. 4, April 2013, pp. 849 – 870.

[277] Ayyagari M, Kunt A D, Maksimovic V, Firm innovation in emerging markets: The role of finance, governance, and competition. *Journal of Financial & Quantitative Analysis*, 2011, 46 (6): 1545 – 1580. Vol. 46, No. 6, July 2011, pp. 1545 – 1580.

[278] Banerjee A V, Duflo E, Giving credit where it is due. *Journal of Economic Perspectives*, Vol. 24, No. 3, March 2011, pp. 61 – 80.

[279] Baranchuk N, Kieschnick R, Moussawi R, Motivating innovation in newly public firms. *Social Science Electronic Publishing*, 2014, 111 (3): 578 – 588. Vol. 111, No. 2, March 2014, pp. 578 – 588.

[280] Barney J B, Firm resources and sustained competitive advantage. *Journal of Management*, Vol. 17, No. 1, January 1991, pp. 3 – 10.

［281］ Barney J, Wright M, David J, Ketchen J, The resource-based view of the firm: Ten years after 1991. *Journal of Management*, Vol. 27, No. 6, June 2001, pp. 625 – 641.

［282］ Baskin J, An empirical investigation of the pecking order hypothesis. *Financial Management*, Vol. 18, 1989, pp. 26 – 35.

［283］ Becker S O, Ichino A, Estimation of average treatment effects based on propensity scores. *Stata Journal*, Vol. 2, No. 4, April 2002, pp. 358 – 377.

［284］ Beck T, Demirguc-Kunt A, Maksimovic V, Financial and legal constraints to growth: Does firm size matter?. *The Journal of Finance*, Vol. 60, No. 1, January 2005, pp. 137 – 177.

［285］ Beck T, Financing patterns around the world: Are small firms different?. *Journal of Financial Economics*, Vol. 89, No. 3, March 2008, pp. 467 – 487.

［286］ Beck T, Lu L P, Yang R D, Finance and growth for microenterprises: Evidence from rural China. *World Development*, Vol. 67, 2015, pp. 38 – 56.

［287］ Berger A N, Miller N H, Petersen M A, et al. Does function follow organizational form? Evidence from the lending practices of large and small banks. *Journal of Financial Economics*, Vol. 76, No. 2, February 2002, pp. 237 – 269.

［288］ Berger A N, Schaeck K, Small and medium-sized enterprises, bank relationship strength, and the use of venture capital. *Journal of Money, Credit and Banking*, Vol. 43, No. 2, February 2011, pp. 461 – 490.

［289］ Berger A N, Udell G F, Relationship lending and lines of credit in small firm finance. *The Journal of Business*, Vol. 68, No. 1, January, 1995, pp. 351 – 381.

［290］ Berger A N, Udell G F, Small business credit availability and relationship lending: the importance of bank organisational structure. *Economic Journal*, Vol. 112, No. 477, February 2002, pp. F32 – F53.

［291］ Berger A N, Udell G F, The economics of small business finance: The roles of private equity and debt markets in the financial growth cycle. *Journal of Banking and Finance*, Vol. 22, No. 8, August 1998, pp. 613 –673.

[292] Bilir L K, Patent laws, product life-cycle lengths, and multi-national activity. *The American Economic Review*, Vol. 104, No. 7, July 2014, pp. 1979 –2013.

[293] Blanchard L, Zhao, B, Yinger J, Do lenders discriminate against minority and woman entrepreneurs?. *Journal of Urban Economics*, Vol. 63, No. 2, January 2014, 1993, pp. 301 –346.

[294] Blanco A, Rafael P, Juan L, et al. , Credit scoring models for the microfinance industry using neural networks: Evidence from Peru. *Expert Systems with Applications*, 2013, (40): 356 –364. Vol. 27, No. 1, January 2014, 1993, pp. 301 –346.

[295] Blanes J V, Busom I, Who participates in R&D subsidy programs?: The case of Spanish manufacturing firms. *Research Policy*, 2004, 33 (10): 0 –1476. Vol. 27, No. 1, January 2014, 1993, pp. 301 –346.

[296] Block J H, R&D investments in family and founder firms: An agency perspective. *Journal of Business Venturing*, Vol. 27, No. 1, February 2012, pp. 248 –265.

[297] Bonte W, Nielen S, Innovation, credit constraints, and trade credit: Evidence from a cross-country study. *Schumpeter Discussion Papers*, Vol. 32, No. 6, June 2010, pp. 413 –424.

[298] Boucher S R, Carter M R, Guirkinger C, Risk rationing and wealth effects in credit markets: Theory and implications for agricultural development. *American Journal of Agricultural Economics*, 2008, pp. 409 –423.

[299] Brancati E, Innovation financing and the role of relationship lending for SMEs. *Small Business Economics*, Vol. 44, No. 2, February 2015, pp. 44 –473.

[300] Brown J R, Fazzari S M, Petersen B C, Financing innovation and growth: cash flow, external equity and the 1990s R&D boom. *Social Science Electronic Publishing*, Vol. 64, No. 1, January 2010, pp. 151 –185.

[301] Brown J R, Martinsson G, Petersen B C, Law, stock markets, and innovation. *The Journal of Finance*, Vol. 68, No. 4, April 2013, pp.

1517 – 1549.

[302] Brown R, Martinsson G, Petersen C, Do financing constraints matter for R&D?. *European Economic Review*, Vol. 56, No. 8, August 2012, pp. 1512 – 1529.

[303] Campbel T S, Kracaw W A, Information production, market Signalling, and the theory of financial intermediation. *The Journal of Finance*, Vol. 35, No. 4, April 1980, pp. 863 – 882.

[304] Carpenter R E, Petersen B C, Capital market imperfections, high-tech investment, and new equity financing. *Economic Journal*, Vol. 112, No. 477, 2002, pp. 54 – 72.

[305] Caselli S, Negri G, *Private equity and venture capital in Europe: markets, techniques, and deals.* Academic Press, 2018.

[306] Chakravarty A, Hu C X, Lending relationships in line-of-credit and nonline-of-credit loans: Evidence from collateral use in small business. *Journal of Financial Intermediation*, 2006, 15 (1): 86 – 107. Vol. 15, No. 1, January 2006, pp. 86 – 107.

[307] Chakravarty S, Yilmazer T, A multistage model of loans and the role of relationships. *Financial Management*, Vol. 38, No. 4, April 2009, pp. 781 – 816.

[308] Chand A., Southgate P, Naidu S, Determinants of innovation in the handicraft industry of Fiji and Tonga: An empirical analysis from a tourism perspective. *Journal of Enterprising Communities People and Places in the Global Economy*, Vol. 8, No. 4, April 2014, pp. 318 – 330.

[309] Chang X, Fu K, Low A, et al., Non-executive employee stock options and corporate innovation. *Ssrn Electronic Journal*, Vol. 115, No. 1, January 2015, pp. 168 – 188.

[310] Chavas J P, Guanming S, An economic analysis of risk, management, and agricultural technology. *Journal of Agricultural and Resource Economics*, Vol. 40, No. 1, January 2015, pp. 63 – 79.

[311] Chen T, Huang Y, Lin C, Sheng Z X, Finance and firm volatility: Evidence from small business lending in China. *Management Science*, 2021, pp. 1 – 24.

[312] Cheung K, Ping L, Spillover effects of FDI on innovation in China: Evidence from the provincial data. *China economic review*, Vol. 15, No. 1, January 2004, pp. 25 –44.

[313] Chor D, Manova K, Off the cliff and back? Credit conditions and international trade during the global financial crisis. *Journal of International Economics*, Vol. 87, No. 1, January 2012, pp. 117 – 133.

[314] Claessens S, Feijen E, Laeven L, Political connections and preferential access to finance: The role of campaign contributions. *Journal of Financial Economics*, Vol. 88, No. 3, March 2008, 2014, 1993, pp. 554 – 580.

[315] Claessens S, Tzioumis K, Measuring firms' access to finance. *World Bank*, 2006, pp. 1 – 25.

[316] Cohen W M, Fifty years of empirical studies of innovative activity and performance. *Handbook of the Economics of Innovation*, 2010, 1: 129 – 213.

[317] Cole R A, Sokolyk T, Debt financing, survival, and growth of start-up fimis. *Journal of Corporate Finance*. Vol. 50, 2018, pp. 609 – 625.

[318] Cole R A, What do we know about the capital structure of privately held firms? Evidence from the SSBFs. *Financial Management*, Vol. 42, No. 4, April 2013, pp. 777 – 813.

[319] Colombo M G, Croce A, Guerini M, The effect of public subsidies on firms' investment-cash flow sensitivity: Transient or persistent?. *Research policy*, Vol. 42, No. 9, September 2013, pp. 1605 – 1623.

[320] Cornaggia J, Mao Y, Tian X, et al. , Does banking competition affectinnovation?, *Journal of financial economics*, Vol. 115, No. 1, January 2012, pp. 189 – 209.

[321] Cowan K, Drexler A, Yanez A, The effect of credit guarantees on credit availability and delinquency rates. *Journal of Banking & Finance*, Vol. 59, 2015, pp. 98 – 110.

[322] Czarnitzki D, Hall H, R&D investment and financing constraints of small and medium-sized firms. *Small Business Economics*, 2011, 36 (1): 65 – 83. Vol. 36, No. 1, January 2011, pp. 65 – 83.

[323] Dai N, Ivanov V, Cole R A, Entrepreneurial optimism, credit availability, and cost of financing: Evidence from U. S. small businesses. *Social Science Electronic Publishing*, 2017, 44: 289 – 307. Vol. 44, 2017, pp. 289 – 307.

[324] David P, Obrien J P, Youshikawa T, The implications of debt heterogeneity for R&D investment and firm performance. *Academy of Management Journal*, Vol. 51, No. 1, January 2008 pp. 165 – 181.

[325] Denis D, Sibilkov V, Financial constraints, investment, and the value of cash holdings. *Review of Financial Studies*, 2010, 23: 247 – 269. Vol. 23, 2010, pp. 247 – 269.

[326] Ding S, GuarigliaA, Knight J, Investment and financing constraints in China: Does working capital management make a difference? *Journal of Banking & Finance*, Vol. 35, No. 5, May 2013, pp. 1490 – 1507.

[327] Distinguin I, Rugemintwari C, Tacneng R, Can Informal Firms Hurt Registered SMEs Access to Credit?. *Word Development*, Vol. 84, No. 4, April 2016, pp. 18 – 40.

[328] Dong F X, Lu J, Featherstone A M, Effects of credit constraints on household productivity in rural China. *Agricultural Finance Review*, 2012, 72 (3): 402 – 415. Vol. 72, No. 3, March 2012, pp. 402 – 415.

[329] Dzhambova K, When it rains, it pours: Fiscal policy, credit constraints and business cycles in emerging and developed economies. *Journal of Macroeconomics*, Vol. 69, No. 1, January 2021, pp. 103319.

[330] Efthyvoulou G, Vahter P, Financial constrains, innovation performance and sectoral disaggregation. *The Manchester School*, Vol. 84, No. 2, February 2016, pp. 125 – 158.

[331] Eric O A, Bokpin G A, Twerefou D K et al. , Microenterprise financing preference. *Journal of Economic Studies*, Vol. 39, No. 1, January 2012, pp. 84 – 105.

[332] Ernst H, Patent applications and subsequent changes of performance: Evidence from time series cross section analyses on the firm level. *Research Policy*, Vol. 30, No. 1, January 2001, pp. 143 – 157.

［333］Faherty U, Stephens S, Innovation in micro enterprises: Reality or fiction?. *Journal of Small Business and Enterprise Development*, Vol. 23, No. 2, February 2016, pp. 349 – 362.

［334］Fama F, French R, Financing decisions: who issues stock?. *Journal of Financial Economics*, Vol. 76, No. 3, March 2005, pp. 549 – 582.

［335］Fan H, Lai L C, Yao A L, Credit constraints, quality, and export prices: Theory and evidence from China. *Journal of Comparative Economics*, Vol. 43, No. 2, February 2015, pp. 390 – 416.

［336］Federico G, Langus G, Valletti T, Horizontal mergers and product innovation. *International Journal of Industrial Organization*, Vol. 59, 2018, pp. 1 – 23.

［337］Feenstra R C, Li Z, Yu M, Exports and credit constraints under incomplete information: Theory and evidence from China. *Review of Economics and Statistics*, Vol. 96, No. 4, April 2014, pp. 729 – 744.

［338］Feldman M P, Kelley M R, The exante assessment of knowledge spillovers: Government R&D policy, economic incentives and private firm behavior. *Research Policy*, Vol. 35, No. 10, October 2006, pp. 0 – 1521.

［339］Feng P, Zhou X H, Zou Q M, et al. , Generalized propensity score for estimating the average treatment effect of multiple treatments. *Statistics in Medicine*, Vol. 31, No. 7, July 2012, pp. 681 – 697.

［340］Freeman C, Clark J, Soete L, Unemployment and technical innovation: A study of long waves and economic development. *Bums and Oates*, 1982.

［341］Freeman C, Soete L, *The economics of industrial innovation*, Psychology Press, 1997.

［342］Galasso A, Simcoe T S, CEO overconfidence and innovation. *Management Science*, 2011, 57 (8): 1469 – 1484. Vol. 57, No. 8, August 2011, pp. 1469 – 1484.

［343］Gandelman N, Rasteletti A, Credit constraints, sector informality and firm investments: Evidence from a panel of Uruguayan firms. *Journal of Applied Economics*, Vol. 20, No. 2, February 2017, pp. 351 – 372.

[344] Gatti R, Love I, Does access to credit improve productivity? Evidence from Bulgaria 1. *Economics of Transition*, Vol. 16, 2008, pp. 445 – 465.

[345] Gerlach-Kristen P, Merola R, Consumption and credit constraints: A model and evidence from Ireland. *Empirical Economics*, 2019 (57): 475 – 503. Vol. 5, 2019, pp. 475 – 503.

[346] Gine X, Mansuri G, Money or ideas? A field experiment on constraints to entrepreneurship in rural Pakistan. *Policy Research Working Paper*, 2011.

[347] Gorodnichenko Y, Schnitzer M, Financial constraints and innovation: Why poor countries don't catch up. *Journal of the European Economic Association*, Vol. 11, No. 5, May 2013, pp. 1115 – 1152.

[348] Graham J R, Harvey C R, The theory and practice of corporate finance, evidence from the field. *Journal of Economics*, Vol. 60, 2001, pp. 187 – 243.

[349] Gronum S, Verreynne M L, Kastelle T, The role of networks in small and medium-sized enterprise innovation and firm performance. *Journal of Small Business Management*, Vol. 50, No. 2, February 2012, pp. 257 – 282.

[350] Guariglia A, Liu P, To what extent do financing constraints affect Chinese firms' innovation activities? *International Review of Financial Analysis*, Vol. 36, 2014, pp. 223 – 240.

[351] Guiso L, High-tech firms and credit rationing. *Journal of Economic Behavior & Organization*, Vol. 35, No. 1, January 1997, pp. 39 – 59.

[352] Hall B H, Castello P M P, Montresor S, VezzaniA, Financing constraints, R&D investments and innovative performances: New empirical evidence at the firm level for Europe. *Economics of Innovation & New Technology*, Vol. 25, No. 3, March 2015, pp. 183 – 196.

[353] Hall B H, Lerner J, The financing of R&D and innovation. *Handbook of the Economics of Innovation*, 2010, 1: 609 – 639. Vol. 1, 2010, 1993, pp. 609 – 639.

[354] Hall B H, Lotti F, Mairesse J, Innovation and productivity in

SMEs: Empirical evidence for Italy. *Small Business Economics*, Vol. 33, No. 1, January 2008, pp. 13 – 33.

[355] Hall B H, The financing of research and development. *Oxford Review of Economic Policy*, Vol. 18, No. 1, January 2002, pp. 35 – 51.

[356] Hamamoto M D, Environmental regulation and the productivity of Japanese manufacturing industries. *Resource and Energy Economics*, Vol. 28, No. 4, April 2006, pp. 299 – 312.

[357] Han M A, Ri-Dong H U, Discussion of the relationship between different types of credit constraint of farmers and income in China. *Journal of Harbin University of Commerce (Social Science Edition)*, 2016.

[358] Hasan M, Ibrahim Y, Uddin M M, Institutional distance factors influencing on firm performance: A hypothetical framework from cross-border mergers and acquisitions. *Social Science Electronic Publishing*, Vol. 26, January 2014, pp. 1 – 11.

[359] Hernandezcanovas G, Martinezsolano P, Banking relationships: Effects on debt terms for small spanish firms. *Journal of Small Business Management*, 2010, 44 (3): 315 – 333. Vol. 44, No. 3, March 2010, pp. 315 – 333.

[360] Hetland O R, Mjos A, Credit supply shocks, financial constraints and investments for small and medium-sized firms. *Discussion Papers*, 2018.

[361] Himmelberg C P, Petersen B C, R&D and internal finance: A panel study of small firms in high-tech industries. *Working Paper*, Vol. 76, 1991, pp. 38 – 51.

[362] Hirano K, Imbens G W, *The propensity score with continuous treatments. In: Applied Bayesian Modeling and Causal Inference from Incomplete Data Perspectives.* John Wiley & Sons, Ltd, 2005.

[363] Hirshleifer D, Low A, Teoh S H, Are overconfident CEOs better innovators? . *The Journal of Finance*, Vol. 67, No. 4, April 2012, pp. 1457 – 1498.

[364] Hodgman D R, Credit risk and credit rationing. *Quaterly Journal of Economics*, Vol. 74, No. 5, May 1986, pp. 258 – 278.

［365］ Horworth C A, Small firms' demand for finance: A research note. *International Small Business Journal*, Vol. 29, No. 4, March 2001, pp. 78 – 86.

［366］ Houston J F, Jiang L, Lin C, Ma Y, Political connections and the cost of borrowing. *SSRN working paper*, 2011.

［367］ Hsu P H, Tian X, Xu Y, Financial development and innovation: Cross-country evidence. *Journal of Financial Economics*, Vol. 112, No. 2, February 2014, pp. 116 – 135.

［368］ Huang Q, Zhou P, Du Z, et al. , Review of small and micro enterprise financing theory and present research 2016 13th International conference on service systems and service management (ICSSSM) . *IEEE*, 2016.

［369］ Hud M, Hussinger K, The impact of R&D subsidies during the crisis. *Research policy*, Vol. 44, No. 10, October 2015, pp. 1844 – 1855.

［370］ Hurst E, Lusardi A, Liquidity constraints, household wealth, and entrepreneurship. *Journal of Political Economy*, Vol. 112, No. 2, Febuary1993, pp. 319 – 347.

［371］ Imbens G, The role of propensity score in estimating dose-response functions. *Biometrika*, Vol. 87, No. 3, March 2000, pp. 706 – 710.

［372］ Javier T T, Antonia R, Montes L, et al. , The influence of manufacturing flexibility on the interplay between exploration and exploitation: the effects of organisational learning and the environment. *International Journal of Production Research*, Vol. 49, No. 20, 2011, pp. 6175 – 6198.

［373］ Jonathan M, Marthe U, Role of saving and credit cooperatives in improving socio economic development in rural areas. Case study imboni Sacco Kageyo sector. *Global Journal of Management and Business*, Vol. 5, No. 2, February 2018, pp. 80 – 86.

［374］ Kerr W R, Nanda R, Financing innovation. *National Bureau of Economic Research*, 2014.

［375］ Kim H, Lee P M, Ownership structure and the relationship between financial slack and R&D investments: Evidence from Korean firms. *Organization Science*, Vol. 19, No. 3, May 2008, pp. 404 – 418.

[376] Kipar S, The effect of restrictive bank lending on innovation: Evidence from a financial crisis. *Ifo Working Paper*, 2011.

[377] Kirschenmann K, Credit rationing in small firm-bank relationships. *Journal of Financial Intermediation*, Vol. 26, 2016, pp. 68 – 99.

[378] Kon Y, Storey D J, A theory of discouraged borrowers. *Small Business Economics*, Vol. 21, No. 1, February 2003, pp. 37 – 49.

[379] Li C, Jiao Y, Sun T, Liu A, Alleviating multi-dimensional poverty through land transfer: Evidence from poverty-stricken villages in China. *China Economic Review*, Vol. 69, 2021, 101670.

[380] Liu M, Hu Y, Li C, Wang S, The influence of financial knowledge on the credit behaviour of small and micro enterprises: The knowledge-based view. *Journal of Knowledge Management*, Vol. ahead-of-print No. ahead-of-print, 2022.

[381] Li Y A, Liao W, Zhao C C, Credit constraints and firm productivity: Microeconomic evidence from China. *Research in International Business and Finance*, Vol. 45, No. 1, January 2017, pp. 1 – 49.

[382] Lu L, Promoting SME finance in the context of the fintech revolution: A cases tudy of the UK's practice and regulation. *Banking and Finance Law Review*, Vol. 33, No. 3, March 2018, pp. 317 – 343.

[383] Mallick R, Chakraborty A, *Credit gap in small business: Some new evidence*. Finance Economics Working Paper Archive at Wust, 2002.

[384] Manova K, Credit constraints, heterogeneous firms, and international trade. *The Review of Economic Studies*, 2013, pp. 711 – 744.

[385] Manova K, Yu Z, How firms export: Processing vs. ordinary trade with financial frictions. *Journal of International Economics*, Vol. 100, 2016, pp. 120 – 137.

[386] Mansfield E, *The economics of technological change*. 1968.

[387] Marino M, Lhuillery S, Parrotta P, et al. , Additionality or crowding-out? An overall evaluation of public R&D subsidy on private R&D expenditure. *Research Policy*, Vol. 45, No. 9, September 2016, pp. 1715 – 1730.

[388] Meuleman M, Maeseneire D W, Do R&D subsidies affect SMEs'

228

access to external financing?. *Research Policy*, 2012, 41 (3): 580 - 591. Vol. 41, No. 3, May 2012, pp. 580 - 591.

[389] Mkandawire M, Duan X, Factors influencing credit demand among household non-agriculture enterprises in Malawi. *Open Journal of Business and Management*, Vol. 4, No. 2, February 2016, pp. 312 - 332.

[390] Modigliani F, Miller M H, Corporate income taxes and the cost of capital: A correction. *American Economic Review*, Vol. 53, No. 3, March 1963, pp. 433 - 443.

[391] Modigliani F, Miller M H, The cost of capital, corporate finance and the theory of investment. *American Economic Review*, Vol. 48, 1958, pp. 261 - 197.

[392] Mohnen P, Palm F, Schim S, Tiwari A, Financial constraints and other obstacles: Are they a threat to innovation activity. *De Economist*, Vol. 156, 2008, pp. 201 - 214.

[393] Mueller J, Abecassis-Moedas C, Factors influencing the integration of external evaluations in the open innovation process: A qualitative study in micro-firms in the creative industries. *Journal of Strategy and Management*, Vol. 10, No. 2, Febuary 2017, pp. 248 - 260.

[394] Myers S C, Majluf N S, Corporate financing and investment decisions when firms have information that investors do not have. *Journal of financial economics*, Vol. 13, No. 2, Febuary 1984, pp. 187 - 221.

[395] Nelson R R, Winter S G, The schumpeterian tradeoff revisited. *American Economic Review*, Vol. 7, 2 No. 1, January 1982, pp. 114 - 132.

[396] Nini G, Smith D C, Sufi A, Creditor control rights and firm investment policy. *Social Science Electronic Publishing*, Vol. 92, No. 3, March 2009, pp. 400 - 420.

[397] Owens B P, Hekman D R, Modeling how to grow: An inductive examination of humble leader behaviors, contingencies, and outcomes. *Academy of Management Journal*, Vol. 55, No. 4, April 2012, pp. 787 - 818.

[398] Papke L E, Wooldridge J M, Econometric methods for fractional

response variables with an application to 401 (k) plan participation rates. *Journal of Applied Econometrics*, Vol. 11, No. 6, June 1996, pp. 619 – 632.

[399] Park A, Wang S, Wu G, Regional poverty targeting in China. *Journal of Public Economics*, Vol. 86, No. 1, January 2002, pp. 123 – 153.

[400] Penrose E, *The theory of the growth of the firm.* Oxford: Oxford University Press, 1959.

[401] Peterden M, Rajan R, Does distance still matter? The information revolution in small business lending. *The Journal of Finance*, Vol. 57, No. 6, June 2002, pp. 2533 – 2570.

[402] Petersen M A, Rajan R G, The effect of credit market competition on lending relationships. *Quarterly Journal of Economics*, Vol. 110, No. 2, February 1995, pp. 407 – 443.

[403] Petrick M A, Microeconometric analysis of credit rationing in the polish farm sector. *European Review of Agricultural Economics*, 2004, pp. 77 – 101.

[404] Popov A, Udell G F, Cross-border banking, credit access and the financial crisis. *Journal of International Economics*, Vol. 87, No. 1, January 2012, pp. 147 – 161.

[405] Rajapathirana R P J, Hui Y, Relationship between innovation capability, innovation type, and firm performance. *Journal of Innovation and Knowledge*, Vol. 3, No. 1, January 2018, pp. 44 – 55.

[406] Rice T, Strahan P E, Does credit competition affect small-firm finance?. *The Journal of Finance*, Vol. 65, No. 3, March 2010, pp. 861 – 889.

[407] Rjan R G, Insiders and outsiders: the choice between informed and arm's-length debt. *The Journal of Finance*, Vol. 47, No. 4, April 1992, pp. 1367 – 1400.

[408] Rosenbaum P R, Rubin D B, The central role of the propensity score in observational studies for causal effects. *Biometrika*, Vol. 70, No. 1, January 1983, p. 41 – 45.

[409] Rubashkina Y, Galeotti M, Verdolini E, Environmental regulation and competitiveness: Empirical evidence on the Porter Hypothesis from

European manufacturing sectors. *Energy Policy*, Vol. 83, No. 8, August 2015, pp. 288 – 300.

[410] Santiago C V, Francisco R F, Gregory F U, Bank market power and SME financing constraints. *Review of Finance*, Vol. 13, No. 2, February 2009, pp. 309 – 340.

[411] Savignac F, The impact of financial constraints on innovation: evidence from French manufacturing firms. *Economics of Innovation and New Technology*, Vol. 17, No. 6, June 2008, pp. 553 – 569.

[412] Schienstock G, Hamalainen T, *Transformation of the Finnish innovation system: A network approach*. Helsinki: Sitra, 2001.

[413] Shaw E S, *Financial Deepening in Economic Development*. New York: Oxford University Press, 1973.

[414] Shen C H, Zhang H, CEO risk incentives and firm performance following R&D increases. *Journal of Banking and Finance*, Vol. 37, No. 4, April 2013, pp. 1176 – 1194.

[415] Shibia A G, Barako D G, Determinants of micro and small enterprises growth in Kenya. *Journal of Small Business & Enterprise Development*, Vol. 24, No. 1, January 2021, pp. 105 – 118.

[416] Silva F, Carreira C, Do financial constraints threat the innovation process? Evidence from Portuguese firms. *Economics of Innovation and New Technology*, Vol. 21, No. 8, August 2012, pp. 701 – 736.

[417] Song Z, Storesletten K, Zilibotti F, Growing (with Capital Controls) like China. *IMF Economic Review*, Vol. 62, No. 3, March 2014, pp. 327 – 370.

[418] Spence J T, Helmreich R, Stapp J, A short version of the Attitudes toward Women Scale (AWS). *Bulletin of the Psychonomic Society*, Vol. 2, No. 4, April 1973, pp. 219 – 220.

[419] Stein J C, Information production and capital allocation: Decentralized versus hierarchical firms. *The Journal of Finance*, Vol. 57, No. 5, May 2002, pp. 1891 – 1921

[420] Stiebale J, Reize F, The impact of FDI through mergers and acquisitions on innovation in target firms. *International Journal of Industrial Or-*

ganization, Vol. 29, No. 2, February 2011, pp. 155 – 167.

[421] Stiglitz J, Weiss A, Credit rationing in markets with imperfect information. *American Economic Review*. Vol. 73, 1981, pp. 393 – 410.

[422] Tether B S, Tajar A, The organisational-cooperation mode of innovation and its prominence amongst European service flrms. *Research policy*, Vol. 37, No. 4, April 2008, pp. 720 – 739.

[423] Tong S, Credit constraints on small and medium-sized enterprises: Evidence from China. *Dissertations and Theses – Gradworks*, 2013.

[424] Tong T W, He W, et al. , Patent regime shift and firm innovation: Evidence from the second amendment to China's patent law. *Academy of Management Annual Meeting Proceedings*, Vol. 39, No. 1, March 2014, pp. 14174 – 14174.

[425] Tushman M L, Anderson P, Technological discontinuities and organizational environments. *Administrative Science Quarterly*, Vol. 31, No. 3, March 1986, pp. 439 – 465.

[426] Ueda M, Hirukawa M, Venture capital and industriarinnovation. *Social Science Electronic Publishing*, 2008.

[427] Ullah S, Williams C C, The impacts of informality on enterprise innovation, Survival and performance: Some evidence from pakistan. *Journal of Developmental Entrepreneurship*, 2019.

[428] Wagner J, Unobserved firm heterogeneity and the size-exports nexus: Evidence from German panel data. *Review of World Economics*, Vol. 139, No. 1, January 2003, pp. 161 – 172.

[429] Wang J, Robson P, Freel M, The financing of small firms in Beijing, China: Exploring the extent of credit constraints. *Journal of Small Business and Enterprise Development*, Vol. 22, No. 3, March 2015, pp. 397 – 416.

[430] Wernerfelt B, A resource-based view of the firm. *Strategic Management Journal*, Vol. 5, No. 2, February 1984, pp. 171 – 180.

[431] Wette H C, Collateral in credit rationing in markets with imperfect information: Note. *The American Economic Review*, Vol. 73, No. 3, March 2015, pp. 442 – 445.

［432］ Williamson S, Costly monitoring, financial interdiation, and equilibrium credit rationing. *Journal of Monetary Economics*, Vol. 18, No. 2, February1986, pp. 159 – 179.

［433］ Wooldridge J M, *Econometric analysis of cross section and panel data.* MIT Press, 2002.

［434］ Wooldridge J M, *Econometric analysis of cross section and panel data. Solutions manual and supplementary materials for Econometric analysis of cross section and panel data.* MIT Press, 2010.

［435］ Xia L, Zhang W D, Han Q J, Research on the impact of financial ecological environment on SMEs financing. *Ekoloji Dergisi*, Vol. 28, 2019, pp. 3383 – 3391.

［436］ Yu F F. Guo Y, Le-Nguyen K, et al. , The impact of government subsidies and enterprises' R&D investment: A panel data study from renewable energy in China. *Energy Policy*, Vol. 89, No. 8, August 2016, pp. 106 – 113.

［437］ Zhan W, Chen R, Dynamic capability and IJV performance: The effect of exploitation and exploration capabilities. *Asia and Pacific Journal of Management*, 2013, 30, （2）: 601 – 632. . Vol. 30, No. 2, February 2013, pp. 601 – 632.

［438］ Zhong H, Miao C, Shen Z, et al. , Comparing the learning effectiveness of BP, ELM, I-ELM, and SVM for corporate credit ratings. *Neurocomputing*, Vol. 128, No. 3, March 2014, pp. 285 – 295.